当蜗牛插上翅膀，当智慧经营融入传统行业……
当打破公司壁垒，当跨组织经营成为一种风尚……

熵变

“后地产”时代的智慧经营方略

苏海云◎著

中国经济出版社
CHINA ECONOMIC PUBLISHING HOUSE
·北京·

图书在版编目（CIP）数据

熵变："后地产"时代的智慧经营方略/苏海云著．
北京：中国经济出版社，2018.4
ISBN 978－7－5136－5120－2
Ⅰ.①熵… Ⅱ.①苏… Ⅲ.①房地产企业—企业经营管理 Ⅳ.①F293.34
中国版本图书馆 CIP 数据核字（2018）第 048882 号

选题策划　汪　京
策划编辑　崔姜薇
责任编辑　葛　晶
责任印制　马小宾
封面设计　任燕飞装帧设计工作室

出版发行　中国经济出版社
印 刷 者　北京柏力行彩印有限公司
经 销 者　各地新华书店
开　　本　710mm×1000mm　1/16
印　　张　19.5
字　　数　330 千字
版　　次　2018 年 4 月第 1 版
印　　次　2018 年 4 月第 1 次
定　　价　68.00 元
广告经营许可证　京西工商广字第 8179 号

中国经济出版社 **网址** www.economyph.com **社址** 北京市西城区百万庄北街 3 号 **邮编** 100037
本版图书如存在印装质量问题，请与本社发行中心联系调换（联系电话：010－68330607）

序一

回顾2017年，在经历了一系列调控之后，地产企业依然交出了史上最好的业绩，千亿以上规模房企达到17家，碧桂园、恒大、万科更是形成了5000亿级别的寡头。在亮眼的成绩背后，房地产市场及行业格局已经发生了显著的变化，“十九大”又为地产行业未来的发展奠定了新的基调，可以说，2017年是地产行业承上启下的一年，我们已经真正迎来“后地产”时代。

在黄金时代，规模是地产企业的第一追求，率先获得规模优势的房企又带动行业形成了显著的马太效应，行业集中度进一步提升，龙头房企加速奔跑，中型房企开始出现明显的进退分化。未来地产行业的竞争将是“大象与大象之间的游戏”，千亿规模将成为“后地产”时代房地产企业参与“游戏”的入场券，而现阶段将是中小型房企快速发展，并占据一席之地的最后窗口。而在政策层面，在中国经济“去投资化”的过程中，投资要让位于消费、生产将让位于服务，地产行业在需求端和供给端将受到全面调控，各类调控对于地产市场的影响将进一步加深。

面对严峻的竞争态势和政策调控，如何通过管理变革、业务创新、转型等方式，激活企业的组织能力，提升运营效率，逆势突围，确保持续增长，成为各地产企业经营管理者思考的问题。轻资产运营，城市运营商、产业运营商转型，金融、互联网与地产深度融合等已经成为当下房企最热门的话题。而在内部管理方面，事实上很多地产企业在管理规范化、标准化、制度化、流程化等方面探索已久，并形成了各具特色的管理风格，但在快速变化的市场和竞争环境下，尤其在企业需要快速转型发展的阶段，传统的管理方式、管理工具很难支撑企业灵活快速的“转身”。因此，我们需要开始思考更深层次的改变，即转变经营管理的思维方式。

在更广泛的社会经济发展背景下，信息技术、互联网思维对于各传统行业的重构和颠覆已屡见不鲜，行业边界变得模糊，新的价值创造机会不断呈现、各类新颖的商业模式也在逐渐改变原有的经济学概念。进行多边化的资源整合、多边经济成为一种日益重要的商业模式类型，企业价值理念逐步转向整个产业链甚至是生态圈价值的提升。

在此背景下，地产行业被信息文明重构不可避免，传统的企业组织管理形态也将受到改造，经营逻辑与运营模式也将发生变化。面对如此纷繁复杂的变化和陌生的数字领域，地产企业的管理者将受到前所未有的挑战，不仅仅来自于技术领域，更来源于互联网思维、数字生态等经营理念领域。

本书毫无保留地呈现了作者在20年从业经历中的经验和深入思考，书中对地产行业的发展和企业管理方面均有深刻的见解。作者凭借其在IT领域和地产企业经营管理领域的管理经验，合二为一，对“后地产”时代地产企业的智慧经营进行了深入阐释，极具启发性和指导意义。这并不是一本纯粹的理论教科书，而是为读者提供了从思维到工具，再到落地的指南，每一位读者将会受益匪浅。

张立洲

鑫苑集团执行董事兼CEO

序二

房地产是最早向管理和信息化要效益的行业之一。但由于房地产开发建设项目投资额大、建设周期长、流程复杂、容错试错成本高等特点，使得房地产企业的信息化建设一直面临着难题和挑战。

早期的房地产企业信息化建设大多偏向于解决企业内部办公和业务流程的自动化，借助于 OA 行政办公、业务类信息系统达到固化流程，实现标准化管理的目标。在取得一定的效果奠定发展的基石之后，信息化的重心开始转向房地产项目开发建设全生命周期的精细化管理，提升运营效率，管控企业风险，进而为企业管理提供强有力的决策支持，上马实施如 ERP 企业资源计划系统、CRM 客户管理和销售管理系统、DSS 决策支持系统等较大型信息化项目，进一步促进业务模式的调整和优化。尽管如此，信息化在企业内部仍仅定位于业务发展的助推者（即 IT enabler），难以站在战略高度去思考或影响整个企业的发展。

时代在发展，科技在进步。尤其是最近几年，以云计算、大数据、移动互联、物联网和人工智能等新技术驱动的数字化时代已悄然来临，正在深刻地影响着各行各业，变革的深度、广度和速度超过了任何历史时刻。越来越多的传统行业被重构颠覆，新的商业模式被不断创造。在此背景下，房地产龙头企业们已纷纷采取行动，应对数字化转型带来的机遇和挑战。在以更加积极的态度、开放的心态去拥抱新理念、思考企业未来发展模式的同时，如何更好地利用信息化和新技术为自身赋能，加速企业数字化转型和开放式发展就成了重中之重。2017 年底的房地产行业 CIO 峰会上，我就很欣喜地看到了这一行业发展的新趋势。信息化正在逐步从后台走到前台，在继续服务于核心业务的同时，成为带动企业甚至整个房地产行业创新转型和发展的引擎（即 Innovation Engine）。

本书作者同样见证了上述房地产企业信息化的发展历程。凭借其在企业信息化规划建设、企业内部管理等方面丰富的实践经验，娓娓道来，在本书中系统性地呈现了房地产企业智慧经营体系构建、数字化转型的思路和方法，其“信息即管理、信息即业务”的理念对于信息化从业人员具有很强的指导意义。

本书不仅仅适用于CIO或企业的信息化相关人员，也适用于各个层级的企业管理人员。书中对于时代发展趋势下企业管理和信息化的思考及由此带来的思维碰撞将会使每位读者受益。该书将会成为有志于从事房地产管理实践人员的必备工具书。

朱战备

万达集团副总裁兼CIO

自序

从业近20载，投身地产行业十年有余，作为一个行业研究者、践行者，我目睹了社会环境、经济环境、政策因素等宏观环境的更替及微观环境下企业的变迁。企业需要在实践中发展，更需要在持续变革中摸索前行。“世间好物不坚牢，彩云易散琉璃脆”，为什么？是因为事物维持美好的状态是需要能量的，如果没有能量输入，美好的状态就会结束。对于企业来讲同样如此，企业并非一定会变得更有序、更进步、更高效。相反地，企业如同宇宙其他事物一样，常态和最终命运一定是变得更混乱和无序，没有永生的企业，只有存活更久一些的企业。如果没有创新机制的持续注入，时刻保持企业最佳化有序发展，企业的混乱状态将会不断滋长，直至消失。从热力学度量看企业演变，这就是熵变规律，也是热力学第二定律。熵是一种体系混乱状态或无序状态的度量。从物理学角度分析，企业没有办法消除熵和混乱，只能通过种种手段让某些局部变得更有秩序，把混乱转移。智慧经营的理念将会给企业带来全新的、源源不断的能量源泉，通过技术手段与经营、管理的有效融合使企业变得越来越有序，智慧经营理念将会成为企业熵变助力的最强思维。互联网时代，企业面临的挑战压力与日俱增，同时也给企业带来前所未有的发展空间与机遇。企业的快速发展源于与时俱进的思维，不是传统行业不行了，而是企业的经营理念传统了、落后了。

现在形容传统行业，特别是做得很“重”的传统企业，用蜗牛来形容比较形象，我把它引到了本书的封面上，先来做个注解。一只蜗牛拖着一个重重的壳，缓慢匍匐前进，随时面临着敌人的威胁。当蜗牛拥有一对能够让它飞翔的翅膀后，它便可以在天空中快速翱翔，原本累赘的壳却变成了它的优势，成了御敌的装甲。在实体企业负担越来越重，发展越来越缓慢的情况下，传统思维成为企业发展的一大制约因素，不是传统企业不行了，而是企业经营理念滞后了，当思想加以延展，当用科技武装起来的智慧经营融入经营管理与业务运营时，企业或许会进入另一番天地。

何为智慧经营？智慧经营是将企业进行数字化升级、用智能化应用武装后的新型管理模式和组织形态，是先进信息技术、新型思维模式和企业管理与业务的深度融合。通过智慧企业建设不仅可以促进企业内部生产关系的转型升级，进一步释放员工的创新创效活力，还能够打通企业上下游之间的协同，为企业提供可持续发展的原动力。

我们处于一个共享、连接的时代，市场环境由一个个的生态系统构成，每个企业都处于生态系统的一环，脱离生态系统的连接将无法在孤立的状态下得到成长。在此情形下，自己拥有多少资源已不再重要，重要的是能够共享多少资源，使得企业在生态圈中快速迭代、持续成长，分享“生态圈共荣”的红利。因此，企业的经营理念将逐步从内部闭环的经营管理向驱动外部业务、供应链全场景协作甚至跨组织经营协同转变。

互联网时代的到来，信息技术的发展恰恰为企业的智慧经营变革提供了良好的技术支撑，以移动互联网、物联网、大数据、云计算和人工智能等为代表的信息技术，已使智慧企业建设具备信息基础和产业基础。但纵观诸多企业的信息化或智能化建设，均存在不系统、不全面、不统一，没有从根本上解决信息孤岛、数据碎片等问题。因此，深入推进智慧企业实践必须正确处理好信息技术、工业技术和企业经营管理的三者理论关系，采用技术创新和管理创新的两轮驱动模式，实现三者的完美融合，保障各业务数据量化和集成集中共享，统一决策平台和管理智能协同。

地产作为一个传统行业，在过去 20 年，伴随着中国城镇化的快速推进所释放出的巨大红利，经历了一个快速发展的黄金时代，地产企业经营数据也逐年攀升，并在 2017 年交出了史上最好业绩。但伴随着“后地产”时代的来临，地产行业正在经历着明显的变化：增量市场已触及瓶颈，未来 3—5 年房地产市场规模将会在顶部徘徊；行业集中度进一步上升，地产企业正朝着“万亿俱乐部”迈进；调控内容深化、长效机制加码将是“后地产”时代的主要政策发展方向；价值链重构、跨组织经营将会是“后地产”时代行业的最重要特征。传统的规模经济、上下游企业边界等概念将会被重新定义，企业实现跨组织的资源共享、业务及管理协同、多维度的合作带动产业链整体效能提升，进而实现共赢将会成为一种趋势。

地产企业在政策层面和行业层面都面临着新时代的快速更迭，原有的商业模式、竞争规则不断被颠覆，创新、变革成为地产企业因势而变，确保持续增长能力、竞争能力的重要举措。通过专业化、标准化等方式提升管理效率已经成为地产企业的标配动作，跟投、合伙人机制、自组织形态、去中心化、无边界化管理等已经成为当下最流行的词汇。

在快速变化的市场竞争环境、全面调控压力、内部管理变革诉求、转型创新尝试等因素作用下，地产企业面临着前所未有的内外部挑战，并对企业管理者提出了更高的要求。智慧经营为地产企业提供了全新的经营管理蓝图。不同于传统的企业信息化建设，智慧经营将企业的信息化建设理念由传统的业务系统建设向多组织业务协同、资源共享、生态链整合转变，为地产企业提供了一套完整、详尽的解决方案，在业务管理、经营决策、产业链整合、跨组织经营等方面提供了统一的管理平台。此外，智慧经营还将推动企业管理体系和工作方式的改进，甚至创造新的业务场景和商业模式，大大开阔企业在经营管理方面的想象力。“后地产”时代，数据成为企业新的生产要素、技术成为创新的驱动力、智慧经营成为地产企业生存的必然选择。

在本书中，我们会分析在“后地产”时代，地产企业将面临哪些挑战，在复杂的竞争环境下最需要关注什么，哪些数据、指标需要重点分析。对于当前地产行业内已经在发生着的各类轻资产转型、涉足金融领域、“互联网+”创新及更广泛的多元化也会列举分析。在对行业进行深入理解的基础上，围绕地产开发核心业务详细阐述如何实现“智慧经营”。

本书有一半的篇幅都在讲解什么是地产企业的智慧经营，从投资拓展、成本管理、计划运营，一直到营销、物业，再到人力资源管理、财务管理等，各个环节如何在信息技术的改造和重塑下，实现数字化、智慧化运营。在公司整体经营层面，如何将一切经营行为串联，实现数据化、可视化，并利用数据管理快速寻找关键数据辅助决策。我们摒弃以往的信息化思维，着眼点除了放在企业战略目标的达成、整体经营效率的提升上以外，还结合信息文明对于传统价值链、商业模式的深刻变革，深入思考如何利用信息技术、云计算、大数据等技术手段对企业管理进行深入改造，使其在快速变革中具备一定的张力、自适应性和衍生、延伸能力。

此外，本书还用较大篇幅来介绍地产企业如何实现智慧经营，从对战略的理解、管控模式的建立、流程梳理优化；到如何将数据或信息融入管理体系，影响并改善企业运营；再到如何加入“平台革命”，向生态系统迈进；最后再到在变革过程中如何进行思维模式的转变。我给此书赋予一个醒目的标题“熵变”，旨在警示同业者时刻关注企业熵变，源源不断为企业注入创新思维，让企业更有序且可持续地健康发展。我们回归企业经营管理的本质，在日趋激烈和复杂的竞争环境下为地产企业提供公司战略转型过程中的参考指南。

苏海云

2018 年 3 月 1 日

目录

第一部分

“后地产”时代来临，地产企业最需要关注什么

当下中国企业面临的问题跟以前大不一样，商业社会旧有的观念、商业模式、经验主义正面临着终结。在移动互联网、大数据、商业智能等新技术应用的冲击下，一切都在快速变化。传统产业链不断进行着整合重构，挑战和调整时刻在各行各业内发生着。机遇和挑战并存成为这个时代最恰当的诠释。

对于地产行业，传统“高增长、高周转、高毛利”的增长模式遭遇天花板，“规模扩张”逻辑逐步被削弱，行业利润越来越薄，渐渐进入万亿级别的寡头时代进一步加剧了市场分化。同时，存量市场渐渐超过增量，客户及产品越来越复杂，长效调控加码等，这一系列变化标志着“后地产时代”地产企业将会面临更复杂、更艰巨的挑战，行业正在经历着规模化、低利润和高风险的洗牌过程。如何生存并获得持续发展成为摆在各地产企业经营管理者面前的难题，考验着他们的智慧、眼界与能力。创新、变革、转型、智慧经营等成为各地产企业寻求破局的关键词。

一个确定无疑的事实是，我们已经步入了一个日新月异变革的时代，面对如此纷繁复杂的商业环境，更需要企业明确最需要关注的是什么。

一、规模、利润，两大永恒主题

过去十年，地产行业经历了一个前所未有的“黄金时代”，在很长一段时间内，“规模”一直是各地产企业追求的第一要素，“有规模才有江湖地位，有江湖地位才有话语权”。部分地产企业抓住了黄金时代所带来的发展机遇，攻城略地，规模拓展甚至以倍数级增长。在进入 2017 年后，龙头企业已开始朝万亿迈进，地产行业将进入“万亿俱乐部”，行业马太效应更加显著，未来中国房地产市场将是大象与大象之间的游戏，中小型房企生存空间被进一步挤压。在地产行业进入“新常态”后，现阶段似乎已经成为中小型房企最后一个提高规模的时间窗口，抓住规模扩张的最后时机，或许在未来地产这个游戏中还可以拥有一席之地。

在追求规模的同时，越来越多的企业也开始关注运营和盈利，尤其龙头企业更明确释放出了“冲利润”的信号，新的战争号角被吹响，地产企业面临的将是考验生存实力的多维度竞争。如何兼顾规模和利润，实现双增长将是“后地产”时代地产企业最需要考虑的问题。

1 黄金十年，快鱼已成长为大鱼

在地产行业，规模对一家地产企业至关重要，各大排行榜的排名不仅意味着行业地位和品牌影响力，同时也会带来更大的议价能力、融资优势及抗风险能力。因此，很长一段时间以来地产企业都将“规模”作为其第一追求，尤其是在一线地产企业阵营中，“规模”都被放到空前的战略高度。黄金十年为一些地产企业提供了重大的发展机遇，各大房企也纷纷通过高周转、并购等方式快速进行规模扩张，“跑得快不再是一种选择，而是一种必须和能力”，“大鱼吃小鱼、快鱼吃慢鱼"成为过去乃至当下地产行业竞争格局的真实写照。

2015年，行业内还在津津乐道于有7家房企迈入了千亿门槛，到2017年，甚至"千亿俱乐部"也形成了两个梯队，碧桂园、恒大、万科的五千亿寡头，以及融创、保利、绿地、中海、龙湖、华润、华夏幸福、绿城、金地等这些千亿甚至三千亿巨头。2017年底，超过千亿的地产企业已达到17家。

当下资产规模超过5000亿元的地产企业中，过去十年，万科总资产增长了7倍，保利增长11倍，绿地增长18倍，恒大增长超过20倍，融创中国则是恐怖的30倍。凭借着"快速奔跑"能力，这些房企一举迈入巨头行列，同时规模的迅速膨胀又带来各类资源向这些房企进一步集聚。未来"千亿"已经成为"后地产"时代房企竞争的"入场券"，抓住规模扩张的最后时机，或许还能参与到房地产这个游戏中。

率先冲上千亿的地产企业已带动行业形成了显著的"马太效应"，获得了竞争优势，同时也在挤压着中小房企的生存空间。每一家希冀在行业竞争中占据一席之地的房企都极力追求规模扩张，旭辉提出3000亿目标，远洋、阳光城、雅居乐、新城、世贸、富力、泰禾、正荣等企业都先后提出千亿目标。规模化的指标仍然是大部分TOP50甚至TOP100地产企业的目标，对于这些企业，冲击千亿、快速扩充规模已经成为其当下的唯一选择。有部分数据统计，目前提出千亿目标的除上述几个知名房企外，还有五六十家。

2017年上半年登上行业榜首宝座的碧桂园在过去十年的成长速度惊人，从2007年158亿的销售规模，到2017年剑指6000亿，典型"快鱼"成长为"鲸鱼"。2012年—2013年是碧桂园的转折点，2013年销售规模同比大涨122%，一举跨入千亿门槛，之后一发不可收拾。2012—2016年5年间销售额复合增长率高达58.3%，在2016年跨入3000亿后，2017年又以近80%的增长率跃居行业榜首。

碧桂园依托其高度标准化产品、高周转规模化操盘、一体化运营的方式完成规模的快速增长。在战略选择上，碧桂园围绕一二线城市向周边的三四线区域重点扩张，在广泛布局的同时注重均衡分布和丰富的产品线，有效地对冲了政策风险，并以"郊区大盘"的模式进行城市开发和运营，通过精准的产品和客户定位奠定其快速扩张的基础。同时，其积极进军海外项目，拓展公司新的利润增长点。在运营方式上，碧桂园充分发挥自身优势，将快周转发挥到极致，制定了"456"快速去化原则——从拿地到开盘4个月，5个

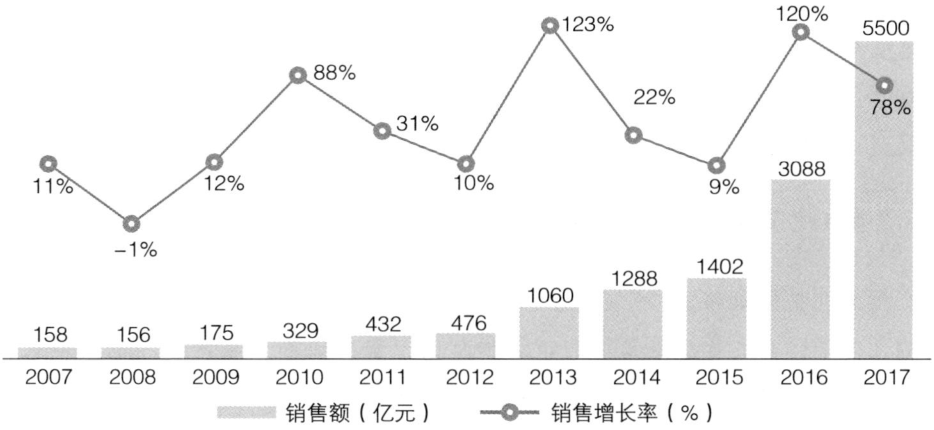

图 1－1　碧桂园近年销售额及销售增长率

月现金流回正，6 个月回流资金再周转这种高速周转带动高效推盘，节省了大量的时间和资金成本。在项目操盘方式上，采取“一体化运营”，从项目的设计、建筑、装修、销售直至项目建成后的物业管理均由公司自行承担及实施。2012 年，碧桂园又推出“成就共享”合伙人制度，并在 2014 年将其升级为“同心共享”，极大提升了组织内部的活力，为碧桂园的改革和持续发展带来了内部动力。

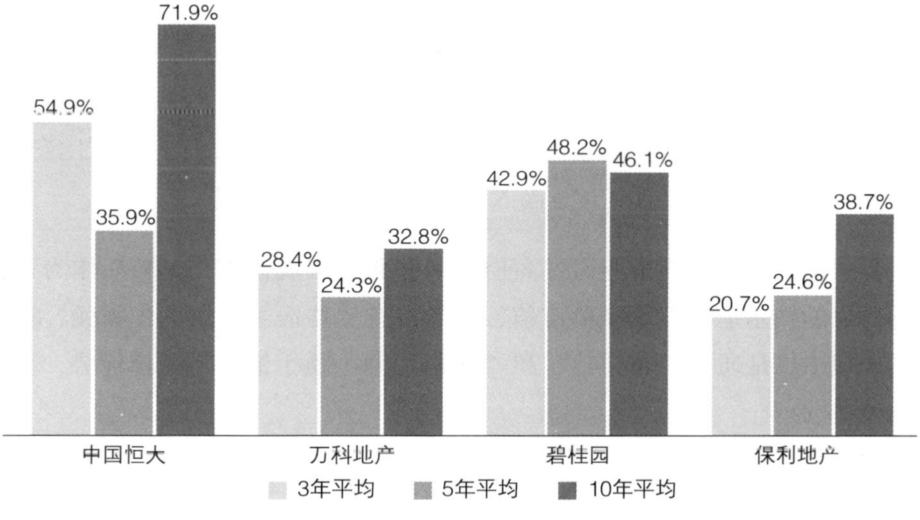

图 1－2　龙头房企复合增长率对比

恒大是地产行业另一匹“快马兼黑马”。从财务指标上看，2006 年到

2017 年，恒大销售额由 17 亿元增长到 5131 亿元，增长 300 倍；总资产由 78 亿增长到一万亿元，超过 150 倍。2006 年到 2017 年，其销售业绩复合增率高达 68%，在 2016 年同比大增 85.4%，取代万科成为行业一哥，在 2017 年一举突破 5000 亿元。

“快鱼吃慢鱼——不仅仅是快，更是准。”

恒大在扩张策略上，“农村包围城市”“全国布局”“疯狂扩张”是常被提及的几个词，在其背后是精准的市场和政策走势的判断，在两个大的周期内完美踏准节奏，在每次调控趋紧的情况下能实现“弯道超车”。2010 年，在“国十条”和“新五条”下，通过“农村包围城市”规避了调控限购，实现 500 亿规模的突破。在 2013—2015 年这一时间段，恒大又不出意外地踏准节奏，全面调整拿地策略，增加了一二线城市的布局，避开三四线城市去库存难题。

另外，标准化和高周转模式为恒大的扩张提供了有效的支持和源源不断的动力。标准化率高、执行力强一直是恒大的特点，这使得恒大具备了其他地产企业很难实现的高周转、规模化复制的能力。在抢占三四线城市时，恒大形成了“立即开发、快速建设、大规模开发、快速销售、快速周转”的模式，确保项目拿地后 4—6 个月即可开盘，实现高周转，提高资金使用率。这也成为恒大高速增长的一个核心因素。

从 2015 年下半年开始，恒大又开始通过并购方式迅速扩张，先后收购了中渝置地、华人置业、信和置业旗下的重庆和成都物业、新世界内地物业等数个项目。其中，单月快速收购 9 个项目，创下行业之最。部分项目甚至可以做到当月收购当月开盘，迅速融入了恒大高速运转的体系。

不仅国内龙头地产企业通过高周转和并购寻求规模扩张，长期作为万科对标对象的帕尔迪，以及目前市值、市场占有率均居美国第一的霍顿，在其发展历程中也是通过“高周转”和“并购”两个撒手锏取得规模优势，奠定行业地位的。

起步较早的帕尔迪取经丰田，通过标准化的产品及工业化流水线式生产方式进行规模化、低成本的复制。这种“标准化”操作方式极大限度地提升了企业资金的流动性，能够长期维持极高的资金周转率，通过高周转实现了高资本回报。

而霍顿在通过标准化产品高周转运营的同时，积极通过并购迅速占领市场，进而取得规模效应。从 1994 年到 2002 年，霍顿连续进行了 17 项并购，使得规模迅速翻番，一举奠定行业地位。在取得规模优势后，企业谈判能力大大提升，无论在供应商谈判，土地投标甚至并购等方面均具有很强的竞争力。根据霍顿的估算，规模化效应带来的谈判优势使得其每套房屋能够节约成本约 3500 美元。

另外，提到“快鱼”不得不提闽系房企，“激进”“高杠杆”“高周转”是闽系房企的典型标签，旭辉、阳光城、泰禾、融信等房企纷纷利用“高周转”这一撒手锏攻城略地。2017 年，闽系房企在动荡中逆势而上，表现抢眼，成为 2017 年房企中的最大一群黑马，17 家过千亿房企中“闽系”占据 3 席。

旭辉在 2011 年，销售额仅为 50 亿元。2017 年，销售额超过 1000 亿元，6 年的时间实现了 20 倍的增长，挤入前 20 强名单。“高周转”是旭辉实现快速增长的重要原因，在 2014 年，旭辉即要求拿地后 8 个月内开盘，首次开盘要求去化率达到 60%，11 个月实现资金快速回笼周转。在快周转的同时，“小股操盘”也是其销售业绩快速增长的另一法宝，旭辉的项目中大约有 30% ~40% 是合作开发的，并在未来会大规模推广该模式。

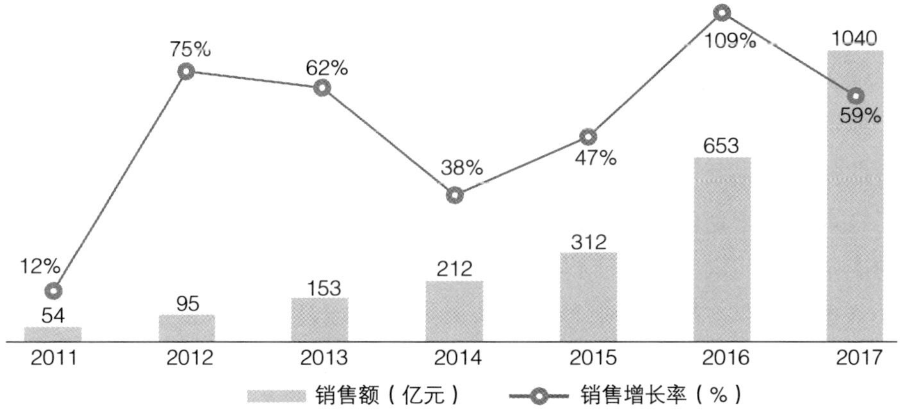

图 1－3　旭辉近年销售业绩走势

阳光城在 2011—2013 年经历了一轮快速扩张，销售额从 2011 年的 23 亿元暴增到 2013 年的 220 亿元，3 年增长近十倍。随后经历了短暂的调整期后，2015 年下半年开始，阳光城借助资本的力量开始了新一轮的快速扩张。2015 年 4 月，阳光城引入 45 亿元规模的战略定增，随后又引入了众多资本盟友，在资本的助推下及时调整拿地策略，通过竞拍、联合竞拍、收购等方式在福建、长三角区域大举拿地。在调整运营节奏后，阳光城在2016年实现销售额487亿元，2017年达到952亿元逼近千亿元大关，5年维持了超过60%的复合增长率。

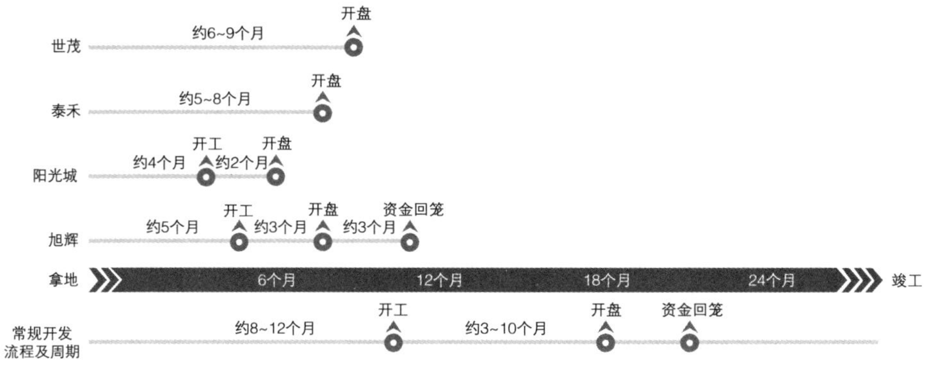

图1－4　闽系房企高周转

2　寡头时代，大象正在加速奔跑

规模虽然不是衡量地产企业的唯一指标，但是随着近年来，在市场、政策、企业以及消费者的共同作用下，房地产市场集中度越来越高，过去五年前十强企业市场份额从12%升至25%，一些机构预测认为未来会达到50%，前三强房企市场份额将占到30%。“马太效应”加剧了地产行业的洗牌，地产商的强弱分化变得十分明显，中国地产行业正进入“寡头时代”，未来出现万亿级别的地产企业将会是大概率事件，而千亿级、500亿级的房企将成为市场的中坚力量。未来房地产行业将由巨头主导，变成“大象与大象的游戏”，中小房企的生存空间将越来越小，未来或主动或被动地退出地产行业将会越来越常见，因此追求规模的快速突破再度成为行业的主题。相比于中小房企，大型房企在资金和土地储备上具有压倒性的优势，而且在行业集中度快速提升的同时，规模优势被进一步放大，“大象正在加速奔跑”。据相关机构的统计数据显示，2017年，TOP100地产企业共新增货值超过11万亿元，其中前十强地产企业的拿地货值超过6.2万亿元，已超过TOP11到TOP100地产企业的总和，“强者恒强”的逻辑正在持续发生。

对比香港房地产市场，随着香港市场经济的不断发展、人口规模不断增长、住房需求愈演愈烈，香港自治区大规模推动基建，使得房地产业迅速发

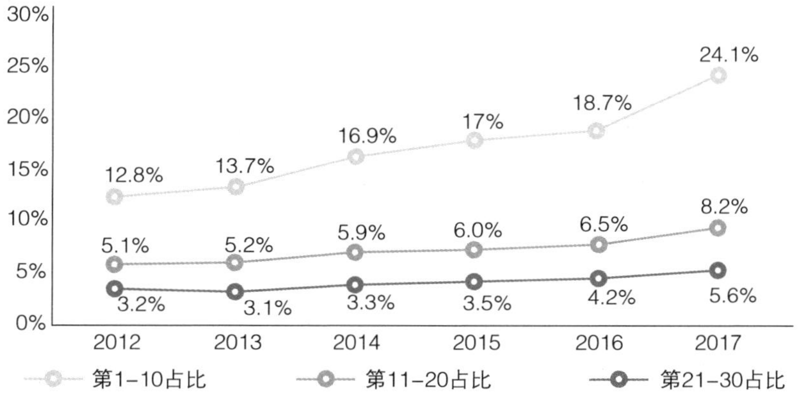

图 1－5　各梯队房企市场占有率

展。进入 20 世纪 80 年代，市场的垄断格局已非常凸显，以长实地产、新鸿基地产、新世界中国地产、恒基兆业地产集团为首的十大地产集团的股票市值占地产建筑类上市公司总市值的七成。21 世纪初，十大地产集团的房地产开发量占港总开发量的八成左右，行业集中度越来越高。

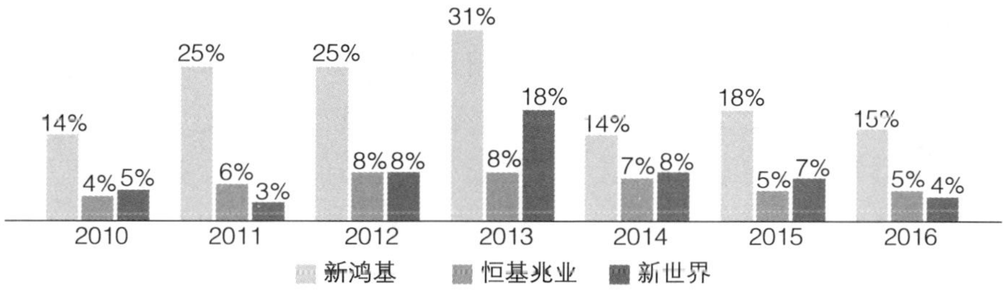

图 1－6　香港三大房企住宅市场占有率

根据三个港资房企相应年报中的住宅物业销售收入，并结合香港相应年度住宅物业销售成交金额，推算出当年度住宅市场占有率。可以看到，香港房地产市场的行业集中度极高，2013 年新鸿基地产市占率高达 31%，新鸿基、恒基兆业、新世界三大地产公司最高总市占率达 57%。若加上资产雄厚的长实地产，四大龙头房企占据香港住宅市场的半壁江山，行业集中度极高，龙头房企走向寡头成为必然趋势。

碧桂园对规模的追求似乎永无止境，在跨入千亿后更是加速扩张，无论在投资端还是销售端都保持着极高的增长速度。2016 年，碧桂园全年基本上保持了接近每天一块地的高速投资拿地模式，2017 年前 10 个月，拿地金额已接近2000亿元（数据统计口径仅限于招拍挂市场），拿地规模超过4800万平方米，同比接近翻倍，2017年销售额逼近6000亿元，考虑到碧桂园的可售资源储备和高周转的项目运营模式，未来踏上销售万亿的目标并非不可能。资产方面，截至2016年末，碧桂园集团拥有总资产5915.72亿元，较2007年的386.34亿元增长约15倍，成为国内TOP10地产企业中增速最突出的企业之一，实现了“大象快跑”。

万科在2014年正式提出由传统住宅开发商向“城市配套服务商”转型，并抛出了“万亿大万科”十年战略的宏图，当时的说法是下一个十年（即2020年）做到万亿。在行业集中度不断提升，并购融合愈演愈烈的情况下，万科在2015年9月提出了“八爪鱼”战略，打造万科商业生态系统。而随着这两年万科在巩固核心业务的基础上，不断在物业服务、商业、教育、养老、度假、产业办公等方向拓展，万亿规模生态的目标时间表可能会缩短。2016年底，某次会议上万科就提到这个时间可能会再次缩短，而且随着万科和深圳地铁的合作加深，“轨道+物业”模式的探索，万亿目标有很大可能在2020年前完成。

过去几年，恒大一直在“高速车道”上狂奔，销售规模持续大幅增长，尤其近三年更为明显，在2016年销售额同比增幅更是超过80%，远高于前8年43.2%的复合增长率，大幅超过万科和碧桂园等一线房企，2017年恒大再接再厉，销售额一举突破5000亿元。在投资拿地方面，恒大也不遗余力，目前其土地储备规模位居行业第一，恒大正在加速狂奔。在2017年年度工作会议上，许家印提出“到2020年，地产、金融、健康、文化旅游四大产业年销售收入超一万亿，总资产超三万亿”的新目标。考虑到恒大充足的土地储备总量远超其他品牌房企，且土储的一二线城市占比高达72.6%，恒大冲击万亿销售后劲更加充足。未来这头“大象”该如何搅动这几大行业值得期待。

过去连续14年均保持了行业净利润第一的中海，一直稳居“最赚钱房企”之位，当同行都在进行加速扩张、努力追求规模时，中海以稳健的发展保证其利润水平和抗风险能力。在进入2017年后，中海开启了新的改变，从销售规模到投资拿地速度都开始提速，追求规模与利润并重的增长模式，在2017年中将全年的销售目标上调10%至2310亿港元，并在年底完成2500亿港元销售额，超额完成任务。对于中海而言，这是非常少见的“增规模”信号。过去几年，中海通过并购整合增加了可观的资源储备，2017年中海在土地市场上更加积极，全年拿地预算超过1000亿元，未来其销售规模会有大幅增长。此外，除了传统的住宅业务，中海还在商办物业发力，其商业地产规模已居行业领先地位，并通过并购整合拓展了在旅游地产、物流地产、教育产业等方面的多元化。

另一央企保利，在2017年前9月基本完成了之前制定的2100亿元销售任务后，在公司内部已将年度任务提升至3000亿元，并在年底实现了提升后的目标。据保利披露，近期通过招拍挂、合作等方式，在上海、广州、天津、武汉、成都、重庆及海外获取了20余个项目，加上之前的拿地数量，保利在2017年的拿地规模已超过2016年。

过去几年金地从"掉队"行列逐步又追上了第一阵营，进入2017年后，金地通过扩大融资规模、积极拿地等方式"加速快跑"，截至三季度金地销售规模已突破一千亿，到年底实现了1400亿元的销售额。2017年，金地至少发起过4笔境内融资，累计融资规模已超过100亿元，12月金地又申请发行150亿元规模的债务融资。从新一轮融资申请可以看出，金地将保持全力冲刺并持续扩张，快速冲击规模将会是金地2018年的主基调。

在巨头加速奔跑的过程中，通过并购整合迅速扩充规模、弯道超车成为2017年巨头房企的一大主题。除了老牌的几大千亿元房企外，2016年融创、华夏、绿城、华润、金地5家房企也首次跨入千亿元门槛，到2017年，千亿阵容已扩充到17家。其中，收并购以及品牌输出成为这些房企快速提升规模的强大助推器。根据普华永道的一份统计，2017年上半年中国房企并购交易金额同比增长78.5%，数量增加24.7%。在土地价格不断攀升的情况下，并购最大的好处显而易见，即可以通过过去一年甚至两年前的招拍挂价格获得土地。

尤其是融创，通过并购收获了大量可售资源，品牌和能力也得到拓展和提升。融创早在2015年就开始了大举并购，并购拿地的方式可以占其项目获取比例超过60%；自2016年下半年起，通过加速并购大规模增加土地储备；根据不完全统计，2017年以来，融创中国至少发起了7起同行业资产并购。在收购万达13个文旅项目完成后，2017年融创中国累计为并购支出超过860亿元。根据相关研究报告，融创中国在2017年获得了超过1.4万亿元的新增货值储备。在一系列并购操作及优质土地储备的基础上，融创销售规模也取得了进一步的突破，2017年一举实现了3620亿元的销售额。

从其他案例来看，二季度末尤其是7月份的数个百亿元级别的并购案例，显著地提升了行业并购规模。第二季度最大规模的并购案当属万科斥资约人民币 551 亿元收购广东国际信托投资公司的若干房地产资产及其附属权益，该笔并购对应权益可开发计容积率建筑面积至少在 150 万平方米以上，拿下该资产包后，万科 2017 年上半年的拿地金额将达到约 1463 亿元。

7 月份规模较大的案例还包括万达商业向融创中国和富力地产出售资产，万达商业将北京万达嘉华等 77 家酒店以 199.06 亿元的价格转让给富力地产；将西双版纳万达文旅、南昌万达文旅等 13 个文旅项目 91% 的股权以 438.44 亿元的价格转让给融创中国，两项交易总金额为 637.5 亿元，该笔收购案促进万达“轻资产”转型的同时，也丰富了融创和富力的项目储备。

未来，以融创为代表的一批较为激进的地产企业，都将可能把握行业窗口加速奔跑，迅速扩张规模，迈进“万亿俱乐部”。地产行业未来几年将进入龙头经济时代，在主流城市里，拥有更多资金、土地、资源及人才的企业才会拥有更大的战略纵深和更多的回旋余地。

3 有质量的增长才是更好的增长

过去几年，房地产行业经历了一轮整体毛利率下滑的趋势，“增收不增利”成为行业无可奈何的新常态，万科、中海等曾经长期具备规模及利润率优势的龙头房企也无一例外地经历了毛利率逐渐下滑的过程。2016 年到 2017 年初，这一趋势一定程度上有所逆转，但目前房地产企业想要获得超额利润已不再容易，尤其是对于规模型的房企。在此背景下，以往过度追逐规模的房企，在具备“江湖地位”后，逐步开始重视盈利能力的提升。多家房企释放出了“冲利润”的信号，“有质量的增长”成为各房企业绩发布会上最频繁被提及的内容，房地产行业的竞争开始由“拼规模”向“拼利润”转变，未来房企面临的是考验生存能力的多维度竞争。

在行业进行规模竞争时，部分龙头房企已经悄然开始转而追求利润。早在 2014 年，万科在业绩发布会上再次强调，万科早已放弃一味对规模增长速度的追求，不能再以规模来衡量万科的好坏，转而更加注重净资产收益率（ROE）的提高。在 2016 年业绩发布会上，万科又表示地产的黄金时代已经结束，规模的“老大”不再是万科所追求的。

甚至一向被认为风格激进追求规模的恒大也提出了要实现“规模+效益”的双增长。在2017年8月的半年业绩发布会上，恒大集团总裁表示，“恒大未来不追求销售量第一，规模保证前三，争取利润效益第一”，提出向“三低一高”转型，即低负债、低杠杆、低成本、高利润。2017年，恒大将其合同销售目标确定为4500亿元，较上年超过80%的增长幅度下调为30%左右，但依然是行业的最高目标。许家印也表示，“从2017年开始我们房地产要实施‘规模+效益’的战略，所以今后几年的增长控制在20%左右是非常科学和合理的”。未来恒大要在战略层面做出调整，将从2017年起逐步提升净利率水平，使得该数字在未来两年达到9%~10%的水平，并通过增加在销售价格和利润率两方面的考核，保证恒大的盈利能力。从2017年半年度业绩来看，恒大实现净利润231.3亿元，同比大涨224%，成为史上最好的一份业绩报告。

碧桂园过去几年在规模快速扩张的同时，利润率也逐步走低，从2012年的16.2%下降至2015年的8.6%，规模和利润如何平衡成为碧桂园急需突破的难题。从2014年起，碧桂园通过项目跟投等机制的启动极大地优化了内部管理效率，项目净利润率由10%提升至12%，年化自有资金收益率由30%左右提升至56%，现金流回正的周期由10—12个月缩短到8.2个月，旗下数百个项目无一亏损，到2016年利润率略微回升至8.9%，虽然仍处于低位，但随着碧桂园结算单价的提升，预计未来利润率会有所提升。

对于地产行业整体而言，土地红利还在，但获取土地红利比以往更加困难，要求更高，获得低价土地成为地产企业价值掌控点，以央企为代表的绑定“大资本、大关系”，以产业地产进行低价规模拿地和联合拿地成为主流。此外，房企也积极通过多种方式介入土地一级、一级半开发，继续分享土地及物业增值红利。

一些运营能力较强和资金实力雄厚的开发企业，如碧桂园采用一二级联动开发模式，攫取土地一级开发利润，同时增加获取二级开发的机会。一二级联动开发能够增加综合利润空间，通过一级开发阶段的介入提前优化二级开发物业环境，并前置前期策划、完善相关配套。一级开发的主导或参与能够增加开发商获取二级开发的机会，并提前建立与政府的良好关系，为后续开发工作奠定政企关系的基础。同时二级物业租售收入为一级开发提供稳定

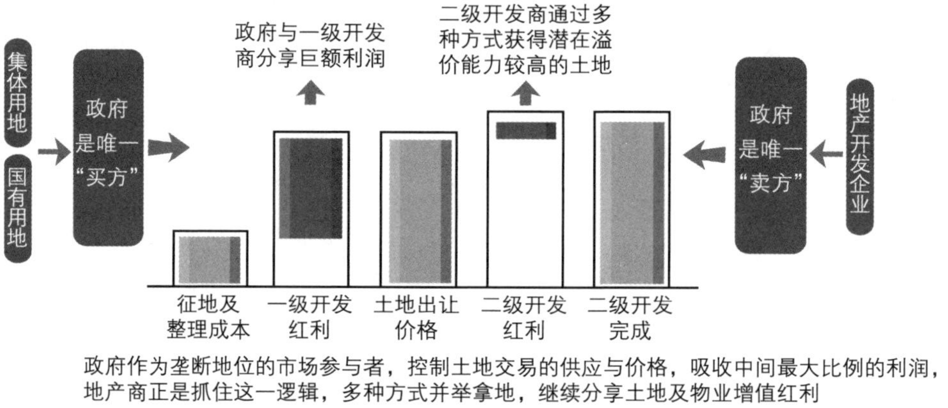

图1-7　房企介入一级开发分享土地红利

现金流，保证一二级联动开发的良性循环。

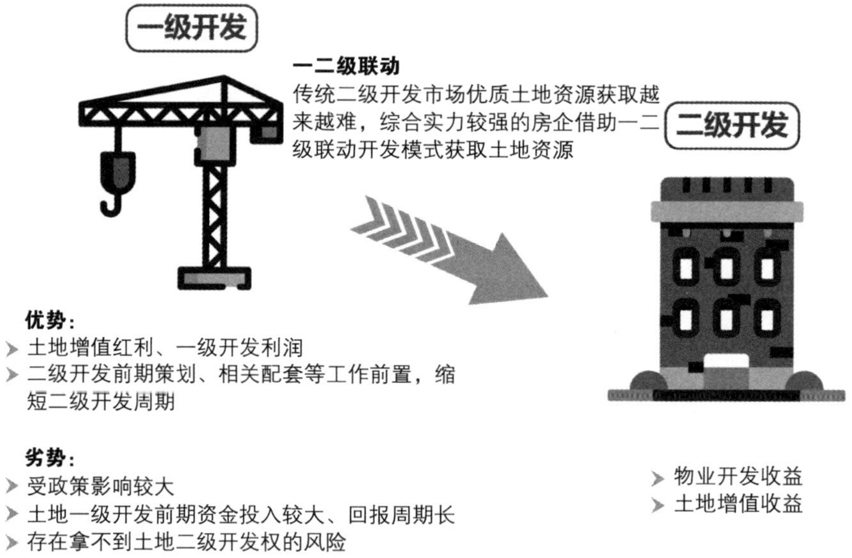

图1-8　一二级开发优劣势对比

然而，不是所有的项目都适合一二级联动，需综合考虑资金、摘牌时间、开发周期等影响因素选择合适的项目。因一级开发前期投入资金较大，资金占用周期长，应提前做好资金优化配置，如一级开发贷、引入合作方共同承担一级开发资金和风险以及其他基金等。

4 现金为王，财务稳健风险可控

众所周知，地产行业的资产负债率普遍较高，高负债经营是多数地产企业的经营常态，一定程度上也可以看作是地产行业的经营哲学。而在相对较高负债率运营模式下，维持“现金为王”便成为企业规避风险的方法，同时，对于规模化房企，充足的现金流也能保证其有更多的机会进行业务的延伸、转型。而现金流本身也是房企最重要的财务指标之一，现金流的变化能够直接反映房企的运营情况。对于处于快速规模扩张的地产企业，投资开发资金需求强烈，但销售规模的增长滞后，而且销售回款往往也难以支撑其投资开发需求，融资、轻资产运营成为拉动现金流、减轻现金压力的主要方式。

恒大在土地储备规模快速增加，项目开发速度保持较快节奏下，大量资金不断沉淀在新开发项目中，不可避免地提高了公司的负债水平。2016年，恒大净负债率超过100%，在3000亿元梯队房企中属于“高负债”，虽然考虑到土地增值的因素，能一定程度上降低其“实际负债率”，但其负债规模依然高企，在这种情况下，“现金为王”战略成为其“高土地储备下高负债经营”规避风险和维持企业快速发展的利器。2014年到2015年，恒大现金余额高达595亿元和1640亿元，位居行业首位；截至2016年底，恒大现金余额超过3000亿元；在2017年初，恒大又引入多笔战略投资，可动用的资金规模超过3300亿元，成为行业内手握最多现金的房企。充足的现金流在保障其地产业务快速发展的同时，也可以支撑其在并购方面有更多的动作，进一步扩大市场规模，获取更高的市场份额。

碧桂园一向以“高周转”著称。上市之后，碧桂园在其财务管理方面设置了两道红线，一是净借贷比率不高于70%，二是可动用的现金要占总资产的10%以上。早在2013年，碧桂园就结合中海的经验，并研究了和记黄埔、长江实业、新鸿基等香港上市的港资地产公司在面临几次金融危机时的应对措施，得出一个结论，核心还是要“口袋里面有现金”，而且各家的资金占比大约是10%，因此将该“安全阀”引入碧桂园。在这两条制度红线下，碧桂园虽然高速运转，但依然保证了充足的现金流和稳健的财务结构，使其可以在速度和经营安全之间游刃有余。

万科早在2014年已经逐步从高杠杆、高周转的模式开始转变，不再提规模发展转而重视现金流的充足稳定。在内部管理方面，通过强化项目总经理对所管项目现金流规划管理的职责及相关经营指标的考核等方式，对现金流进行“重点管控”。在万科2014年业绩发布会上，万科提到在改革和转型过程中要预留足够的资金，将一些回笼的资金投资到其他领域。

二、创新、求变，激活组织能力

现如今，商业社会的规则正处于剧烈的变革之中，无论在政策层面还是在行业层面都面临新的时代更迭，以往我们所熟悉的商业模式、竞争规则不断被颠覆，之前相对稳态的商业生态环境通过更加频繁的解构、重组释放出新的生产力。面对不断变化的竞争环境，行业处于困顿时，“创新”、“变革”逐渐成为企业成长的内部引擎。颇具眼界的企业早已开始挑战固有习惯、守正出新，尝试商业模式的创新、转型，以及组织形态的更深层次变革，以期望重新激活组织能力，避免陷入停滞和衰退，在新一轮的“疾风暴雨”下获得“重生”。

1 创新商业模式，培育新的增长引擎

黄金时代已结束，地产行业正在发生着颠覆性的变化，曾经的做法已过时，传统商业模式已被变革，地产企业已很难再通过复制其成熟商业模式进行规模扩张。同时，行业集中度的进一步提高，对地产行业格局也产生着巨大的影响，行业内的竞争从蓝海到红海，从增量市场到存量市场，从初级功能到定制化服务，从单一业务向多元化布局。不同的时代有着完全不同的游戏规则，旧时代的核心是资源，新时代则需要依靠商业思维、模式的转变。与此同时，移动互联网、大数据等新技术应用又进一步带来了更大的风口，所有地产企业都感受到了前所未有的危机和焦虑，企业将何去何从，如何开辟并培育新的增长点，确保持续增长能力、保持竞争优势已成为各企业不得不思考的重要问题。

“创新不是商业模式，而是日复一日。

当今企业的竞争，不是产品之间的竞争，而是商业模式之间的竞争。”

——彼得·德鲁克

“相对于商业模式而言，高技术反倒是次要的。在经营企业的过程当中，商业模式比高技术更重要，因为前者是企业能够立足的先决条件。”

——前时代华纳首席执行官迈克尔·邓恩

“如今，创新商业模式对产业版图的改变之大、之快却是史无前例的。”

在此背景下，众多企业纷纷做出转型和创新之举，老旧的发展模式被翻篇，逐步由传统拿地开发到资产管理、服务领域延伸，从土地驱动到产业驱动模式进行探索创新，从内生增长到以并购整合为主的外延式增长等。随着这些企业在转型过程中的重新定位，以及与金融、互联网、电商、物联网等诸多领域的跨界交叉、互相渗透，整个地产生态链正经历着重构。

商业模式的改变需要企业重新定义本产业，改变自身在产业链中的位置和角色，重新介入并创造新的行业，是最为激进和复杂的创新。目前业内较为成熟的创新和变革模式包括：

■ 轻资产化转型

经过近几年的摸索，“轻资产化”已经不再是个概念，不少房企已经通过代建品牌溢价、物业管理、商业运营、资产证券化等方式，由赚取资产升值到赚取增值服务收益转型。轻资产化的核心是用最少的资金撬动最大的资源，随着行业不断发展成熟，产业链进一步完善、市场细分和专业化分工，模块化、轻资产运营、精细化管理的优势将进一步凸显。

目前，房地产市场的“轻资产化”尚没有一个固定的模式，各房企都在积极发挥自身的特色，在轻资产运营的领域进行探索：

代建、小股操盘，利用合作开发转型轻资产模式

随着地产行业高速增长和集中度的提升，传统的房地产投融资模式正在发生改变，由融资、拿地、开发、销售、物管为一体的开发模式，逐步向投资与开发分离、上下游分离的结构形态演进，催生了小股操盘、代建等轻资产合作模式。

小股操盘通常是通过资金端和业务端两方面介入项目，通常整体持股比例不超过50%，以小比例股份获取项目开发控制权，通过操盘及资本运作能力获取超额利润。小股操盘的本质是地产企业开发、融资、管理能力的变现，操盘方全权经营管理项目，其他投资人不干预项目的具体经营管理，双方按照约定方式进行收益分享。

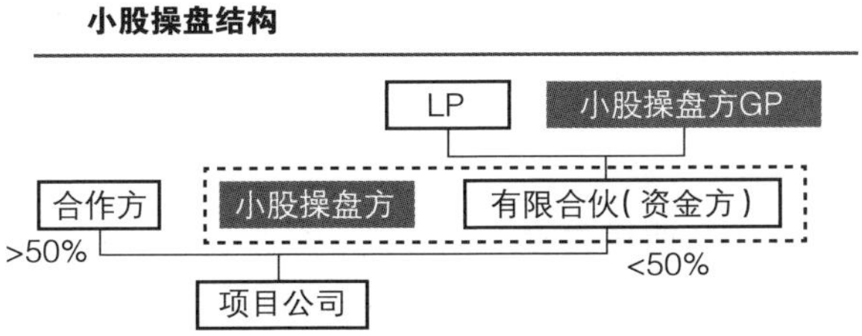

图 2－1 常规“小股操盘”结构

万科在2004年开始推动项目合作开发，在2013年与铁狮门的合作中开始逐步探索小股操盘的模式，并希望利用小股操盘的合作模式向“轻资产”转型。其核心特点在于同股不同权，万科以较低的持股比例取得操盘权力，高效利用外部资源抢占更多的市场份额，输出运营管理和品牌进行项目开发，获取项目管理费和超额利润，同时凭借其运营能力和品牌影响力反补业绩增长，推动企业的规模化扩张。随后，龙湖、朗诗、旭辉、金地、招商等房企积极尝试该模式。小股操盘可以有效提升企业的ROE水平，减少资金风险，同时可以扩大企业的市场份额，提升品牌价值，随着这种模式影响的扩大，未来或将有更多的房企加入其中。但由于在实际操作上更加繁复，对合作双方的各方面条件和配合能力提出了更高的要求，因此该模式能够顺利实施的前提是操盘企业需具备较强的产品打造、项目运营管理能力和强大的管理团队。

代建作为轻资产运营的另一种重要模式，在国内最早起源于政府代建，随着绿城、旭辉、中海、朗诗、恒大等众多地产企业先后进入，代建模式已突破了原有的政府保障房范畴，介入了整个地产开发链的诸多环节。据相关研究机构统计，以绿城为首，包括万科、中海、建业、朗诗、旭辉、恒大、鑫苑等全国近20家房企已抢入代建领域，其中绿城代建模式最具代表性。

2010年，绿城房地产建设管理集团有限公司成立，标志着国内首家“轻资产”运营的开发管理型公司诞生；2015年，绿城管理正式成立，将传统的代建模式发展成为覆盖上下游委托方、供应方的平台模式，将合作方整合到同一平台，并通过整套项目运营体系、服务体系及约定收益率保证业务规模的扩大，同时降低供应链成本，一定程度上形成了行业壁垒，目前已占据代建市场45%以上的份额。目前，代建已成为众多地产企业抢滩的蓝海，未来将会占到国内地产行业10%～20%的市场份额，市场规模超过万亿元。2017年9月，恒大正式试水代建，标志着又一行业巨头看中代建万亿蓝海市场，未来竞争将更加激烈。

转型城市运营商、产业运营商

过去20年，伴随着中国经济的高速增长和城市化进程的快速推进，产业和人群高度集中于几个大城市群，而房地产在2014年后开始走向供过于求，尤其是在三四线及以下的城市，使得很多城市已经率先进入了存量时代，中国房地产市场格局已发生变化，对房地产行业提出了新的挑战。同时，城市的产业多样化、功能外溢化，为房地产行业提供了新的发展机会。在此新形势下，地产企业开始寻求角色的转变，由"开发商"转变为"运营商"成为其转型的核心。

2011年，行业龙头万科第一次提出了"城市配套服务商"概念，这是地产行业内一个非常大的转变，彻底改变了原来住宅开发商的定位，到了2012年，万科正式对外宣布了这个新定位。2013年末，万科完善了"5S"服务的概念，围绕居住、购物、度假、办公、文化五大方面转型城市配套服务商。目前，万科围绕其业主，提供覆盖住宅、商业、养老、医疗、物流仓储、文体、教育等领域的产品和服务。2017年7月，万科牵头收购普洛斯，显示其深入布局物流地产的"野心"，同时也是完善其战略板块，实现其"住宅+全周期城市配套服务"的"生态系统"理念。在销售额突破5000亿元后，万科又提出了未来的发展逻辑将是"服务更多的人群"，万科作为开发商的时代已经过去，做配套服务的角色将更符合万科对于未来行业的定位。

华夏幸福采取与各地方政府合作，进行产业园和新城建设的方式，为地方政府进行产业规划、招商引资，以城市为基础，承载产业空间和发展产业经济，并以产业为保障，驱动城市更新和配套服务的完成，成为产城融合下的"城市运营商"典型代表。与此类似，绿地也逐步落实其"产城一体"战略，以适应城市运营商角色的转变。

在新型城镇化建设不断完善升级的情况下，碧桂园将原有成熟的大盘模式进一步提升为"产业新城"概念，从原有的"睡城"困境，创造出全新的"就业核"。将产业引入新城，与原有住宅、酒店、商业等融为一体，打造不局限于居住功能的产业新城。目前，南京、兰州、贵阳等地碧桂园项目均遵循产城互动的模式进行开发推进。

以金科地产、鑫苑中国为代表的地产企业，采取了将高科技产业嫁接地产，打造科技产业园的产城结合运行模式，吸引相关科技型、创业型企业入驻，在做强做大产业综合开发的同时，将该区域打造成技术集聚、知识集聚、人才集聚区域，进而辐射带动周边区域的发展。

地产开发＋资本运作

房地产市场环境的巨大变化，使房地产开发企业不得不在资本运作模式、融资渠道拓宽方式上进行变革、创新，这些变革和创新的核心是将行业重心由原来的土地运营转向金融运作。目前，较为成熟的模式有三类，一类是集投资和运营为一体的“凯德模式”，一类是以投资机构为核心的“铁狮门模式”，另一类是万达的“轻资产品牌经营模式”。随着这种变化趋势的出现，未来地产开发的商业模式可能也会最终裂变为“投资商＋建造商”的模式，基金和投资商将成为主导中国房地产市场的两种主流模式。

“凯德模式”，将投资开发或收购的项目，打包装入私募基金或者信托基金，自己持有该基金的部分股权，另一部分股权则由诸如养老基金、保险基金等海外机构投资者持有。待项目运营稳定并实现资产增值后，以 REITs 的方式退出，从而进行循环投资，实现“左手募资收购，右手打包进 REITs”。从集团内部孵化，到私募基金的开发培育，再到 REITs 的价值变现和稳定收益，凯德集团构建了从开发商到私募基金再到 REITs 的完整投资和退出流程。凯德集团构造了一个以地产基金为核心的投资物业成长通道，这种“地产开发＋资本运作”的模式是凯德集团地产经营模式的核心。国内标杆地产企业中，万科商业地产轻资产运营模式被认为是凯德模式的典型代表。

“铁狮门模式”，采取协同合作伙伴进行物业收购，并对其进行重新规划、配置，通过重建翻修等方式提高物业品质，提升物业价值，将办公类物业装入旗下投资基金，并在短时间运作后出售部分股权，享受项目增值收益。同时，通常会持有剩余股权较长时间，享受物业租金收益，并且收取物业运营管理费用。其投资领域不仅仅是高档商用物业，并且会介入住宅物业，投资组合多元化，能够在不同的市场均获得利润回报。通过这种基金模式，铁狮门不仅实现了快速扩张，而且能够通过较低的资本投入分

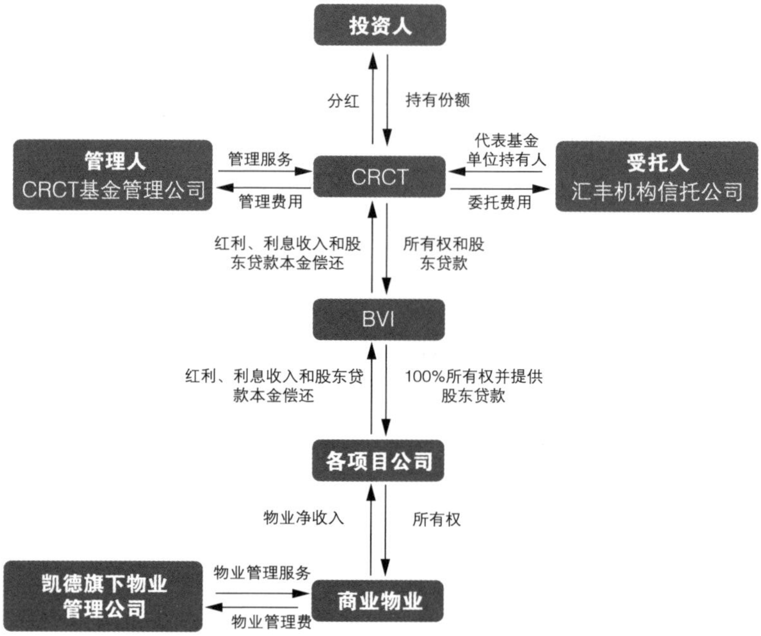

图2－2　凯德基金运作模式示意

享较高比例的项目收益。

作为国内最早进行大规模商业开发的地产企业，万达最初选择“成为城市中心”，整合零散的商业格局，形成区域式的城市运营商。2015年初，王健林宣布万达开始进行第四次转型，将从一家地产企业，转型为一家以服务业为主的企业，走轻资产品牌经营之路。2017年初，王健林公开宣布，未来万达商业与中信信托、民生信托、富力集团等签约90个万达广场，投资合同达1050亿元，2017年至2019年，每年开业交付30个万达广场给投资方，净租金双方分成。2017年7月，融创、富力与万达的大交易进一步推进万达“轻资产化”，此次交易并不是简单的“卖资产”，出售的资产保留了“万达文化旅游城”的品牌，并由万达文化旗下的公司负责运营管理。万达将逐步告别地产开发，转而输出品牌及管理运营。

除了转型城市运营商、产业运营商、资本运作之外，其他各类“地产＋”模式顺势开启，包括物业管理、养老、长租公寓、教育等主题场景，产业化、服务化成为各地产企业轻资产化转型的突破口。

■ 涉足金融领域

作为资本密集型行业，地产企业以多种形式涉足传统金融领域，与金融加速融合，借力金融创新开拓发展思路，加速业务转型。

表2－1 房企涉足金融领域参与方式

参与方式		典型企业
成立金融机构	通过金控集团统筹，目标通常为全牌照	恒大、绿地、越秀，广泛涉猎传统金融领域，同时依托地产进行金融创新
	依托地产资源，建立金融平台	易居，互联网金融覆盖服务全产业链
与其他金融机构合作	与母分司旗下金融机构合作，资源共享	招商，产融结合进行园区开发
	与基金合作，实现轻资产化	万达，输出管理和品牌；万科，出售成熟物业，效仿“凯德模式”
	与P2P合作，促进项目去化	平安好房，解决购房者首付问题，帮助地产企业资金回流
	发行REITs，实现地产资产证券化	苏宁合作中信证券、华夏资本发行REITs
	以高收益理财吸引潜在购房者，促进成交	众筹、认筹款理财、高收益理财抵扣房款等
控股或参股金融机构	控股或参股，介入企业运营	泛海、泰禾、新潮，控制获得金融牌照
	以财务投资为目的，广泛参股	北京城建，财务投资多家金融机构
	投资单个金融机构，服务于地产主业	万科、恒大，参股商业银行，以获得融资便利

互联网金融作为金融领域最活跃的阵地，也受到地产企业的青睐。从最早的“众筹”再到自建平台，成立金服公司，拓展互联网金融业务，地产行业逐步呈现“互联网化＋金融化”。据相关统计，排名前50的房企中，超过50%的房企都通过各种方式进入互联网金融领域，将其作为转型和业务延伸的新方向。

在互联网金融的背景下，房地产众筹成为各房企的试水领域。2015年，万科、绿地、万通、碧桂园、平安集团等25家企业发起了中国房地产众筹联盟，随后万达、远洋、绿城、保利、富力等房企“扎堆”进入。

表 2－2　标杆房企涉足互联网金融领域

地产公司	金服平台	互联网金融业务	主要产品
万达	万达网络金融（2015 年下半年成立、2016 年万达网络科技独立拆分）	› 预付卡叠加信用卡：飞凡卡，融合万达商业系统、公交、航空等应用场景 › 块钱支付 › 小额贷款：万达贷－万达小额贷款推出，面向中小微企业、个人的"移动贷款" › 线上理财：万达财富－万达小额贷款推出，包括理财、私募、海外地产投资等内容 › 网络信贷：在上海自贸区获得网上小额信贷营业执照 › 征信：已在央行备案	› 2015 年联行块钱推出"快利来"多款理财产品以及"稳赚 1 号"众筹产品 › 万达宝
恒大	恒大金服（2016 年 3 月上线）	› 拥有保险经纪、保理等金融资质，可提供理财、保险销售、基金销售第三方支付业务	› 活期理财－恒存金 › 定期理财－恒特权、恒计划
绿地	绿地金服（2015 年 5 月上线）互联网金融事业部（绿地金控旗下）	› 吉客网：线上财富管理平台 › 绿地广财 APP：移动端投资理财	› 地产宝（固定收益率）、指数宝、节节高（活期产品）等
碧桂园	华惠金服（2016 年 4 月成立）	› 碧有信：2016 年 6 月上线，为碧桂园上下游企业提供融资服务，为用户提供理财服务	› 碧有信（包含供应链融资产品、票据承兑产品、本息担保产品等）
首创	首创金服（2014 年 12 月成立，首创 E 家于 2015 年 8 月上线）	› 理财服务	› 首 e 快仲祐财富（面向个人大额消费融资产品）首金普惠定向融资（面向项目融资产品）
绿城	绿城财富（2014 年 11 月成立）	› 为其业主提供信托、基金、保险、贷款等服务	
佳兆业	佳兆业金服（2015 年 9 月成立，12 月正式上线）	› 理财服务	› 佳选票据 › 佳诺赎楼 › 佳诚车贷

■ 互联网 +

“互联网思维”是近年来最火的词汇，其对商业模式的影响可谓是颠覆式的，正在以摧枯拉朽之势重构原有的商业秩序。传统行业在互联网的介入下纷纷或被动改造，或主动迎合变化，以免在互联网大潮的快速迭代中被湮灭。

> “淘汰你的不是互联网，而是你不接受互联网的思维。”

在“互联网 +”这个中国经济最大的风口之下，各路地产大咖争先恐后地进行学习甚至“取经”，寄希望于在整体行业焦虑之时，互联网能带给房企一条出路。在此形势下，诸多房企以更开放的姿态，积极拥抱并以飞快的速度对接互联网，各类产品和服务从形态到模式都越来越丰富，形成了颇为有趣的“重 + 轻”“地面 + 云端”“不动产 + 移动互联”的经济形态。一方面向上与大数据结合，进行信息平台和服务的整合；另一方面向下进行 O2O 延伸，注重地产价值链的闭环增值。目前，万科、碧桂园、万达、绿地、复星、SOHO 等房企都利用“互联网 +”对本企业业务进行重构。

表 2－3　地产企业“互联网 +”创新模式

常见“互联网 + 地产”创新模式	典型案例
模块化办公	We Work、创新工场、SOHO 3Q
平台式服务	房多多、Airbnb
住宅定制化	万通“自由筑屋”
投融资	各类众筹、P2P、资产证券化
社交化公寓	YOU + 青年公寓、优客逸家
智慧化住宅	智能家居、智慧社区
社区 O2O	彩生活、睿服务

■ 更广泛的多元化

在轻资产转型、拓展金融业务、对接互联网进行产品和服务创新之外，多元化布局成为房企转型的另一选择，寄希望借助新业务拓展盈利空间，缓解其持续发展和盈利压力。2016 年以来，房企进入了“更名季”，雅居乐、远洋、恒大等房企纷纷改名“去地产化”，虽然“更名”并不能标志其主要业务的转移，但可以更好地显示其多元化的发展战略和公司的新定位、新身份。

房企多元化通常分为两种方向，一种是围绕地产核心业务进行多元化；

另一种是跨领域的多元化。围绕地产的多元化，以万科、碧桂园、绿地、远洋为代表。万科坚持地产主业，陆续进入商业地产、旅游地产、物流地产、物业管理、装修装饰，入股链家集团布局房屋服务市场。同样，碧桂园始终布局住宅地产、商业地产、特色小镇、合村并城等相关产业。绿地在住宅地产和商业地产外，布局轨道交通基础设施建设、消费地产等地产相关领域，少量配置金融产业。远洋在2014年底制定了新的战略，确定了住宅开发、不动产开发投资、客户服务、房地产金融四个业务方向。未来的计划是，远洋地产负责住宅开发，远洋商业对接不动产开发投资，远洋服务来做客户服务，远洋资本来做房地产金融，远洋营造来对接产品营造。泰禾在2017年9月发布了“泰禾+”战略，首个项目落户北京昌平，商业、医疗、教育、文化等配套将全部以自持的方式提供一站式服务，未来泰禾将整合其多元化布局的成果，让业主享受多元化红利。

跨领域多元化以恒大、融创为例。2013年前后开始多元化发展的恒大，业务涉及文化娱乐、影视体育、大健康、快消、金融、互联网等。2016年以来，该集团对旗下多项业务进行了梳理，整理出地产之外的金融、健康、互联网、快消四大板块，加大了在金融、健康方面的布局，收缩快消业务。融创的多元化是2017年下半年的热点，融创中国入股乐视网（视频网站）、乐视致新（智能电视）、乐视影业（影视剧），进入视频、智能电视制造和影视剧制作三大领域，打造地产业务板块外的新增长点。2017年12月，蓝光发布水果侠主题乐园产品进入文旅产业，依托原创IP、模块化思路，因地制宜地进行产品组合，未来还将以原创IP为原点，延伸出“IP+教育”“IP+娱乐”等多产业链业态组合。

少数初步转型成功的地产企业，其非地产业务收入已经成为公司的主要收入来源。以复星国际为例，这家最初以地产作为主营业务的民营企业，如今已经发展成一家包括医药、房地产开发、钢铁、矿业、零售、服务业及战略投资领域的综合型企业，其营业总收入构成中地产业务平台贡献仅占公司整体收入的20%左右，净利润水平仅占总净利润的30%左右。绿地在逐渐转型为涵盖房地产、能源、金融等领域的综合型企业过程中，地产主业收入占总体营业收入的比例也逐步降至50%以下。但即便是复星这种初步转型成功的企业，它旗下的产业很多，但几乎没有一项是处于行业的龙头地位，很难认定其多元化已真正成功。

不可否认的是，大多数刚开始多元化业务转型的地产企业，非地产业务经营收入的贡献依然微不足道，多数还处于亏损边缘。以恒大地产为例，自2010年起步投资足球及商业地产算起，恒大的多元化布局也逐渐从内涵式演变成了外延式，先后进入了文化、百货、超市、矿泉水、粮油、畜牧业、乳业、母婴、整形医疗等行业，到2014年，恒大已经搭建起一个复杂而庞大的架构。迥异于其声势浩大宣称的数百亿投资规模，恒大多元化的实际成果却是全面亏损，其中矿泉水业务的亏损最为严重。2016年9月，恒大将旗下的矿泉水、粮油、乳业三大板块业务出售，其快消领域的多元化转型暗淡收场，将战略重心重新回归房地产业务开发，主要发展房地产、金融、健康、文化旅游四大业务板块。

多元化与专业化从来都是企业经营领域争论不休的问题，也从来没有非此即彼的标准答案。无论是多元化还是专业化，两大阵营皆诞生了大量的成功标杆，也存在数不尽的失败案例。但是从长远来看，增量房地产市场的红利正逐渐减退，多元化布局仍将是企业转型的大趋势。对于较早布局的多元化业务，其业绩将在未来数年得到检验；近几年布局的多元化领域，则需要更长时间来考量。

在纷繁复杂的变化中，有人会因看不清方向把握不住发展和变化的脉络而感到迷茫、困惑，有人会为变化带来的机遇而欣喜。地产行业从来都不是风平浪静的，地产企业也通常不畏惧挑战，行业风口恰恰也带来转型和变革的风口，只有勇于变革创新的企业才能得以生存。

2 追求“更轻、更快、更灵活”

伴随地产行业的发展成熟，各地产公司也已经形成了各具特色的、相对稳定的商业模式及管理体系。在给定的“可重复”且“可规模化”的商业模式下，大多数企业专注于执行这个模式上，用执行力度来考量工作的完成情况，并通过奖励来提高执行力。在一定时期内，这种模式有效地支撑了企业稳定、高速的发展，但同时也造成“惯性”和“僵化”，使得企业在面临外部环境剧烈变化、企业规模扩大、业务复杂度提升、转型创新等在企业管理变革上带来的巨大挑战时，显得过于“厚重”和力不从心，更依赖于“以前做事的方式”而缺乏变革的决心。同时，随着企业规模的不断扩大，管理层级增多，内部分工也趋于细化和严密，使得原本简单的部门与部门间、员工与员工间、管理者与员工间的沟通和信息交流变得复杂，“部门墙”“信息孤岛”等情况不断出现，大大影响了企业的管理效率。

> “人们采取行动创造这个持久结构，而这个结构又约束人们未来的行动。”
> ——英国社会学家吉登斯

通过专业化、标准化等方式提升管理效率已成为各家企业的“标配动作”，管理提升和变革已远非简单的“向管理要效益”阶段，追求新的管理变革已成为地产企业的主流趋势和未来的常态化行为，管理扁平化、无边界化、自组织形态、精英化团队、再创业、跟投、合伙人机制等成为各家企业时下最流行的词汇。埃森哲的一份报告指出，在创新与转型中已取得卓越成就的公司，纷纷赋予内部组织新的生命力，通过构建灵活的组织、开放合作的文化、敏捷的运营模式等以应对不断变化的市场。根据德勤的研究，全球92%的管理者认为，重新设计组织架构是企业未来最重要的战略举措，原因包括组织进行变革的频率和速度越来越快，数字革命的颠覆性作用越来越加显现，员工结构越来越多元化，雇主与雇员的关系也变得更加灵活多样。战略咨询公司 BCG 也针对企业适应环境变化的能力，设计了一个衡量指标 AAI（The BCG Adaptive Advantage Index），其中最核心的特点就是企业的“敏锐性”，而根据其一份调研，如今全球 2/3 的公司都在对组织进行重组。

同时，随着移动互联网时代的到来，新兴科技革命的渗入，互联网思维模式的兴起，企业不仅仅在思维和策略层面受到影响，在组织架构、管理模式、产品创新、营销方式等方面均产生重大影响。

跟投、合伙人机制

通过跟投、合伙人等机制，实现利益捆绑、风险共担，逐步成为标杆地产企业的共识，成为企业稳定高管团队的利器。2012 年底，碧桂园率先推出“成就共享计划”合伙人制度，2014 年万科推出“事业合伙人”制度，随后多家地产企业开始效仿。2015 年，合伙人制度在业内集中爆发，时至今日其热度依然不减。据相关机构统计，国内地产企业前 50 强中，超过 50% 的企业都已实施项目跟投或合伙人机制，前 100 强中，超过 35% 的企业实施此机制，而率先提出合伙人机制的碧桂园目前引入该机制的项目已超过 900 个。

各地产企业通常采用个人或公司名义直接跟投、高管代持、以基金名义

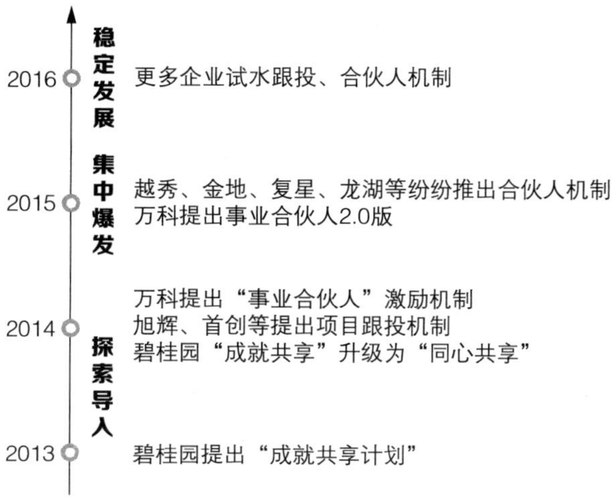

图 2－3　跟投、合伙人机制发展历程

跟投等多种模式相结合，以适当的组合达到对项目管理团队高激励与高约束之间的平衡。

表 2－4　常规跟投方式

以个人名义跟投	以个人名义出资并直接持有目标公司股权，“同股同权、同责同利”
以公司名义跟投	管理团队以自有资金成立有限公司或有限合伙担任基金 GP，GP 再间接或直接持有目标公司股权
以基金名义跟投	管理团队作为 LP 另外设立基金，由该基金对项目进行跟投
直接认购基金	管理团队直接作为 LP 认购基金份额
部分人员代持	以管理团队中部分人员名义作为名义股东代持项目股权

“跟投”“合伙人”等机制的应用，对处于转型升级期的企业具有极大的促进作用，一方面集团及员工的角色发生变化，权限下放，有利于减少决策层级，让一线业务快速响应客户；另一方面有利于凝聚人心、激发潜能、吸引人才。根据万科对其跟投效果的跟踪，项目实行跟投后，决策效率得到显著提高，项目从拿地到开盘的平均时间也缩短了 5 个月，效率大幅度提高，销售去化速度加快，并由此带来资金成本下降、周转率提升、利润增加。

向以周转快著称的碧桂园启动“同心共享”合伙人机制以来，旗下项目开盘时间由 6.7 个月缩短到 6.2 个月，项目净利润率由 10% 提升至 12%，年化自有资金收益率由 30% 左右提升到 78%，现金流回正周期由 10—12 个月缩短到 8.4 个月。“跟投”“合伙人”等机制大大促进了地产企业的快速发展。

管理扁平化、自组织形态

随着规模从小到大，业务复杂度从简单到复杂，整个企业的组织形态也在不断地调整和变化，组织变革的核心在于解决规模、效率、风险之间的关系。企业组织对环境的适应能力，对变化的适应能力，对战略的适应能力是保障企业不断延长生命周期的核心要素，企业这些适应能力的强弱在很大程度上将影响企业的长期发展。

传统组织的特点表现为典型的层级结构，通过一个金字塔式的结构，指令通过一级一级的管理层传递，最终传达到执行者；基层的信息通过一层一层的筛选，最后到达最高决策者。同时，经典管理理论中的“管理幅度”理论认为，一个管理者由于时间、精力、知识、能力和经验的限制，其所能管理的下属人数是有限的。随着下属人数的增加，可能存在的相互人际关系数将会呈指数级增加，信息量和管理难度也是如此，当下属人数增加到一定程度，就超越了管理者所能有效管理的范围。而当一个组织的人数确定后，由于有效管理幅度的限制，就必须增加管理层次，管理层次与管理幅度呈反比。因此，在传统管理模式之下，当组织规模扩大时管理层次就会逐步增加，队伍大了，其实也不好带。

提及扁平化，常被讨论的是“扁平化组织”和“扁平化管理”，但二者的概念并不一样，前者是一种组织结构，后者则是一种管理方式，不过，扁平化组织内部实现的往往是扁平化的管理模式。而扁平化管理主要是通过信息技术的应用，减少中间层级上传下达的工作量，以达到减少中间层级的数量，实现扁平化。移动互联网时代，信息管理扁平化已经走到极致，必须走进组织结构扁平化的深水区。

创业型公司、互联网公司都是扁平化管理的典型代表，苹果、微软、Facebook、Google、小米等互联网企业能够快速创新且拥有自由的氛围，均与这种组织形式密不可分。其优点很明显，能够让层级更简单、降低沟通成本、实现更高的效率。事实上臃肿的大体量公司更需要这种结构进行管理优化，随着地产行业集中度加速提升，龙头企业规模将进一步扩大，大体量企业数量也将进一步增加，如何“让大象起舞”成为各地产企业操盘手思考的问题。

“让听得见炮声的人呼唤炮火。”

雅居乐此前的“集团—区域公司—分公司”管理架构，效率很低。为了实现管理扁平化，雅居乐在2015年撤销了原来的中间环节区域公司，将分公司再升格为区域公司，将区域公司和分公司进行合并。通过撤销区域公司，裁掉冗余的人员，雅居乐成功将以往“集团—区域—分公司”三级管控变更为“集团—区域分公司”的二级管控。架构调整优化后，集团总部的职能集中在制定策略、资金管理、产品标准化、优化及开发新产品上；下辖的区域公司的权责则进一步加重，使决策更快、决定更贴合当地市场的情况，并配合“短、平、快”的策略，确保销售计划得以全面落实。

2015年，万科在进一步推进“事业合伙人”的基础上，大力推动组织架构的变革，力求将万科打造成为一个扁平化的公司。2015年，万科签署了一份名为《关于集团总部部门调整的决定》的文件，宣布万科的总部组织架构将以更加扁平化为目的做出大的调整。2016年初，万科高级副总裁还释放出一个新的计划——“沃土计划”，即“在万科组织结构改革设想里，曾经做过一个最大胆的方案——把万科所有区域的一线公司、职能部门全部打散、全部撤销”。这个计划会拆掉万科，让万科变成一个更简单、扁平的组织架构；以业务为导向，通过建立一个个“奖金包”，以能力与效率为导向，对“大公司病”开刀，让万科体系更开放，更加具有对行业周期的抵抗能力。

“自组织化管理”也是目前越来越多企业所关注的一种组织形态。地产公司的管理架构经历了“项目制—直线职能制—矩阵式—集团管控”的模式。而在面对高度复杂、快速变化的外部商业环境，差异化、个性化的市场需求时，原有所确定的组织秩序和组织规则却越来越不适应。在此情形下，企业开始考虑通过分布式、多中心化的“自组织化管理”方式，或“阿米巴经营”模式，并辅助以高度的信任和授权体系，使组织具备自我调节、自我适应、自我修复的能力，并更加开放和具备活力。

2010年，碧桂园的规模仅为300亿元—400亿元，2013年突破1000亿元，2016年破3000亿元，其快速增长的背后原因很多，但最突出的一点就是“打造小碧桂园”式的组织变革。2010年，莫斌出任碧桂园总裁后，展开了一场全面的管理架构变革，以提升运营效率。碧桂园通过不断授权给区域，下放职能和权限，促进区域实体化，把一个碧桂园划分为10个“小碧桂园”，自成一体、自主运作，每个“小碧桂园”均需通过业绩考核。集团成为一个“创业平台”，各区域能够随时根据市场的炮火进行调整和应对，使得组织整体更有活力，这一定程度上也是碧桂园业绩倍增的内在驱动因素。

旭辉提出5年3000亿元战略目标的同时，也在未来的组织形态方面花费了大量时间进行思考，提出了“大平台+小集团+项目集群”的三级模式。集团总部将定位为战略平台、资源平台、资本平台、知识信息平台。区域公司将成为项目业务管理的实体机构，其规模将在200亿元—300亿元，承担原有集团大部分业务。项目成为最基本的经营单位和利润中心。

解决人才困境

处在快速规模扩张、转型升级期的企业，通常会面临人才紧缺的问题，中小型企业又面临着留不住人的问题。在企业快速发展的过程中，如何快速有效地找到合适的人才，培养、留住人才并及时输出，是所有地产企业面临的“困境”。尤其在行业集中度不断提升的背景下，新的赛季竞争将会更加激烈，龙头房企队伍换血进程正在加速，地产“抢人”已白热化。从最近各大咨询公司的咨询项目信息来看，企业似乎又开始重视人才的成长和发展，而这种情况似乎具有一定的周期性，每隔一段时间就会出现一次，然后逐渐“冷却”，每次“重视”的背后都是行业发生变化，企业业绩不佳，经营遇到阻力，而把希望寄托在“人”身上。

万科在不同阶段对人才的吸纳和培养都是不遗余力的。从1999年的“新动力”，到2000年的“海盗计划”，到跨千亿阶段的“007行动”，再到针对管理层的“珠峰行动”，每一阶段万科的人才策略都为其快速发展和全国性扩张铺垫了职业经理人的基础。

万达通过规模化复制，近几年来以每年约40座万达广场的速度进行快速扩张。2017年6月，万达广场数量突破200家，2018年预计将开业52家。和大多数高速扩张的房企一样，万达面临的最大发展瓶颈是人才。万达在建项目中，超过70%的项目总经理是刚刚进入万达，经过简单的培训后就火速上岗；最近两年万达新加盟的高管数量超过前五年新增数量的总和，而且人员流动率较高；万达与全国范围所有著名猎头公司合作，每年猎头费超过千万。

2013年，碧桂园拟就一个“全球30%硕士、70%博士”的新招聘计划，后来又启动的“未来领袖计划”，在全球广招名校博士，并设立了博士后科研工作站，碧桂园给这些人才以高薪和高职业前景承诺，其力度与广度，为中国地产行业所罕见。最近两年，博士生开始进入碧桂园的区域总裁队伍，碧桂园内部目标是，到2017年要培养超过100名博士成为项目总经理、区域总经理或更高级别的管理者。

2014 年，在市场低迷的情况下，大大小小的开发商迫于压力，选择裁员，而中梁却一口气挖了四五百人，员工人数直接翻了一倍多。人才引进之后进行系统性的培训学习，打造组织能力，比如研究、学习标杆企业的架构、制度、投资拿地及管理上的创新、激励机制、业务突破等。到 2015 年市场回暖的时候，这只磨炼已久的队伍已整装待发。当年，中梁一举走出温州全面布局整个浙南，2016 年、2017 年进一步布局全国。

2017 年，保利着手大力推广一项被命名为“百帅计划”的机制，并将 2017 年定义为培训年。按照保利管理层透漏的信息，“百帅计划”主要是为公司的后备管理人才做准备，针对是省级单位下的市级总经理，用意在于优质区域深耕下沉，希望能够通过这些总经理帮助公司及区域公司整体能量的释放，加强在重点城市的布局。

3 跨组织经营，提升产业链整体效率

目前，中国内地的地产开发模式借鉴于香港，以地产开发企业为核心贯穿全产业链，项目运作“一条龙”化。在“香港模式”下，地产企业能伴随着土地增值获得巨大的回报，但缺点是占用资金量大、时间长、管理链条长、难度大，不利于快速滚动发展，当溢价幅度减少、销售回款速度降低时，该模式的缺点将被放大，并增加地产企业的经营风险。

随着近几年地产的宏观调控、国内地产行业的快速发展及大量“轻资产”运营模式的涌现，越来越多的企业开始倾向于由“香港模式”转变为“美国模式”，即以资本化运作为主、注重专业化细分和协作开发、由产业链纵向贯穿过渡到横向协作的模式。未来地产信托机构、基金、投资商将成为行业的主导，开发商、建筑商、销售商、物业服务商分离，共同构成项目开发的各个环节，地产价值链内在发生变化，上游演变为金融业、中游为制造业、下游则为服务业，各参与环节依赖于在产业链上的价值贡献获取相应的收益。随着房地产行业经营模式的转变，地产企业由传统开发模式下的“制片人”转变为新型开发模式下的“演员”，使得自身在产业链中的位置和角色发生了改变，地产企业需要重新定义与产业链上其他合作商的业务边界。因此，一种新型产业协同模式应运而生——跨组织经营。

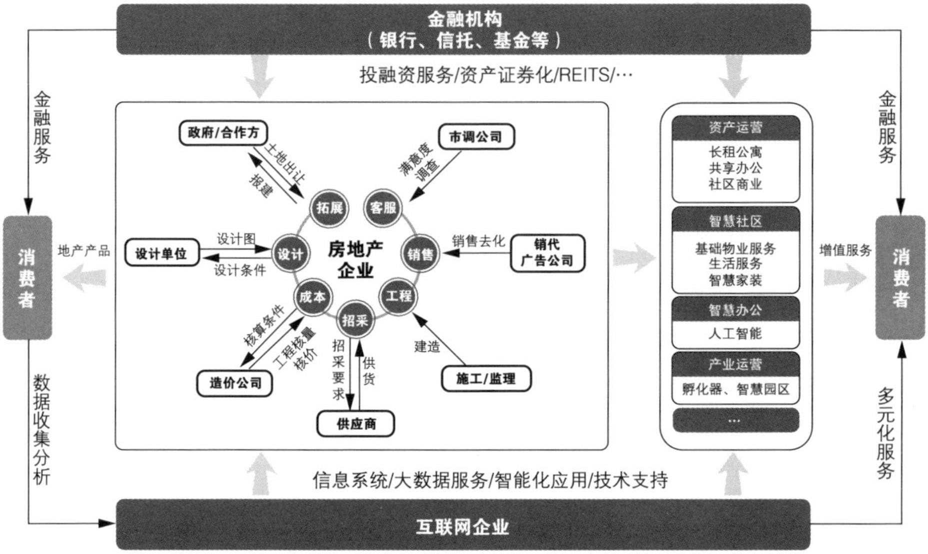

图2-4　地产生态圈“跨组织”经营示意

目前，在国内已经逐渐成为主流的“轻资产”模式事实上属于“简化版的美国模式”。以绿地、万达等为代表的房企，将逐步从自己置地、开发、运营的全产业链管理变为合作开发，进行品牌管理、运营管理、招商等输出的“委托式”管理服务。未来在地产开发行业，专业化分工将会成为“新常态”，房地产开发的所有环节将由不同的专业公司来共同完成。在此形势下，“分工”与“整合”将成为地产开发产业链上所有企业共同面对的主题。长远来看，推动跨企业、跨组织的协同配合、高效合作才能有利于产业链整体效能的提高，进而带动各环节参与方共享红利。对于地产企业来说，在行业专业化细分的趋势下，能够站在产业链的角度，具备对所有合作方、专业外包、上下游企业进行整合、协调管控的能力将成为其核心竞争力。

围绕地产企业内部价值链不断外延的上下游企业、客户所形成的相互融合的产业价值链，可以实现价值活动分享，重新定义地产企业与其他上下游企业的边界和规模经济，使得地产企业获得产业协同的竞争优势。产业价值链可以实现企业内部价值链与外部供应商价值链、客户有效融合，提高产业价值链的快速反应能力。竞争优势的获取和保持，不仅取决于对价值链的管理，还取决于对整个价值系统的适应和融合。外部供应商、合作方与地产企业内部价值链的业务触点，对地产企业的成本及产品（或服务）差异化产生了重要的影响；不同客户的产品或服务使用及需求反馈能够倒逼企业不断提升内外部的融合能力，为增强企业竞争优势提供了机会。此外，在越来越成熟的信息技术、大数据等的应用下，地产企业可快速构建跨组织经营管理能力，实现跨组织间的管理、业务、运营等过程的有效互动和高效协同，打破企业间的管理壁垒，推动跨组织、跨企业的业务协同和资源共享，从而带动产业链价值最大化，实现产业链各参与方共创共赢。

4　“信息”成为重要竞争优势

信息革命席卷了所有的经济形态，不可阻挡地改变着社会生产、生活及决策方式，没有任何一家企业能够免于它的影响，越来越多的管理者意识到包含商业模式创新和实现过程中的知识资产，经营管理所产生的数据、成果，信息技术应用，更广泛的大数据等一切“信息”及信息安全的重要性，“信息”已构成企业重要的竞争优势。尤其在移动互联网的广泛应用，企业的经营管理模式已经发生了深刻的变化时，对信息的快速反应和处理能力是检验企业工作效率和竞争力的重要标志。埃森哲的一份调研报告显示，在中国经济增长放缓的背景下，中国企业的 CEO 在控制成本、改善运营效率以及提高生产力等方面承受着越来越大的压力。在此局面下，中国高管们几乎一致认为，数字技术将是应对这些挑战的强有力工具，并且能够帮助自身企业更为有效地为广大客户服务，能帮助企业实现市场差异化和业务增长。IBM 的研究报告也指出，信息技术被越来越多的 CEO 视为战略意图与实现能力联系起来的关键点，数字技术将会对企业运营产生长远影响，并重塑行业并模糊传统领域边界。在这个时代，“信息”对战略成功的作用比以往任何时候都关键，CEO 和 CIO 都在努力适应信息技术带来的颠覆性变革和对业务形式带来的不可逆转的改变。

> “如果列出当今最成功的企业名单，就会发现运营创新是它们表现突出的主要驱动因素，创新企业通过反思和重塑基本运营活动，获得了决定性的竞争优势，甚至可能借此改变整个行业。”
>
> “数字技术正在助力这种运营变革……一方面可为运营创新提供主要动力，因为高管可借助数字工具发现新的、更好的行事方式，之后他们可以在幕后更快、更高效地行事；另一方面会对运营产生长远影响，重塑行业并模糊传统领域边界，使得运营创新和流程优化变得更为重要。”
>
> ——IBM 研究报告《跳出思维定式——数字技术如何助推运营变革》

万科在2002年就引入了客户满意度调查，对客户满意度的相关信息、数据进行分析，并根据调研结果确定下一年度的满意度提升工作计划，并据此开展围绕客户的一系列工作，同时将这些数据分析结果应用于指导产品设计、社区配套建设、户型研究；等等。2009年，万科联合中国移动、联通、电信三大运营商，通过检测北京在网使用人数的数据，判断北京各地区实际人口规模，并结合当年北京新房供应量、存量房数量、房价均价、购房者年龄结构等众多信息，进行市场预判，成功在房山“价值洼地”布局拿地。

2017年，万科联合多家高校和城市数据团合作搭建的大数据分析平台正式上线，平台从“动态监测”“信息查询”“数据分析”三个层级，将复杂的大数据技术聚焦在实际业务中。

企业决策需要各类数据的支撑，也是大部分企业进行信息化的主要目标之一。同时，数据也是构成信息化的核心，“一切业务数据化”的重点是通过构建闭环的数据管理来提升信息化的实时性和效率。信息化应用及数据流转反过来会作用于业务环节，推动业务流程优化，从而改进流程效率和企业整体运营效率。

在大数据时代到来之后，CIO的角色定位也随之发生深刻的变化，更加关注提升企业的智能化水平和业务洞察力，关注如何实现前台办公数字化，培养IT部门的深层次专业技能和商业智能，CIO正逐步转变为企业战略领导者。

三、指标、数据，把脉企业健康

企业作为一个复杂的组织系统，其健康成长受到内外部多方面因素的影响；同时，如何及时准确掌握企业的经营状况，并进行有效的解剖分析，对企业优劣势做出准确的评价与判断也往往是高管头痛的问题，特别是对于管理复杂度较高的地产企业。在地产行业竞争日趋复杂，发生着“洗牌”性质的巨变时，企业想实现持续快速的发展，需要以高效的企业经营管理为核心，并以精准的指标和数据作为支撑，才能在快速变化的复杂竞争环境下快速反应、准确决策，用数据说话，企业管理才有效。搭建指标分析体系，甚至进行大数据分析或许将成为未来地产企业的核心竞争力之一。

1 应该关注的指标

地产企业管理复杂度较高，如何正确引导项目投资及开发，进行资源的合理分配和充分利用，保障企业高效运行实现经营目标是每个企业经营管理者的责任，同时也是其“重点课题”。而对于规模化房企，需要应对更大规模的业务量、更加多样化的创新业务、更加前沿的创新需求，这更加需要决策层能够进行准确的判断和决策。

“数据是公司的核心资产，要像经营资本一样来经营数据。”

通过数据、指标进行“量化管理”已成为现代企业管理的基本能力，同时，根据企业的业务内容和管理需求设计合理的指标体系，已经成为辅助决策的重要工具。而目前大多数地产企业，尤其是中小型企业还未能真正建立起数据的收集、统计、分析程序，未能将数据和指标分析与企业的经营管理有效结合，依然依靠“三拍”决策，即决策拍脑袋、过程拍胸脯、失误拍大腿。

“让指标说话即让事实说话。”

一套相对完整的指标体系需准确反映企业的运营状态，并能及时传递到决策层眼中。针对地产企业，指标体系通常需反映出企业的成长能力、盈利能力、运营能力、成本费用控制能力及风险控制能力，对于商业项目，还需包括商业经营分析能力。针对以上几个分析维度，选取关键指标进行持续的跟踪、分析。

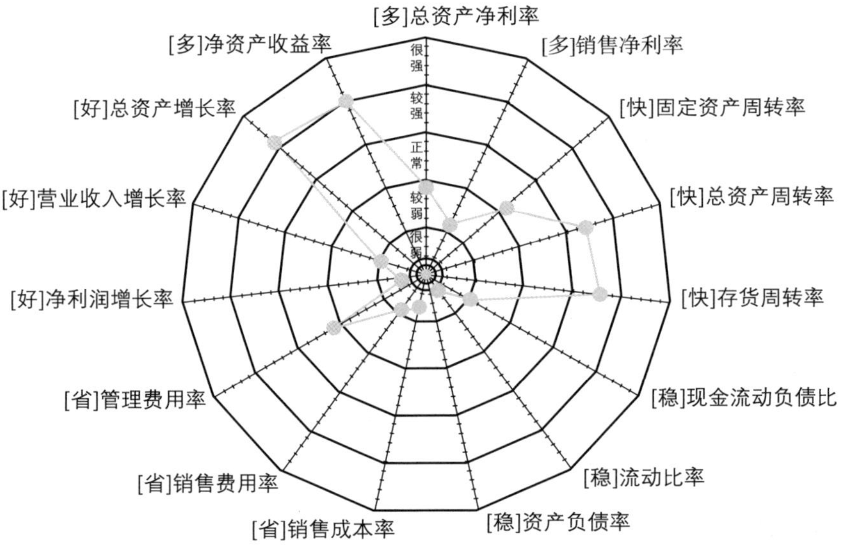

图3-1　房企关键指标分析示意

表3-1　房企运营评价指标

评价维度	指标名称	计算公式/内容	指标意义
盈利能力	项目销售收入	—	—
	留存资产净现值	可售留存资产按约定的折现率和年限进行折现值计算	—
	单方售价	销售收入/销售面积	—
	可租售单方成本	项目总投入/可租售建筑面积	—
	经营现金收入比	经营活动产生的现金流量净额/营业收入	反映营业收入中获得现金的能力
	销售毛利率	（营业收入－营业成本）/营业收入	扣除项目开发成本后的盈利空间
	销售净利率	净利润/营业收入	衡量企业的整体盈利能力

续表

评价维度	指标名称	计算公式/内容	指标意义
盈利能力	总资产报酬率	息税前利润/［（期初资产总额＋期末资产总额）/2］	体现总资产的盈利能力
	净资产收益率	净利润/［（期初所有者权益总额＋期末所有者权益总额）/2］	衡量公司所有者权益的投资报酬率
	（项目）内部收益率	—	体现项目的收益率水平和抗风险能力
运营能力	项目开发效率	拿地到开盘时间，或里程碑节点完成时间	—
	计划达成率	—	—
	项目去化速度	—	去化速度越快，回款速度越快
	预售周转率	期内预售回笼资金/平均存货	周转率越高，回款速度越快，变现能力越强
	存货周转率	营业成本/［（期初存货净额＋期末存货净额）/2］	周转越快，变现能力越强
	总资产周转率	营业收入/［（期初资产总额＋期末资产总额）/2］	周转率越高，经营能力越强
	人均效能	人均销售额、人均销售面积、人均净利润等	体现企业人均单产水平
成长能力	土地储备倍数	期末土地储备建筑面积/当年销售签约面积	表示期末土地储备面积能够支撑企业未来几年的开发需求
	营业收入增长率	（营业收入－上年营业收入）/上年度营业收入绝对值	衡量企业营业收入的增长情况
	利润总额增长率	（利润总额－上年利润总额）/上年度利润总额绝对值	衡量企业持续增长的能力
	净利润增长率	（净利润－上年净利润）/上年度净利润绝对值	增长率越高，企业盈利能力越强
	总资产增长率	（资产总额－上年资产总额）/上年度资产总额	体现企业资产规模的增长情况
	净资产增长率	（期末净资产－期初净资产）/期初净资产	衡量企业净资产规模的变动情况
	经营性现金增长率	（经营性活动产生的现金流净额－上年经营性活动产生的现金流净额）/上年经营性活动产生的现金流净额绝对值	比率越大，企业成长性越好

续表

评价维度	指标名称	计算公式/内容	指标意义
成本/费用控制	项目总投入	开发成本＋期间费用＋营业税及附加＋土地增值税＋所得税	反映项目开发的总体投入水平
	销售费用率	销售费用/营业收入	指标值越低，说明企业销售费用控制水平越好
	销售成本率	营业成本/营业收入	指标值越低，说明企业成本控制越好，企业获利能力越强
	管理费用率	管理费用/营业收入	指标值越低，说明企业管理费用控制水平越好
	财务费用率	财务费用/营业收入	体现企业的融资能力
	期间费用率	（销售费用＋管理费用＋财务费用）/营业收入	指标越低，说明企业成本费用控制越好
风险控制	资产负债率	[（期初负债总额＋期末负债总额）/2] / [（期初资产总额＋期末资产总额）/2]	评价企业总体负债水平
	权益乘数	[（期初资产总额＋期末资产总额）/2] / [（期初所有者权益总额＋期末所有者权益总额）/2]	表示企业的负债程度，权益乘数越大，企业负债程度越高
	流动比率	流动资产/流动负债	体现流动资产偿还流动负债的能力
	速动比率	（流动资产－存货）/流动负债	剔除流动性较差的存货后，速动资产偿还流动负债的能力
	现金比率	经营性活动产生的现金流量净额/流动负债	体现流动性较强的现金类资产偿还流动负债的能力
	现金负债总额比	经营性活动产生的现金流量净额/负债总额	体现现金类资产偿还整体负债的能力
商业经营分析	客流统计	包括各时段客流、各出入口客流、各商铺客流等	体现商业项目的吸客能力
	提袋率	期段购买消费者数/总客流	评价进店消费的有效人流
	客单价	期段销售额/期段客流	反映客户消费的承受能力
	空铺率	空铺总面积/租赁总面积	—
	租金收缴率	实收金额/应收金额	—
	销售坪效	销售/租赁面积	反映商户的销售能力
	租金坪效	租费/租赁面积	衡量商户租金的承受能力
	租售比	租费/销售额	衡量商户的盈利能力
	资产回报率	净利润/平均资产总额	衡量企业的综合盈利能力
	溢租率	净利润/租费总额	衡量商业项目和商户经营能力的综合指标

2 ROE、IRR 两大核心指标

> “聪明的高管都是宏观管理者，以特定的方式决策。”

在众多的业务视角和诸多复杂的指标中，地产企业该重点关注哪些指标，以便于快速、较为全面地了解企业及各项目的整体运营状态？结合企业的业务构成、管理层级及管控模式，重点关注指标有所差异，对于普通住宅开发通常包括净资产收益率 ROE、资源占用回报率、内部收益率 IRR 三项指标；对于自持商业，溢租率可作为衡量商场和商户经营能力的综合性指标。

对于分级管控的集团型地产企业，运营评估指标体系应从集团层面、区域/城市公司层面与项目层面，分别对公司运营状况进行评估。集团层面更多关心的是企业的净资产收益率，即 ROE；区域/城市公司层面更多关注资源占用回报率；项目层面更多关心项目内部的收益率，即 IRR。

ROE

净资产收益率（Rate of Return on Common Stockholders' Equity），是净利润与股东权益的百分比。该指标反映了企业自有资本获得净收益的能力，用来衡量公司自有资本的利用效率。该指标值越高，说明投资带来的收益越高。由于 ROE 指标受到企业资本结构、负债水平、所得税率变动、总体资产收益水平等的影响，因此是一个综合性很强的指标，具有较高的参考意义。根据杜邦公式：ROE = 净利润率 × 权益乘数 × 周转率。ROE 一定程度上能够反映企业的经营能力、杠杆运用能力及项目运营能力，但该指标具有一定的局限性，无法更为全面地反映企业资金的运用能力。

资源占用回报率

资源占用回报率 = 考核净利润/平均占用总资源，平均占用资源通常包括区域/城市公司层面占用集团权益和往来资金、外部借款和集团借款等。该指标可以作为 ROE 指标的延伸，在保留了对于利润目标的同时也考虑到了企业的资本成本，可以作为集团评估区域/城市公司层面的资源运用效率的综合性指标，进而辅助集团进行更为合理的资源配置和决策。

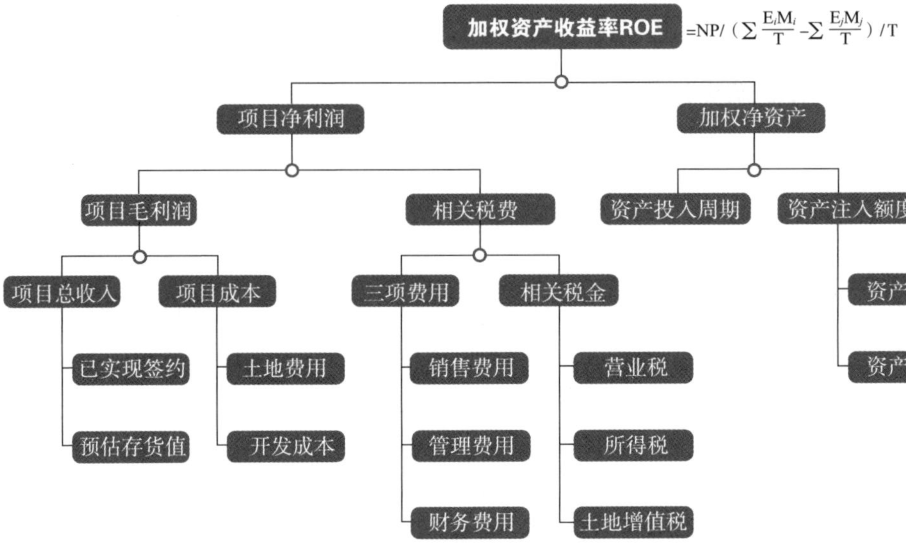

图 3-2　加权净资产收益率 ROE 分解

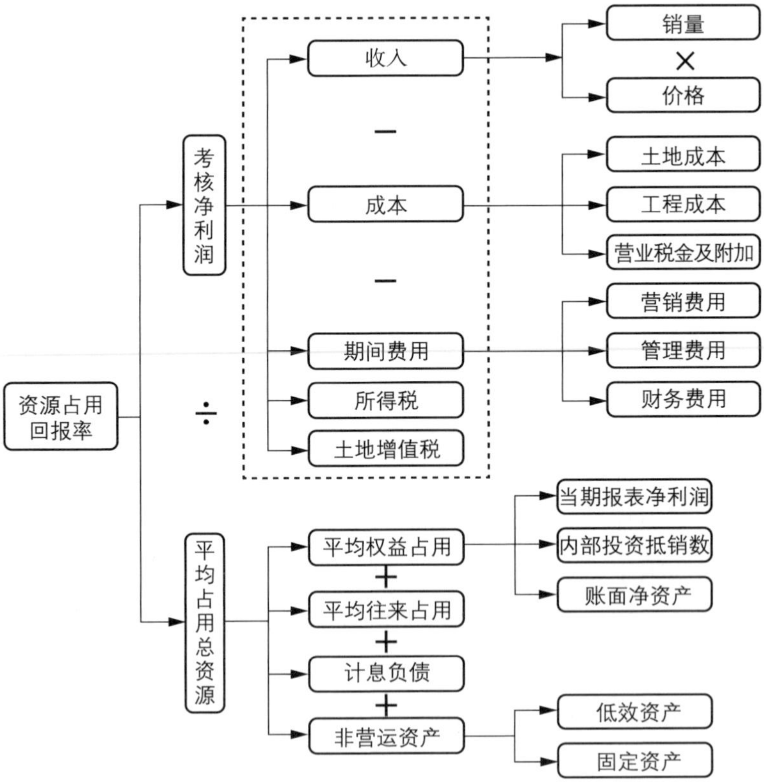

图 3-3　资源占用回报率分解

IRR：

内部收益率（Internal Rate of Return，IRR），指项目投资实际可望达到的收益率，即项目资金流入现值总额与资金流出现值总额相等，净现值为零时的折现率，是评估项目投资价值的最重要指标，它反映了项目预期的最高投资收益率。IRR 作为评估投资收益的指标，最大优势在于不仅考虑了现金流入总量和流出总量，还考虑了现金流入和流出的时间，体现了现金的时间价值。因此，相对于 ROE，IRR 更能全面地反映项目的运营情况。同时，IRR 还可用于评估项目中的重大决策对于项目收益的影响，有效比较具有不同投资规模项目的盈利能力。相较于 ROE 及资源占用回报率，IRR 对于现金的流入、流出，资金占用时间更为敏感，项目整体开发节奏、融资规模及方式、销售回款节奏等属于 IRR 指标的主要影响因素。

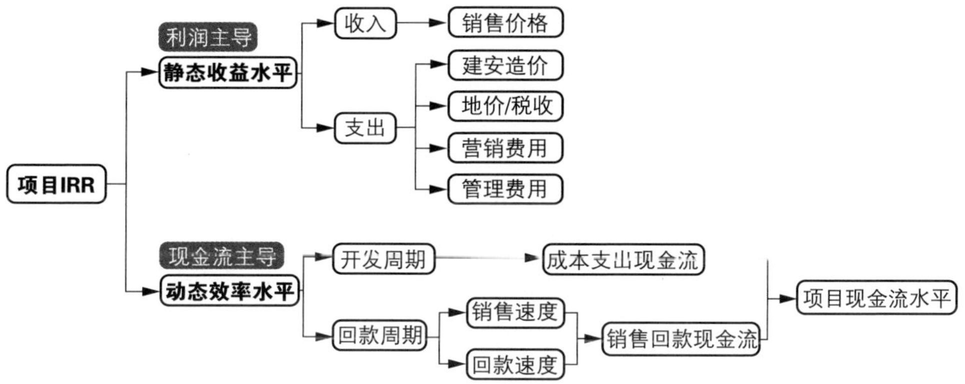

图 3-4　项目 IRR 分解

表 3-2　ROE、IRR 核心指标对比分析

核心指标	ROE	IRR
适用情况	用于衡量公司层面获利能力的重要指标	用于衡量项目投资回报率，体现了现金流的时间价值
与现金流的关系	侧重于现金流结果	侧重于现金流过程
销售收入统计口径	销售签约额 + 预估存货值	销售回款
敏感性因素	销售收入、项目全成本、资产周转速度、资产负债程度	去化速度、回款节奏
指标合理性	指标越高，投资收益越高	IRR 越高越好，说明项目的抗风险能力较强

溢租率

对于自持商业，需要通过经营分析、商户辅导、招商调整、企划营销、多种经营的分析提升项目租金，而上述所有分析动作均需建立在相应经营数据、指标的科学分析基础之上，因此对于商业项目各项指标的设计，需要实现对商场运营状态的准确判断，提供业态落位时品牌选择依据，以及提供租金制定的依据等。一般商业地产通常采用销售坪效、租金坪效、租售比等核心指标衡量购物中心的整体销售能力、经营能力及商户获利能力，但销售坪效、租金坪效不能反映单个商户的经营状况。而作为衡量商场和商户经营的综合性指标——溢租率，可用于对购物中心和商户整体经营进行分析。

溢租率（Rate Of Profit Overflow Rent，POR），计算公式为：溢租率 = 净利润/租费总额，可以作为评价主力店、步行街品牌经营风险、租金承受能力的综合指标，能较为全面地分析品牌经营情况，并作为购物中心品牌调整、商户租金调整提升及商业运营措施改善的重要依据。

3 指标不只是用来“看”的

经过数据的积累、提取，我们获得了相应的指标，“看”到了企业的运营状态，是不是意味着通过这些指标我们已经能够实际掌握企业的真实状况了呢？这些指标是不是已经实现了其价值和意义？事实上指标不只是拿来“看”的，它是企业实现投资收益过程中的最有效监测工具，其最终目的是通过这些指标的跟踪，对经营风险及时预警，保障收益的最终实现。因此，对于这些指标的分析管理需覆盖项目拓展阶段的投资测算，项目运营过程中的投资收益跟踪等过程，实现“前期预测准确、过程有效跟踪、辅助分析决策”。在一定程度上，对于指标体系的运用及管理已经成为地产企业综合能力的集中体现。

企业研究并运用商业预测技术进行趋势分析由来已久，早在 1968 年 GE 就成立了独立的商业预测部门；微软、英特尔、高通等也都在早期就开始运用商业预测来规避风险、抓住发展机会。IBM 在 1982 年启动了“全球技术展望项目（Global Technology Outlook，GTO）”，建立了周密的商业预测机制，并依靠该机制不断地对各类不确定性进行预警，经历多次成功转型。IBM 管理团队在 2002 年提出两个预测趋势——PC 业务领域很难再出现大规模创新机会，咨询业务会蓬勃发展。在此预测指导下，IBM 剥离了个人 PC 业务，专注于高端企业咨询解决方案，使得 IBM 股价在 2002—2011 年上涨了 125%。2012 年，新掌门接手 IBM 后，又预测云计算和认知科学等新兴技术领域正在逐步崛起，于是将 IBM 进一步转型为认知解决方案和云平台公司，2016 年 IBM 云业务实现了 35% 的增长。

由于地产项目具有开发周期长、涉及专业多、协同难度大、各类影响因素较多等特点，前期拓展阶段进行较为准确的投资收益测算难度较大，再加上前些年整体市场环境及行业竞争情况较为理想，多数企业并不重视投资收益测算。近年来，随着政策调整、供需变化等影响，行业利润率下滑，“增收不增利”已经成为地产企业的常态，因此拿地阶段能够准确预测，确保项目利润能够在前期做到准确预知、可控且可实现将愈加重要。

在项目运营管理过程中，越来越多的企业逐渐意识到进行静态的指标统计已难以支撑企业管理层在快速变化的竞争环境中做出迅速、准确的决策，构建动态指标监控体系成为其必要选择。

但在大量数据、表格，分别来源于不同的专业部门、不同的业务视角、不同的统计口径、不同的计算周期和计算方式的情况下，如何进行有效的数据整合也成为一道难题，如果再加上进行动态的跟踪分析，更需要投入大量的时间和精力，并且时效性也难以保证，进行辅助分析决策似乎成为一个难以实现的理想状态。

庆幸的是有越来越多、越来越成熟的管理和信息化技术手段能辅助实现指标体系的动态跟踪管理，甚至能通过这些“技术工具”实现对管理体系的倒逼升级。

四、不是地产不行了，而是经营理念不行了

“当今世界所呈现的变化，并不限于经济的变化或者技术的变化，还包括人口结构的变化、政治的变化、社会的变化、哲学的变化，乃至世界观的变化。”

过去二三十年，房地产行业经历了一个“黄金时代”，但地产企业依然必须面对复杂多变的政策、经营环境。这让地产企业管理者学会了运用与众不同的经营理念和方式去管理企业，其中不乏具备前瞻性的企业管理者能够以强烈的意愿和开放的心态来试验各种激进的管理技巧，甚至进行大胆的转型、创新尝试。

但是，随着“黄金时代”的结束，地产行业进入“下半场”，供需结构改变、人口红利逐步消失、存量市场崛起、行业集中度加速上升、地产行业竞争格局正在经历着前所未有的快速变化。此外，移动互联网、大数据应用及其他科技领域新技术大大加速了创新的步伐，正在彻底改变传统行业的价值链和竞争态势，数字化渗透到各个垂直领域，使得行业边界越来越模糊。基于互联网、云计算等技术的平台战略、共享经济、轻资产模式等也正在迅速改变着行业结构，价值获取和创造等商业逻辑也正在被重新梳理。在时代浪潮的推动下，地产行业也不能幸免，各类融合、重构正在发生。在此情形下，“唱衰地产”的声音一度抢占了舆论空间，认为地产行业已经不行了，再难以复苏，企业管理者也面临前所未有的挑战和焦虑。

机遇总是伴随着挑战，困难背后总会有希望。伴随着消费升级及互联网普及带来的消费者个性化需求的释放，“人口红利”正转变成为“服务红利”；存量市场的快速崛起带来了更为多样化的业务模式、服务模式的创新，并蕴含着更为巨大的市场空间；移动互联网、大数据应用促使各个传统行业

进行大规模的融合，催生了大量的新行业机会、新商业模式。在迷雾中看到方向，发现新的机会需要企业管理者具备前瞻性的战略思想，摒弃陈旧的经营管理理念及运营模式，持续创新并对新策略坚决地执行，不断推动内部管理的提升。

不是地产不行了，而是经营理念不行了，在“后地产”时代，任何一个商业行为都不再能够单纯依靠过往经验及感觉而实现，企业需不断根据市场和自身的变化，动态调整战略目标和实现目标的方法。“数据视角”和“用户视角”成为地产企业经营的两大关键，数据成为新的生产要素，技术成为创新驱动力，智慧经营成为地产企业生存的必然选择。

第二部分

智慧管理大势所趋，地产智慧经营是什么

现阶段，地产企业面临更加快速变化的市场环境、越来越复杂多变的业务场景、大量产生的各类数据；同时，在内部管理方面也不断进行变革尝试，传统业务的“专业化、规范化、标准化”已成为过去，企业急需更加“智慧化”的管理方式。借助信息技术打造企业的“数字神经网络”，将各项目业务高效串联成为一个有机整体，形成具备分析和思考能力的组织，可以真正地帮助企业快速提高管理水平，加强对市场的应变能力，并进行有效的控制和决策。

五、一张全景图玩转地产企业智慧经营

企业的任何决策都会面临一些能改变和不能改变的因素、面临创新与变化的可能性，几乎所有的企业管理者都会考虑利用科学的方法和工具辅助决策。“智慧经营”为“后地产”时代的地产企业提供了一个全新的经营管理蓝图，各类信息技术的应用大大开阔了在管理上的想象力。在满足企业内部“智慧化”管理的同时，“智慧经营”也顺应了行业的发展和融合，将企业管理闭环向地产价值链开放，甚至延伸至更为广阔的生态链，通过整合生态链上各参与方，共同分享生态链整体效率提升带来的价值和收益。

1 图解地产企业经营管理全业务流程

地产开发对外涉及土地管理、城市规划、工程建设、市政管理及相应的政府管理部门，以及金融机构、投融资管理及其他服务类机构；对内涉及投资拓展、设计管理、招标采购、成本控制、施工管理、营销、客服及物业服务等环节。内外部关系错综复杂，理顺并合理组织整个地产业务流程体系是地产企业构建管理体系大厦的基础。同时，伴随着地产行业专业化细分，跨企业、跨组织合作将成为趋势，在此情形下，业务合作、流程协同、信息共享的难度将更大，如何理清并打通各个分离组织的业务流程将会是个更复杂的问题。

项目开发及运营管理是地产企业、跨企业进行合作开发的核心业务，不同企业在业务流程组织上有一定的差异，反映了其不同的项目运作方式，但总体框架包括如图 5 - 1 中的九大环节。

在合作开发、代建等模式下，各环节的执行主体存在一定差异，在流程组织时需更多地考虑各个主体之间的业务衔接。而对于目前越来越多涉足

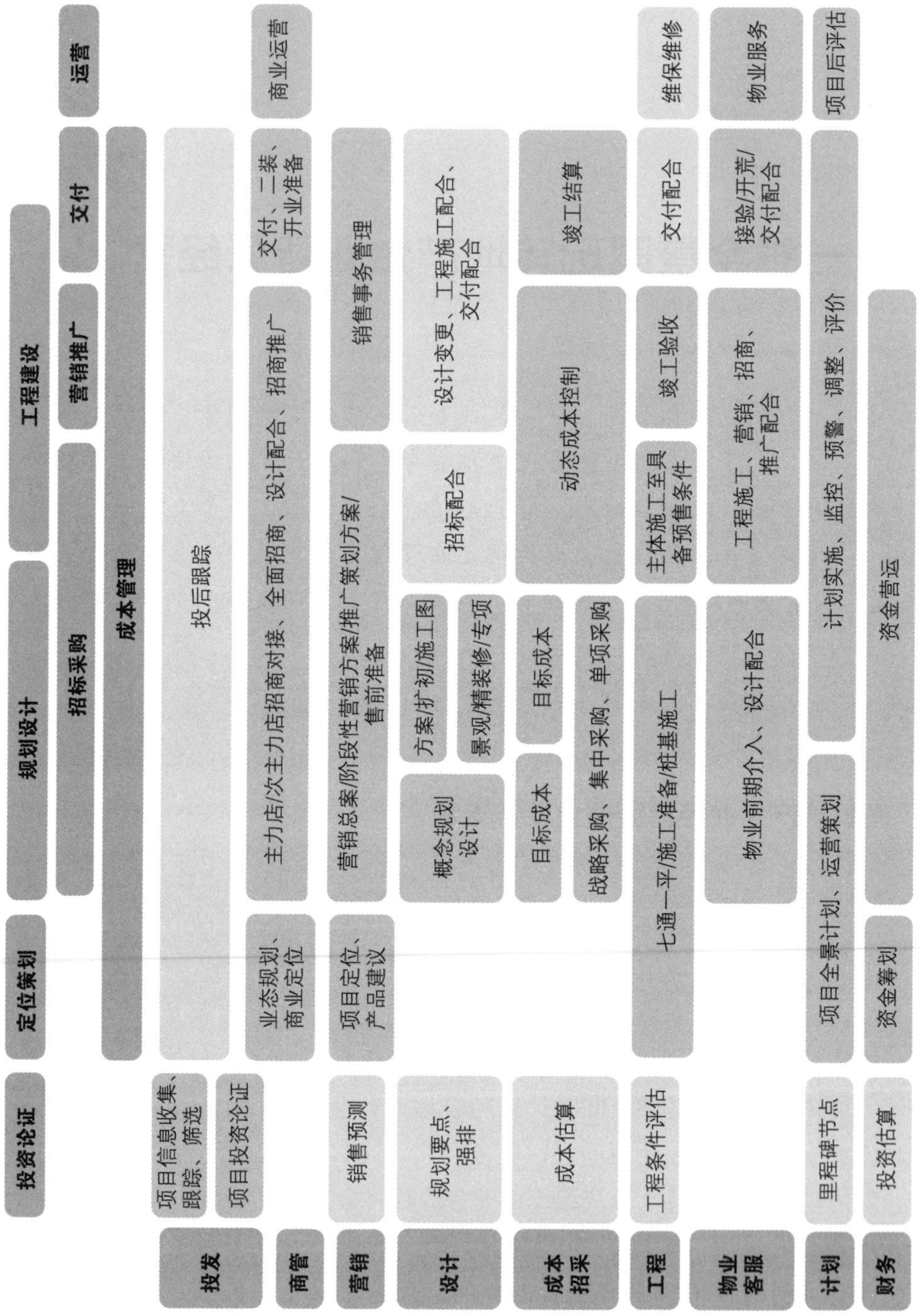

图 5－1　常规地产项目开发运营总体框架

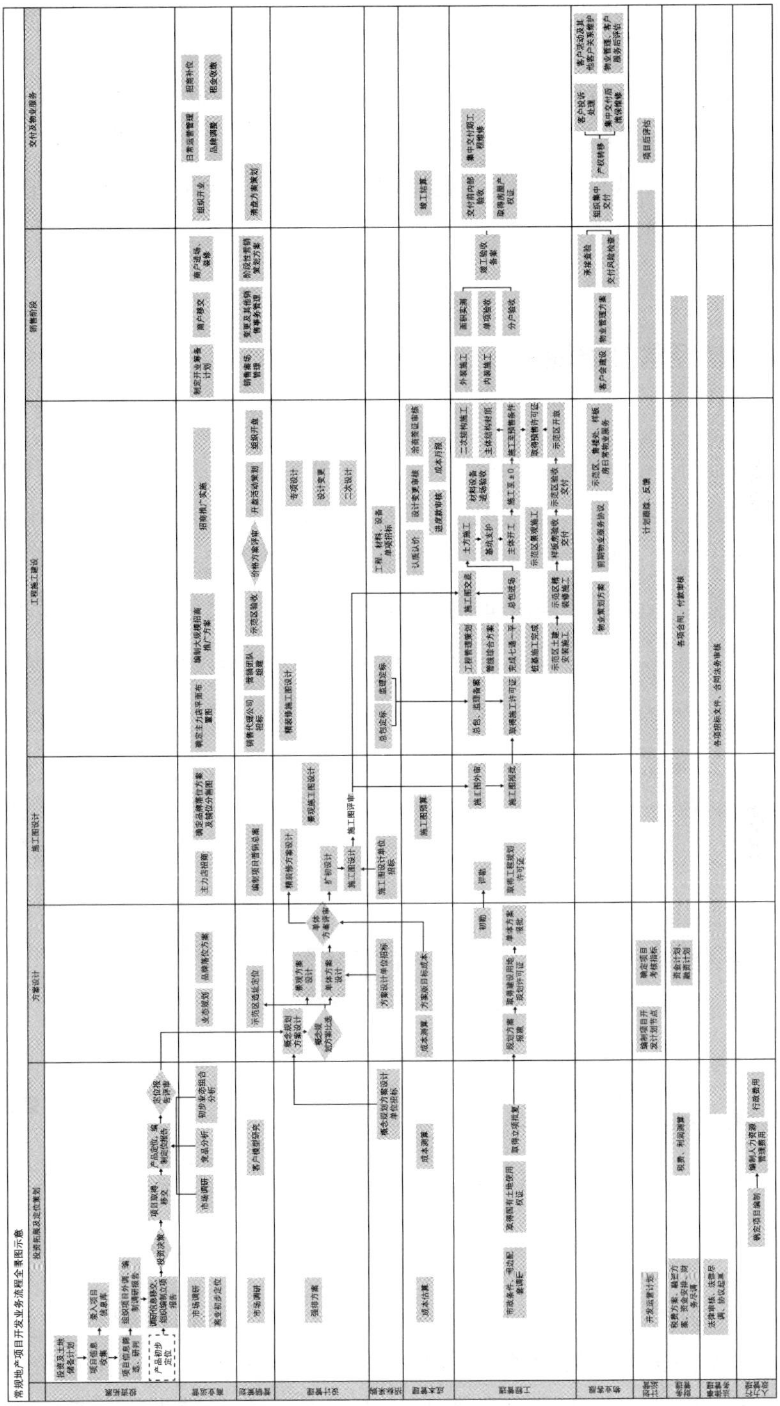

图 5－2 流程总图示意

“城市运营”的地产企业，还需包括前期的土地整理、基础设施建设，及交付后的社区服务、其他创新增值服务等环节。

在此基础上统筹考虑，进行业务的层层分解，形成覆盖全过程、全专业、全组织的业务流程总图（详细方法参见第三部分）。流程总图是地产项目开发管理的“流水账”式的排布和直观体现，对于企业或项目管理者进行业务梳理、优化具有很强的指导意义。

2 构建智慧经营全景地图

地产行业在信息化方面的探索起步于20世纪90年代，进入2000年后，随着互联网的广泛应用，信息化也进入了快速发展时期。在这一时期，大部分地产企业引入了ERP、CRM等管理软件，并逐步通过集成平台将各个分立的系统进行整合与集成。这一时期，地产企业信息化建设的总体思路是围绕地产开发价值链展开，其主要目标是满足企业内部管理，总体上处于相对封闭的体系。

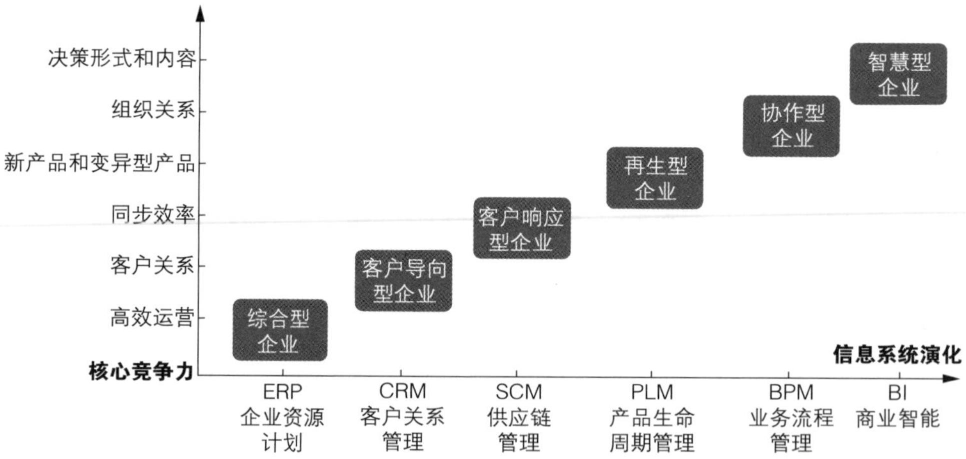

图5-3 企业信息化发展模型

步入“后地产”时代，随着行业的发展、产业链横向融合及“生态圈”的演进，原先企业内部的业务及管理闭环正在向更为广泛的生态链开放；同时，不可避免地加入更加复杂的数字生态系统，在此情形下，原有信息化思路也越来越不能满足新时代以及企业内部管理的需求。近年来，随着云计算、大数据等新兴技术的引入，信息化的视角也逐步由围绕业务系统建设和支持转向多组织业务协同、数据共享分析、辅助决策及其他智能化应用的“数字化运营”转型；企业在进行信息系统建设时，也逐步从本地部署向“云端”靠拢。未来，以“开放、共享、生态链整合”为主题的“智慧经营”将会成为趋势。

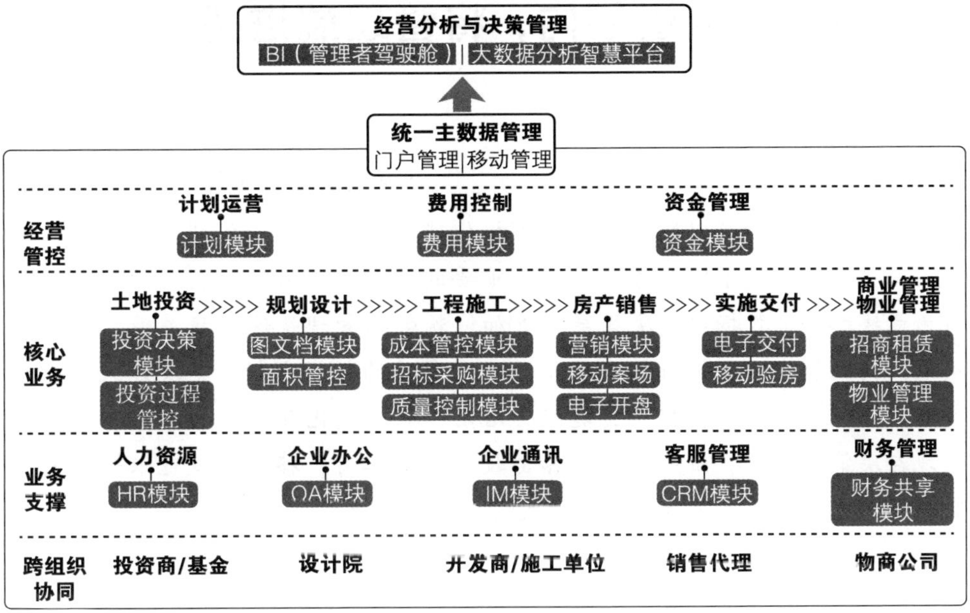

图 5－4　智慧经营全景地图

“智慧经营”是一套完整、详尽的解决方案，在业务层面满足全业务流程的贯通对接、各类数据的归集共享、常规事项的审批决策；在经营管理层面通过各类数据的分析，关键指标跟踪、实时呈现及影响因素分析等，更加科学高效地辅助决策；在生态链整合层面，向产业链参与方广泛开放并提供专业化服务，深入挖掘各环节潜在机遇，促进各环节业务协同、提升整体效率，实现跨企业生态经营；在创新支持层面，通过新技术应用创造新业务场景甚至商业模式，倒逼企业管理体系和工作方式的改进。

六、将企业放进屋内，将管理揣进兜里

在智能化决策越来越被重视的今天，无论什么行业、无论企业规模如何，越来越多的企业开始以数据分析及可视化建立自己的竞争优势，利用数据进行商业决策甚至成了比业务本身更为重要的事情。数据时代企业的一切经营行为最终都将被数据化，决策层将更加依赖数据管理快速寻找关键数据进行决策。商业智能、数据可视化提供了一套高效的数据分析、呈现方式，基于各业务系统各类核心指标、关键经营活动、数据变化及趋势预测等可以实时呈现在决策层眼中。商业智能让各类数据应有尽有，移动端口可以让决策随时随地，未来企业管理者的工作方式将会大大改变。

1 商业智能，决策辅助

商业智能（Business Intelligence，BI），是对企业的信息进行搜集、整理和分析的过程，让企业的决策者可以快速地获得支持，提升洞察力，做出最利于企业发展的决策。商业智能系统的发展是以完善的企业信息系统以及业务系统的稳定为基础，能够满足企业对于信息知识的时间性以及准确性的要求，可以为企业运作提供数据支持以及决策性的参考。商业智能等于商业加智能，需要企业积累大量的各类业务相关数据，借助于数据仓库、数据建模、数据分析、数据挖掘等技术，结合商业知识建立起报表、分析模型，然后进行统计分析、深层次挖掘，以及可视化交互展现。

随着经济增长模式的转型，房地产行业结束了近 20 年的黄金发展时期，当前伴随着各种经营成本的不断增加，房地产行业也由原来的粗放式经营转变为高效集约式经营，并向“智慧经营”迈进，而更高效、智慧的经营方式必须及时准确地获取企业的各类业务数据。地产企业经过多年快速发展，业务模式和信息系统已经相对稳定和成熟，并积累了大量的数据，各种管理数据积累到一定程度之后，将具备形成商业智能的基础，将这些数据整合起来，结合目标用户属性与购买倾向等数据，从中发现有价值的商业规律，辅助决策者进行商业决策，成为企业管理者希望实现的管理目标。

商业智能解决什么问题?

随着企业信息化程度的深入，信息化对业务的规范、业务流转效率的提升效果逐渐显现，随之而来的是企业内部对获取决策信息的效率、正确性、全面性和准确度的要求也越来越高。但是，在多年信息化建设过程中，各个系统保留了繁多的报表，对相同的数据提供了不同的数据统计方式、统计口径，不一致的数据常常给管理决策带来更多的困惑，具体表现为以下几种典型现象：

(1) 数据不一致

伴随业务、系统的变化和人员的更迭，各系统积累了大量的不同版本的报表，统计方法、统计范围不一致导致报表之间必然存在数据差异，并且很难明确这些差异的具体原因。

(2) 信息孤岛现象

每个业务系统仅能提供各自业务相关的数据，而管理层需要全面的、涉及经营各个业务的数据，需要对企业运营现状进行综合分析判断，才能提高决策的准确性。

(3) 人为干预过多

不一致的数据、信息孤岛现象的存在，必然导致大量的数据分析工作需要通过人工方式对各种原始数据进行处理。数据分析人员需要花费大量的时间和精力，从各个业务系统中获取基础数据并进行整合，这个过程往往需要数天或数周时间。人为干预直接导致信息获取的及时性和准确性降低。

以上现象的存在，必然导致信息获取的周期较长，准确性不足，影响管理决策的效率。

BI 系统能带来什么价值?

为了从根本上解决管理决策中信息获取效率和准确性、一致性问题，商业智能系统通过制定整个企业范围内的数据规范，明确指标体系、指标含义，统一业务数据模型，提供一致的数据发布接口，保证整个企业使用相同的数据，最大化地减少由于数据差异、理解误差对企业各级人员带来的影响。

对于决策层，商业智能系统能够给高层管理者带来的最直接效益就是信息获取的效率得到极大提升，过去数天或者数周才能获得的数据报告，可以直接从管理驾驶舱中获得。管理者可以及时掌握公司的整体运营状况，对关键项目进行全程的跟踪监控，及时发现或预见潜在偏差，组织通知相关人员分析问题的原因，采取相应措施进行调整。管理驾驶舱是企业围绕着长期规划与短期计划、执行监控、问题分析、调整等过程实现的商业智能应用。

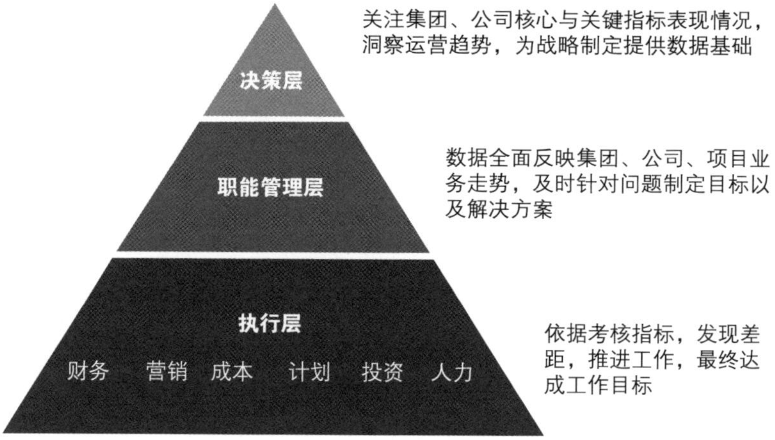

图6－1　商业智能价值示意

对于职能管理层，商业智能帮助企业各级职能管理者面对行业环境的快速变化做出敏捷反应、科学决策，制定业务范围的合理经营目标，洞察出日常经营活动与计划产生偏差时能够及时采取纠偏措施。在日常运营管理决策时让数据说话，无论好坏对错，是非成败，都要拿出数据，检查工作，研究问题，改进工作；从收集和分析信息开始，按规律办事，从工作中找出规律性，而不是拍脑袋的决策，逐步建立起高效、规范的中高层管理队伍。

对于执行层，商业智能能够带来的最直接影响是效率提升，大量减少了手工收集汇总各种数据，编制分析报告等的重复工作。通常，数据分析人员每周至少会花费2—3天时间用于手工处理各种报表，对于一份企业季度频率的系统分析报告，一般会占用分析人员数周的时间，其中70%～80%的工作用来处理各种数据，进行维度与口径的统一。繁复的数据处理工作带来了大量的人力资源的浪费，并且直接降低了决策的效率。通过商业智能系统，大部分固定报表可以随时获得，以前手工处理数周的工作，通过系统报表和分析工具只需要花费几小时即可完成，大大降低了人力成本。

综合以上，商业智能带来的最积极的影响是企业整体效率的提升，可以保证企业各级业务有序按计划执行，出现偏差后能够及时获得关注和处理，降低了企业的经营风险。

BI 系统由什么组成？

商业智能系统通常由三个层次组成：业务系统、企业数据模型、应用层。业务系统即商业智能系统的数据来源，企业数据模型是整个企业规范化以后的结果，应用层是企业数据多种形式的应用。

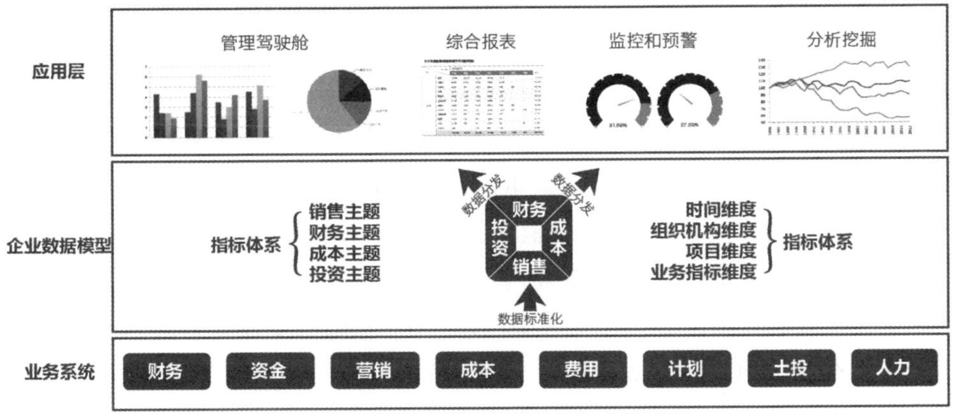

图 6－2　BI 系统逻辑架构

（1）业务系统

不同于业务管理类的信息系统，商业智能系统对企业信息化本身提出了更高的要求。企业在日常经营过程中，随着业务的推进，通过信息系统会产生大量的数据，商业智能系统通过定时或者实时的方式从各个业务系统中获取最新的业务数据，然后进行规范加工、计算汇总，最后展示给各级用户。通常，商业智能系统会与所有的核心业务系统进行数据对接，对于房地产行业来说，必然包含土地投资系统、销售系统、成本系统、资金管理系统、财务系统、人力系统等关键业务系统。

（2）企业数据模型

商业智能系统中最有价值的部分是企业数据模型，数据模型是数据仓库落地的业务基础，数据仓库中按业务主题存储着企业的经营数据，是商业智能系统的核心组件。目前，国内市场上除了通用模型，只有规范的银行、电信等行业，可以独立开发或者直接使用国外成熟的商业模型，其他行业很少具有行业建模能力的企业，房地产行业在商业智能系统建设方面更是处于起步阶段。企业数据模型一般包括指标体系和维度体系两部分：

指标体系：指标即描述某项业务的数据。指标体系的构建一般先按照业务主题进行划分，例如：营销主题、成本主题等，然后在各主题业务范围内，梳理指标定义和计算规则以及相关指标之间的计算关系，以此渐进，将所有主题加以完善，最终构成整个企业数据模型。

维度体系：维度是对指标特定属性描述、说明，单独的指标并没有实际意义，只有结合特定的维度，才能明确指标的业务含义，例如：XX 时间 XX 公司 XX 项目的销售额是 1000 万元，这里的时间、公司、项目就是描述指标的维度。每个业务主题都会有特定的维度对各个主题的指标进行描述，这部分维度在梳理各个主题指标时会同时被识别和定义。在维度定义过程中，会识别出各业务主题都会用到的维度，例如：公司、项目、分期等，这部分维度对整个企业数据模型来说是至关重要的。可以认为整个企业的数据是一棵树，各个主题的维度、指标就是树的分支和叶子，那么主数据就是整棵树的主干部分，所以定义主数据在企业内部的统一规范，对于商业智能系统的建设是至关重要的，对于其他业务系统也很重要。在很多业务多样且复杂的大型企业，都会单独建设主数据项目，对主数据进行专门的统一管理和分发。

（3）应用层

商业智能系统通过规范的数据管理，对外提供一致的数据服务，可以对用户提供各种渠道、多种形式的数据服务。

综合报表：为企业各级人员提供固定格式的传统报表和复杂统计报表，可以大大减少各级数据分析人员的日常制表工作。

管理驾驶舱：为公司高层管理人员提供企业全面的、可视化的关键绩效指标的分析工具，主要通过图形化的经营战略地图、KPI 仪表盘、各种经营指标的变化趋势、企业内外部的对标展示，为不同的管理人员提供个性化的可视化展示。

监控和预警：实时监控企业各种关键绩效指标，并基于管理规则和业务计划，对超出正常范围的指标和计划延迟事项提供邮件、短信等多种提醒方式，保证关键业务问题能够及时获得管理层及相关人员的关注和解决。

分析挖掘：属于商业智能系统的高端应用。企业数据分析人员可以使用系统提供的数据分析工具和方法，对历史经营数据进行分析和挖掘，发现数据中隐含的未知业务知识和规律，指导业务创新和辅助决策。

BI 系统如何实现?

各类企业、管理人员都认为商业智能系统是有价值的，但是实施多年以来，能够成功提升管理效率的案例却很少，各种各样的原因最终都会导致商业智能系统的建设无法达到预期效果。据统计，国内商业智能的失败率高达60%～70%，并且多年以来一直居高不下，究其根本原因主要为以下几方面：

（1）基础条件不成熟

商业智能系统的数据来源依赖于具体的业务系统，所以实施需要具备两个必需的前提条件：

①成熟的业务模式：成熟的业务模式，决定了相对稳定的企业数据模型。

②稳定的业务系统：稳定的业务系统保证了数据质量的相对稳定，可以使用相对一致的数据处理逻辑标准化原始数据，并加载到企业数据模型中，不断变化的业务系统将产生不同版本的系统数据，增加了数据标准化的难度，持续的变化会导致商业智能系统维度的难度增加，降低数据系统的可用效率。

（2）系统定位不准确、建设思路不清晰

对于商业智能系统，一个典型的误区是认为其只是一个在领导面前展示业绩的面子项目，或者项目的目标侧重于在管理层展示信息化成果，从而只重视系统的展现部分，而企业数据模型对于整个企业业务的规范作用，由于对决策层来说是不可见的，反而不被重视。或急于求成，忽略数据建模的工作，导致数据管理混乱，对外提供的数据准确性下降，最终失去用户的信任。

对于商业智能系统的建设者来说，为了确定清晰的系统定位可以从纵横两个角度考虑：

从横向角度来看，商业智能应用主要有几个层次。首先是单一系统的数据报表，一般企业的信息系统都或多或少的有数据报表。其次是跨系统的数据仓库建设，即企业数据模型的实现，提供跨业务的数据分析能力。数据仓库可以将不同的应用系统的关键数据进行整理分析，然后汇总，为后续数据分析做准备。最后就是商业智能，想达到智能的程度，要先有分析模型，然后才能在数据中挖掘潜在的商机。

从纵向角度来看，早期的商业智能应用更多偏向于管理决策层，但从已经应用商业智能的企业中了解到，领导决策层商业智能应用的效果并不是很好，而且大部分商业智能最终的结果未必能达到预期的结果，这就导致了商业智能真正给领导层带来的实效并不是很好。反而面向具体业务和数据分析人员的操作型的商业智能相对来讲建设效果更明显。

基于此，作为项目的决策者在梳理商业智能横向的同时还需要梳理商业智能的纵向应用，只有从两个纬度都弄清楚了，商业智能才有可能成功。从现状来看，以业务为基础，充分结合业务中的实际情况，商业智能成功的可能性更大。

商业智能系统几乎包含所有的企业核心数据，不论从数据模型的后期持续规范和管理，业务模式、源系统变化的持续跟进，对运维人员都提出了艰巨的挑战。从业务方面来说，几乎没有人能够做到对企业所有的业务都很精通，特别是业务种类繁多的综合类企业，这就需要有足够的人员对企业模型的变化进行持续跟踪和管理，保证数据模型反映真实的业务现状。从数据集成来讲，商业智能系统的数据来源于众多的业务系统，任何一个业务系统的变化都有可能影响商业智能系统，所以对业务系统变化的持续跟踪，判断对商业智能数据的影响并做出对应变更，对于系统运维来说是十分艰巨的任务。

此外，对于商业智能系统来说，管理层的支持不论在建设阶段还是在后期运维阶段都是必不可少的。建设阶段，商业智能系统的核心工作是规范和统一整个企业范围内的数据定义和标准，需要管理层来协调各业务部门之间数据管理的差别，必要时需要推动相关部门改变部分业务的原有工作模式，适应统一的工作标准。运维阶段，需要管理层提供足够的资源和持续的重视，监督数据标准的持续有效执行。所以对于一个成功的商业智能系统来说，充分、持续的管理层的支持是必不可少的。

商业智能系统项目是一个长期复杂的过程，持续时间会很长。因此，在系统的建设过程中，一般会采用“整体规划、分步实施、充分保障”的策略。

整体规划

商业智能系统中需要涵盖企业全部的核心数据，涉及大量的业务和相关系统，系统核心的企业数据模型也不是一蹴而就的工作，所以需要在项目前期对各个业务系统及数据的现状进行排查，详细了解各业务数据的使用现状及管理需求。制定企业数据的整体规范和框架，明确各个主题数据前后的依赖关系，然后才能建立合适的企业数据模型框架，并且有针对性地处理各业务主题的依赖关系。然后才能制定详细的项目实施计划，合理安排各业务主题的实施顺序。对于业务复杂的企业，可以先建立独立的主数据和数据治理项目对整个企业的数据进行规范，再进行数据仓库项目的建设。

分步实施

在“整体规划”范围内，先对企业主数据进行梳理，再逐个对业务主题进行数据梳理和规范，并针对单个主题的业务进行建模和落地，同时引入业务部门对模型进行完整性验证，最终构建出完整的企业数据模型和数据仓库。

充分保障

商业智能系统规划及实施全过程需要管理层提供足够的支持，协调业务规范过程中对各原有业务的影响，保证项目的顺利进行。

2 数据可视化，实时智慧呈现

随着信息技术的快速发展，数据成为人与人之间传递信息的主流载体，贯穿各个领域，渗透于我们生活的方方面面，已经成为社会的重要生产因素，海量数据越来越明显地演化为社会最具价值的财富。而对于数据的整理、分析、应用、更新、展示成为人们挖掘数据价值财富的关键手段。

数据信息可视化是一种有效的数据分析手段，更是一种关于数据视觉表现形式的科学技术研究。人们通过利用平面图形、立体结构，借助计算机对数据进行清洗计算，清晰生动地以视觉形式将数据组合呈现出来，以便达到信息有效传递及沟通。数据信息可视化过程中充分运用人类对图像、图形等可视模式快速识别的能力，通过图形图像、曲线甚至动画等可视画面，来观察、研究、分析、过滤和理解大量的数据，进而实现直接的解释和分析，形象地表现和模拟大规模数据，以此来发现或探求数据内部隐藏的特征以及规律，从而提高人们对事物的观察能力、记忆水平以及理解能力，促进人们形成对某一事物的整体概念。

“80% 的人会记得他们所看到的，但只有 20% 的人记得他们阅读的。”

数据信息的可视化有两个基础，即图形设计与认知心理学。其中图形设计为数据信息可视化提供了更具艺术性的表现方法，为实际的操作经验提出了指导。认知心理学是数据信息可视化的基础理论，是关于人们怎样认识与感知世界的理论，其主要研究的是人类的认识与感知信息的过程。数据信息可视化的重点便是利用计算机技术、多媒体技术、数字技术等手段，把人们无法设想和想象以及接近或相似的环境、事物等用动态直观的形式表现出来。

数据可视化最重要的意义在于它能够帮助人们更加快速、准确地理解数据；可以在一个图表中突出显示一个或多组大的数据量，使用户可以快速地发现关键点。此外，展示海量数据的能力是数据可视化的另一个优点，从海量的数据和信息中寻找联系并不容易，但是图形和图表可以在几秒内提供信息。数据的可视化展示提高了解释信息的能力，一张图表可以突出显示一些不同的事项，人们可以在数据上形成不同的意见，这个过程可能会为新的产品、创意甚至商业模式的雏形创造新的产生途径，甚至人们或许能从数据中发现一些意想不到的东西。

可视化既可以是静态的，也可以是动态的。交互式可视化通常引领着新的发现，并且比静态数据工具能够更好地进行工作。

数据可视化的设计思路

（1）用户定位

在做数据图形化展示之前首先要分析和确定数据的最终用户是谁，用户的关注点是什么。不同类型的用户，如企业决策者、高级管理人员、中层人员、基层执行员工、外部客人等，因角色不同，对于可视化系统的操作及数据内容诉求均不相同，不同用户的理解能力及关注重点也不尽相同。所以在设计时，图形展示及交互形式均不相同。例如，给公司决策者设计的管理型看板可能是可交互式的企业关键经营数据，而给外部客人展示的企业业绩宣传数据则可以采用大屏幕“图标+数据”展示即可。

（2）场景定位

展示环境也是影响数据可视化设计的重要因素。展示区域、载体媒介、界面大小、交互形式等因素也都影响最终设计。办公室触摸式大屏幕展示环境时可设计为可交互式图形，实现多层级数据钻取，多数据场景人工切换等。室外或展厅 LED 大屏幕可采取非交互式单屏排列设计，实现单屏幕最大化数据传递。色彩配置也要符合环境特点，确保界面清晰、视觉体验良好。

（3）数据定位

数据自身属性、维度及数据量级的不同往往决定了最终展示的信息不同。单数值的关键指标在设计展示形式时应重点突出数值，连贯性的数组则应该采取能兼顾数值及数据间关系的折线图、趋势图等。在设计时，展示内容不能做简单的数据堆积展示，布局要体现信息连贯性及信息顺序逻辑，使信息逻辑清晰，一目了然。

数据可视化转换

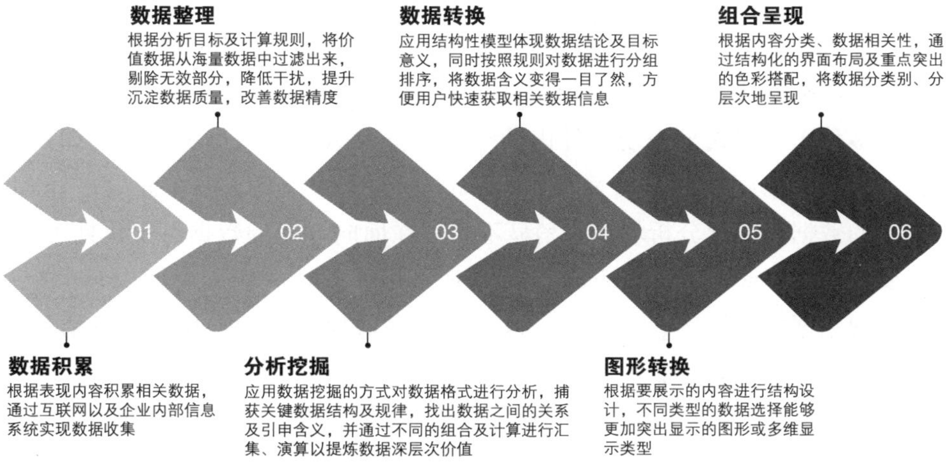

图 6－3　数据可视化转换步骤

（1）数据积累

根据要表现的内容积累相应数据，从本地信息系统或互联网收集进行数据积累。

（2）数据整理

根据分析目标及计算规则，将价值数据从海量数据中过滤出来，剔除无效部分，降低干扰，提升沉淀数据质量，改善数据精度。

（3）分析挖掘

应用数据挖掘的方式来对数据格式进行分析，捕获关键数据结构及规律，找出数据之间的关系及引申含义，并通过不同的组合及计算进行汇集、演算以提炼数据更深层次的价值。

（4）数据转换

应用结构性模型清楚体现数据结论及目标意义，同时按照规则对数据进行分组排序，将数据含义变得一目了然。方便用户快速获取相关数据信息。

（5）图形转换

根据要展示的内容进行结构设计，不同类型的数据选择能够更加突出显示的图形或多维显示类型。如百分数选择饼图、环形图展示，多维指标选取雷达图等，设计视觉草图。

（6）组合呈现

根据内容分类，数据相关性，通过结构化的界面布局及重点突出的色彩搭配，将数据分类别、分层次地呈现出来。

数据可视化常用工具

软件工具：常见的基础数据可视化工具软件以微软公司的 Excel 和苹果公司的 Numbers 为代表，通过简单易用的图表制作工具，以柱状图、折线图、饼图等多种图表形式来表现文件内的结构数据及数组。该类工具在处理少量数据，展示简单图表时具备简便组合、快速呈现的特点，但在面向多样式、高要求的数据可视化分析场景时稍显不足。在面向专业的数据可视化处理时，就需要利用如 Power BI、Tableau、ECharts、Embedding Projector、Visdom 等工具来表现数据的多维度、多样化。这些工具在数据整理的易用性和图形呈现视觉的美观性上都有着非常不错的表现。

硬件工具：大屏幕是可视化数据的理想展示媒介。一般具备面积大、多样组合、音视频多媒体呈现等特点，容易给用户带来身临其境的参与感，能够更大地发挥数据图形对观察者的视觉冲击，使用户对数据信息印象深刻，在震撼、炫酷地展示同时完成信息传递。当下常见的大屏显示硬件包括：LED 显示屏、液晶拼接显示屏、等离子拼接显示屏，可交互式的触摸液晶屏等。随着投影技术的发展，超融合投影、虚拟成像的全息投影等技术应用也越来越广泛。呈现技术的进步使展示内容从平面化向立体化转变，交互方式也从单向查看到人机双向交互模式进行转变。

如今大数据采集分析已渗透至房地产开发过程的各业务环节中。从项目立项、可行性研究、投资评价、投资决策到施工建设、产品营销，包括后期的物业管理，每一项业务决策几乎都需要有大量数据做分析基础。

在拿地时参考哪些数据进行区位选择、项目优势分析，设计时产品如何规划，建设过程中成本如何控制，施工进度、施工质量如何保障，营销时如何拓展营销渠道，把握用户、精准营销等管控内容都需要大量数据作为参考依据。土地投资系统、成本招采系统、营销系统、费用系统、质量系统、计划系统等以数据管理为基础的管控系统已成为地产企业管控业务的重要手段。地产企业都开始逐步建立自己的业务核心数据库，把地产业务上下游相关的行业产品、管控因素等外部数据以及公司内部的经营管控数据有效积累管理起来沉淀为支撑自身业务发展的价值基础，并通过对数据的分析与预测，指导自身进入良性发展。

由于规模大、业务环节多、行业发展快，地产企业的数据积累速度相对较快，各类数据沉淀后的高效利用，一直是地产经营管理者们追求的目标。

各式各样的表单、分析报表、可视化数据成为支撑管理者精准决策的利器。

地产行业内的龙头公司都非常重视数据可视化在企业管理中的应用，万达集团、碧桂园、华夏幸福基业等公司纷纷建设了先进的数据可视化系统以辅助企业进行外部宣传及内部管理。

万达集团总部展厅的大屏可视化系统，呈现了万达集团近30年的发展历程和万达集团多年的公益成果。万达商业集团总部的可视化大屏幕上显示了全国万达广场实时客流量数据及销售数据，并且可随意切换显示各万达广场内关键区域的视频图像，让管理者远在北京总部即可实时掌握分布在全国的200多个万达广场现场经营情况。在万达集团项目上，可视化应用也被重点利用。2017年开业的丹寨万达广场客户中心悬挂着一块巨大的LED大屏，大屏上实时展示着丹寨万达广场内的客流量、客户来源、客户人群分类，广场实时视频等信息，极大地提高了游客在现场的科技体验感。

华夏幸福基业公司在展厅内布置了能够展示集团产业分布的数据可视化系统，访客可以通过大屏幕系统快速地了解华夏集团的产业方向，不同产业在全国城市的布局情况及项目介绍信息。

鑫苑集团在建成先进的BI系统之上，又建设了鑫苑集团经营数据分析可视化平台。系统建设定位于呈现鑫苑集团地产、科技、金融、创新四大业务板块的全球战略布局，展示各业务板块的关键经营信息。以地产板块为例，实现用户既可以快速查看鑫苑地产业务所实施全部项目的全球地理位置分布，也可以查看每个项目自身的关键经营信息，如项目各期成本执行情况、项目营销回款情况、项目计划执行情况等。数据全部来自于ERP系统，可以做到实时抽取、实时展现。

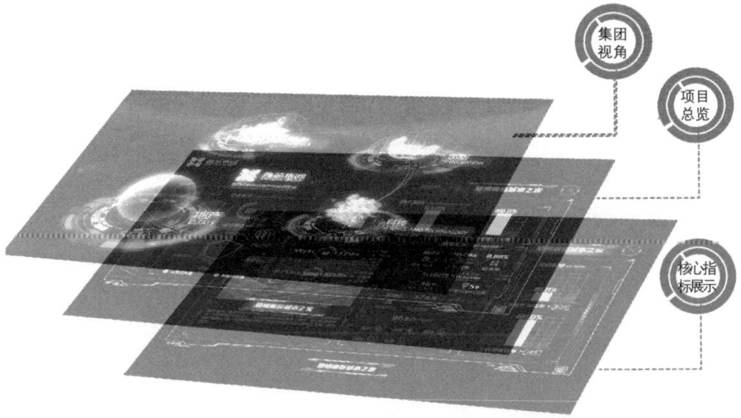

图6-4 鑫苑集团数据可视化应用示意

系统服务的用户定位于集团高层领导，在设计时从管理者视角入手，满足管理者对系统操作简便、对数据内容实时全面的需求。在视觉呈现方面，选择利用 Ventuz 软件以立体的三维模型展现。Ventuz 不仅在图形展示渲染方面能力出众而且可以很好地实现人机交互，系统界面炫酷，操作流畅，体验非凡。

七、传统业务“智慧+”升级

“智慧经营”已成为一种新的商业战略，并对地产企业的管理提出了更高的要求，将传统业务“数据化”是现阶段进行信息化的新趋势，同时也是实现“智慧经营”的基础。将业务管理环节抽象形成各种“场景”，透视并沉淀过程中形成的数据，并将各类数据、信息进行无缝流转构成数据闭环，才能真正实现传统信息化的价值。在此基础上，深入挖掘大量内外部数据中所蕴含信息，辅助智能分析决策，协助企业各级管理人员制定行之有效的策略，才是真正的“智慧化”管理。

1 精准测算，拿地不再靠“赌”

投资决策是地产企业在项目开发运营全过程中最重要的决策，因为土地资源不可再生或复制，并且土地成本构成项目开发最重要的成本，同时存在其他诸多不可控的风险，所以投资决策的准确性在很大程度上决定了项目的成败，无论将其置于何种重要程度都不为过。

在进入2017年后，地产企业在拿地渠道上体现出了更为多样的变化，除了公开市场拍卖、参与一级市场取地外，更多采用收购、旧城改造、股权合作联合拿地等多种方式进行“曲线拿地”。在拿地模式上，从传统的一二级联动大盘模式、地标建设、经济中心与地产联动等模式逐步向地产开发与商旅文化产业、智慧产业、科技产业、养生养老产业、产业园建设运营等结合的“地产+”模式发展。此外，拿地游戏规则也在发生着变化，从“熔断+抽签”到“招标+拍卖”，从“限价”再到“限价+竞自持”，不再是价高者得。种种变化下，投资拿地环节成为地产企业比拼综合实力的战场，拿地不再靠“赌”，要靠更大范围的数据积累和分析、更精准的预测判断、更快速的反应。

常规的项目投资拓展及决策过程包括四大核心环节：获取土地信息、项目调研、投资收益测算和最后的评审执行，涉及投资发展、营销、设计、成本、财务、法务等诸多专业，同时涉及客户研究、城市评价、产品标准化、成本数据库建设等多项基础性工作。投资拓展阶段的各项调研及研究结果通常也会影响项目的定位策划，尤其是采取“快周转”模式时，项目定位策划甚至会提前至项目立项阶段，而定位策划是地产开发价值链中极其重要的环节，对项目的投资进度、项目收益、现金流、产品方案等起着决定性的影响。

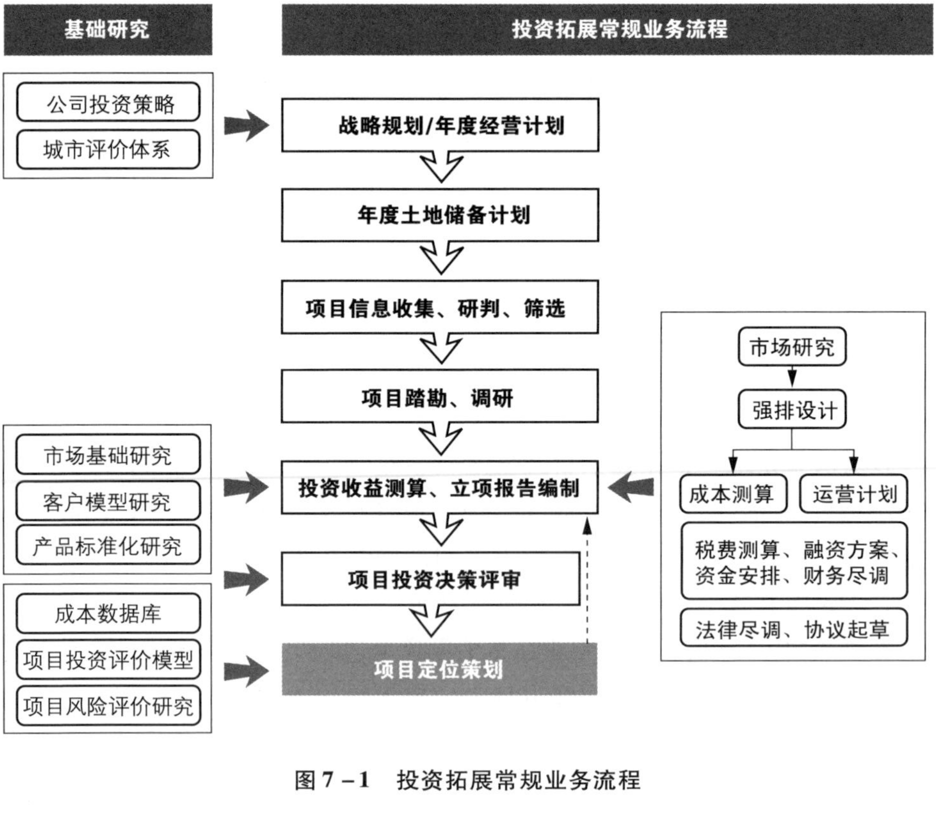

图7-1 投资拓展常规业务流程

项目信息收集、研判，投资收益测算是投资拓展阶段最重要的两个环节，也是大多数地产企业较为“头痛”的环节，其难点在于如何能够快速、准确地判断项目情况并进行投资收益测算辅助投资决策。

项目信息收集、研判关系到客户的初步定位、产品及售价建议、初步规划设计，是进行投资测算的基础。研判环节一般需先从城市分析、区位分析、市场分析几个方面思考，形成初步的客户及产品定位，随后进行深入的市场及竞品调研、强排设计。通常这些分析需要企业具备较强的市场跟踪、数据收集、整理和分析能力，并在此基础上建立适当的模型，而这些工作在常规情况下需要耗费大量的人力物力，因此除了万科等少数龙头企业外，绝大多数地产企业在这些方面的能力是缺失的。

投资测算是项目投资拓展中最关键的环节，通过对项目的深度调研，掌握了土地的关键信息，同时利用企业自身的项目运作经验，以数据的形式分析出该地块投资的最终结果。该结果将直接影响决策层的决策，因此从某种意义上来说，投资测算的成果决定了拿地环节的成败。然而，土地投资测算本身具有一定的复杂性，主要体现在两个方面：一是对地产项目税收政策的熟悉；二是对企业自身经营能力的熟悉。如何使测算结果更接近企业的最终经营成果，这就需要企业建立自己的投资测算模型，提取相应的核心指标。该模型和指标是企业经营的经验总结，不同企业对收益指标关注内容不同，但通常会通过毛利率判断土地的价值，通过净利率和投资收益率判断投资的价值，通过资金占用、回收周期和 IRR 判断现金流和资金使用效率。

在项目投资收益测算完成后，通常会形成项目立项报告，对项目背景、获取方式、基本情况、产品及市场分析、经济效益分析等进行阐述，以供决策。

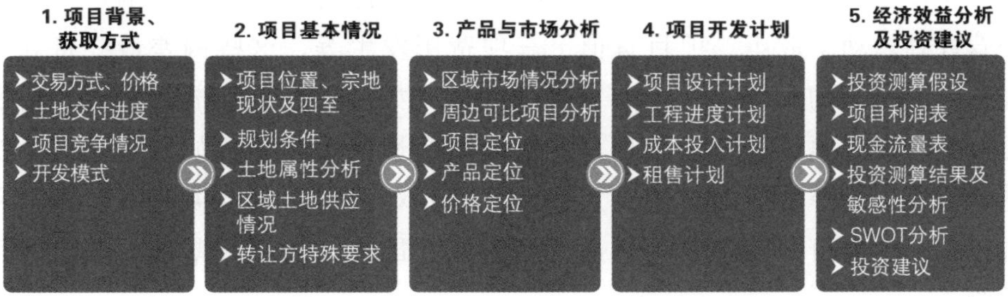

图 7－2　立项报告一般构成

在实际管理中，多数地产企业在完成投资决策、取得目标土地或项目后投资拓展工作就算结束了，投资拓展人员在收到相应的奖励后就不再对所拓展项目进行后续的跟踪、评估，项目运营的成败、好坏也无法反馈至投资拓展部门并对其业务形成指导。这往往会造成投资拓展部门在进行投资收益测算时过于“乐观”估计，使得测算结果“好看”，而忽略项目的实际情况，最终项目的实际收益远达不到投资测算的结果。此时，在项目运营过程中进行回顾、偏差分析和风险预警无论对于投资拓展环节，还是项目运营过程均具有很强的指导意义。

项目经营目标的建立

土地获取进入运营阶段时，需要为该项目建立经营目标，通常包括项目的运营计划（建设周期、销售周期、交付周期等）、收入支出目标（销售收入计划、目标成本、融资计划、三费控制、税务筹划等）、收益指标（毛利率、净利率、净资产收益率、内部收益率 IRR 等）。经营目标的建立对项目运营具有高度的指导意义，项目各职能需据此铺排本职能的计划、各环节成本及费用的控制、销售定价调价依据等。

项目经营目标也为项目建立了评价标准。项目收益目标通常为项目评价中最重要的指标，项目整体绩效依赖于项目收益指标的达成情况。同时，各职能绩效依赖于经营目标中对应的细分计划项达成情况。

从偏差中找风险

企业发展不断提速，企业规模逐渐变大时，同时在运营的项目众多并分布在不同城市，企业决策层每天面临众多的决策项，为保证各项目运转正常，管理者应将更多的目光投入到存在经营风险的项目。如何判断项目的经营风险，一个简单直接的思路是找到项目运营中的偏差，从偏差中判断风险。

项目运营的偏差来自于经营现况与经营目标的偏差。这种偏差来自于经营计划、动态成本、项目货值、三项费用发生等，这些偏差最终将导致经营收益目标的偏差。对于有利性偏差，比如计划提前、成本结余、货值提升等，说明项目经营情况良好。对于不利性的偏差，比如费用超支、销售货值不达标等管理者需要重点关注，并针对偏差制定专项措施扭转不利性偏差，使项目回归正常的轨道，从而保证最终经营目标落地，消除项目风险。

通过项目回顾发现经营风险

项目运营的过程是一个长期的过程，自拿地到交付需要一到两年甚至更长的时间。同时，项目的经营风险也是逐步释放的。如果到项目经营的末期发现经营风险通常已经无力扭转。对于企业管理者来说，越早发现项目风险，控制和消除风险的成本越低。因此，项目经营中需要不断地去回顾项目经营情况，很多企业建立了项目回顾体系，按既定周期（一般按季度，部分管理精细的企业按月度回顾）在经营过程中不断地回顾项目。项目回顾体系一般包括关键节点计划回顾、面积指标回顾、货值盘点回顾、动态成本回顾、融资情况回顾、三项费用回顾，并通过投资测算模型扣除税费后的收益指标回顾。每个回顾体系重点比较与经营目标的偏差，并从数据的角度找到核心偏差点。

比如，某项目在确定经营目标后，每个季度进行项目季度回顾，每次回顾都会将关键运营指标与项目经营目标进行对比，这样各关键指标和最终收益指标将按季度以经营目标为基准形成数据曲线。曲线高于经营目标，说明经营情况向好。若某季度回顾时收益指标呈现扭头向下走向，管理者需要深入查看造成收益指标走坏的各关键指标走势。通过分析发现，收益指标走坏主要是由于销售货值盘点货值走低造成的；进一步分析发现是由于市场行情走低，预估剩余货值走低。如此管理者可以快速发现风险，并通过控制销售折扣、控制营销费用、加快销售回款减少财务费用等措施，在下季度回顾时，查看风险是否得到控制。

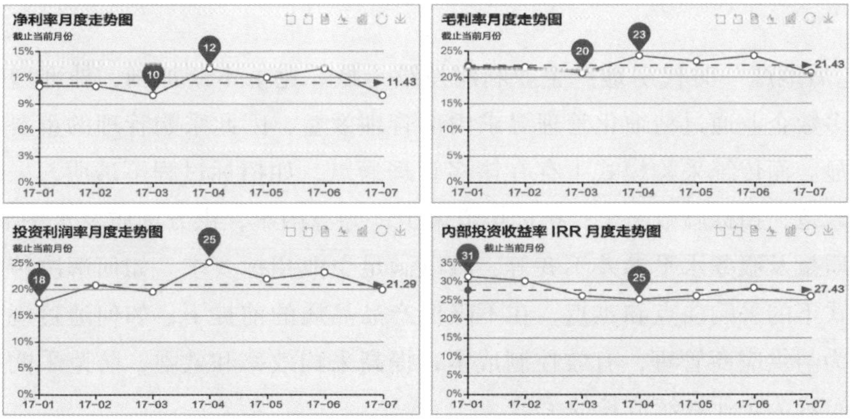

图7－3 项目投资收益走势分析示意

总的来看，在投资拓展阶段进行精准的测算、定位，项目运营阶段的跟踪、回顾、分析、预警需要进行大量的数据收集、整理、分析，而这恰恰是计算机和信息系统的“专长领域”。系统可以实现投资测算模型的建立、土地线索收集跟进、协同测算、项目经营目标设定、关键指标的持续监控跟踪。

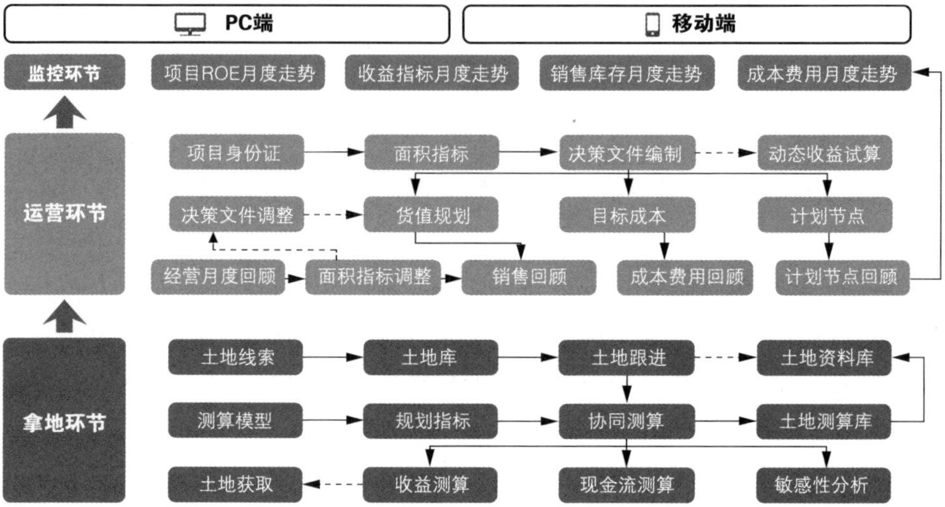

图7-4　土地投资系统逻辑架构

2　线上招采，优选供方、便捷维护

"后地产"时代房地产企业利润持续走低、竞争不断加剧，外部增长受限，多数企业通过精细化管理寻求内部管理效益，因此采购管理的重要性日益凸显。而传统采购模式下存在诸多管理痛点，如招标过程不透明，采购流程不规范，招标腐败滋生；招标渠道偏少，寻源困难，供方资质及水平混杂，供方质量及服务水平参差不齐等，难以满足企业招标要求。如何解决传统采购模式下的采购痛点和难点，在不降低产品品质的前提下，如何通过规范采购行为与供应商管理，有效控制成本，提高采购效率和效益，防范采购质量风险，成为企业持续成长的关键。

常规采购业务主要是依据项目整体开发计划编制项目总体采购策划，作为具体招采工作实施的纲领性文件，用于指导招标公告发布、供应商注册、入围单位审批、招标文件编制、发标、回标、答疑及澄清、询标、清标、评标、定标等具体招采过程；定标完成后招采主责部门根据标准化合同文本组织相关部门进行合同条款编制、谈判及审批。

项目整体采购策划作为招采前置工作，通常在总包招标工作启动前完成，基于项目终版目标成本、施工图纸、材料设备选型清单等资料，策划各合同

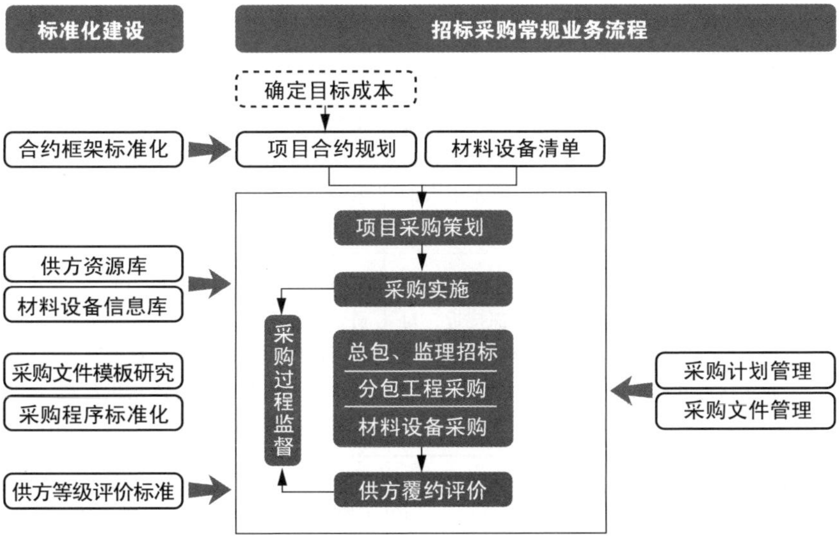

图7－5 招标采购常规业务流程

的采购业务节点、责任主体及采购方式，形成项目整体采购策划表，内容通常包括项目的采购项目名称、责任主体、采购方式、供应方式、合同关系、合同范围界定、甲供（限/指）材料设备主要技术要求、成本估价、品牌范围、采购初步计划等。

供应商选择时要根据工程材料、设备种类及与工程施工进度的配合关系、产品品质要求、成本控制程度等采取不同的选择方式，常见的方式有甲供、甲指乙供、甲限乙供、乙供四类。甲方对于乙供材料设备信息审核需要关注是否与项目产品定位相吻合。

表7－1 材料设备供应方式

供应方式	应用场景	管控要求
甲供	对金额较大，质量要求较高，对楼盘的质量影响较大，施工进度配合要求不高，可以相对独立施工的设备（安装）及成品材料	可采用战略采购方式，降低采购成本，控制采购质量
甲指乙供	对楼盘效果及品质影响不大，且有三家及以上价格、质量相近；与信息价接近，高度配合施工进度的材料	甲方指定品牌范围，并按照材料认质认价程序对甲指乙供材料（设备）的品牌、数量、规格、质量标准及价格审核，审批后由乙方按要求采购

续表

供应方式	应用场景	管控要求
甲限乙供	设计阶段无法定板，且该材料品牌差异（质量、价格）较大，对楼盘的品质及效果影响很大，甲方要重点控制，且与施工单位工期配合较密切，价差很大的材料	甲方限制材料设备的价格、质量标准、供应厂商、品牌等，由乙方组织实施材料设备采购
乙供	市场上的所有同类材料价格都接近，对楼盘效果及品质基本没有影响，与信息价很接近的材料	按照材料认质认价程序，由乙方提供满足公司要求的不少于三家品牌供应商，经过地产公司审核技术标准、质量要求、品牌档次、询价后，审批确定最终乙供材料/设备供应商选择范围，并要求乙方在此范围内采购

合同条款编制过程中应重点关注合同范围及界面划分、技术标准及工期要求、合同计价方式、违约管理、保修条款等内容。

合同执行过程中应密切监控合同履约执行情况，并作为后续支付款项的重要依据。根据不同专业管控要求，由评估主体设定有针对性的供方履约评价表，对供方合同履约情况进行过程评估、履约后评估，并加权形成年度评估结果。依据年度供应商履约评价结果对供应商等级进行动态调整，建立合格供方库，保证公司供方资源整体质量水平。

此外，战略采购和集中采购作为多项目运作的房地产集团公司常采用的采购方式，可以借助规模优势，大大降低采购成本，同时也可以与供应商建立一种双赢的合作关系，使得采购方在长期合作中获得货源上的保障和成本上的优势。战略采购、集中采购一般由集团公司总部统一与供应商进行洽谈，通过招标方式确定战略合作伙伴，并签署战略合作协议，确定合作周期及项目范围、产品价格清单或计价/调价原则、产品技术标准及品质要求、供货及付款方式、权利及义务约定等内容。

目前，地产企业实施战略采购的材料设备主要有：电梯设备、机房设备、空调机组、涂料、瓷砖、电工产品、门禁系统和建筑装饰材料等。战略采购有利于发挥公司规模采购优势，降低采购成本，确保供应链的持续稳定，保证项目质量和工期。

对于招投标行业来说，传统的招投标方式正在经受时代发展的考验，随着通信与信息技术的突破性进展，推动了电子商务的迅速普及和加快了项目管理信息化的步伐。招投标行业逐步建立起符合当今信息化要求的线上招投标的愿望越来越迫切，招投标管理部门也已经意识到，运用信息技术改造传统纸质招标投标形式，为招标投标活动提供一个公开平等的信息操作、业务活动平台的必要性，通过建立招采平台，实现企业与供应商工作协同及招采过程管控。

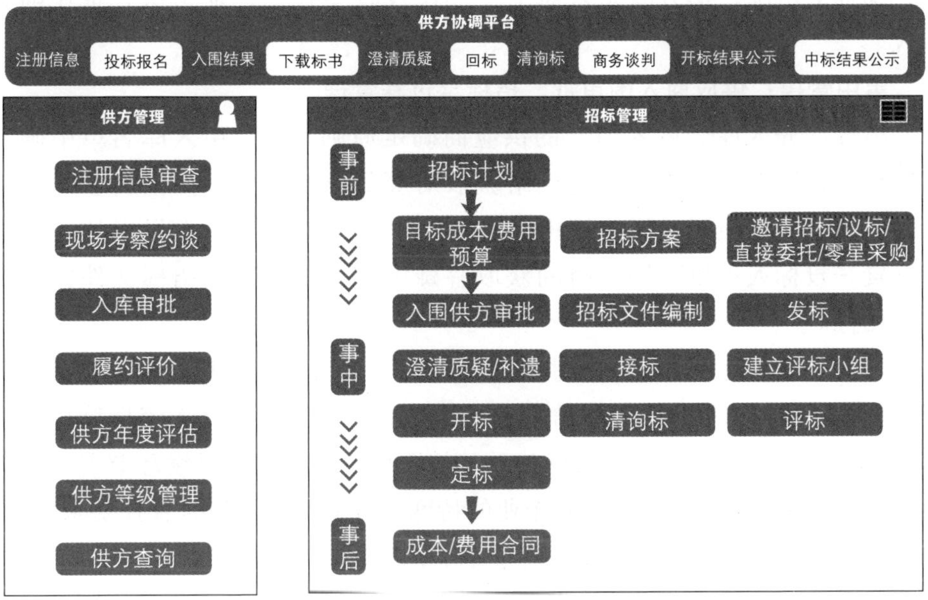

图 7-6　招标采购系统逻辑架构

招标系统主要面向两类用户，内部人员和外部供应商，内部人员主要指企业内部从事招标采购的人员，外部用户指供应商。针对内部人员，招标系统包含了供方管理和招标管理两大模块内容。其中供方管理重点解决了从供应商准入开始的全生命周期管理，包括供应商的注册、信息初审、现场考察或约谈认证、履约评价、供方年度评估、供方等级管理，最终形成供方库数据，实现一个循序渐进的科学管理机制。

事前管控：招标采购策划、招采计划、供应商注册管理

具体项目招标采购开展前需要根据项目整体采购策划逐层分解年度、季度（或月度）采购计划，明确采购项目、采购主体、标段划分、相关配合事项及责任部门（设计出图/封样、成本标底编制等）、材料设备性质描述、品牌范围、采购方式、报价形式、采购实施起止时间、签约时间、材料设备进场时间等要求。

供应商使用的外部系统供应商门户，实现企业与供应商招标采购的全部在线互动。企业根据招标计划发布招标公告，供应商通过外部门户自主注册，经企业资质审查通过后，采用现场考察或约谈方式对供应商进行综合评估，认证合格的企业依照公司入库审批流程进入试用供方库。

招采系统实现不允许重复注册供应商信息，解决同一法人注册多个公司，围标的情况；供方联系人需上传单位授权委托书，证明供方企业确有其人。

事中管控：供应商入围审批、招标全过程管理

本着“先入库、后入围”的供应商确定原则，企业由入库名单中确定入围单位，潜在投标人能通过网络获取对等的招标信息，如报名参与投标活动，网上提出质疑，同时招标人必须在网上向所有投标人提出的问题进行答疑，投标人可以在同一时间获取答疑内容，自主下载招标文件并在线完成回标。

入围单位审批完成后，通过招采系统线上完成编制招标文件、发标、质疑澄清、开标、清标、多轮报价、评标、定标、废标、淘汰、流标等招标全部环节。环节与环节之间有约束关系，前置环节未完成，后续环节严格控制不能执行；同时，不同环节还有企业的特殊管控要求，不符合管控要求的话，立刻预警，提醒审批人员关注。对于企业内部的内审监管部门或者第三方外审公司人员，随时可以跟踪重点招标活动的进度和执行数据，排查问题，发现可疑操作，防范风险及不合规情况的发生。

事后管控：合同签约及执行监控、履约评估及供方库动态维护

招标定标完成后进入合同管理模块，指导合同的签订。合同签约额要和定标结果保持一致，并形成系统关联关系，根据定标结果可以联查签约合同及执行情况，甚至是中标单位的履约评估情况，实现多个系统模块间数据的贯通，极大地提高了工作效率。招标系统和成本系统的集成，完美地解决了企业成本和招标管理的业务衔接问题，做到内部流程的通畅和数据共享。

大多数地产企业通过建立供方库的形式对公司各类供方资源进行集中管理，对已合作、正在合作以及通过认证入库的供应商信息进行维护。企业一般会根据内部管理要求将供方等级分为优秀、合格、试用、不合格四个等级，并根据供方履约评价结果定期调整供方等级，通过供应商升降级管理，保持供应商的合作积极性和竞争性，为企业源源不断地输出优质供方资源。

表 7－2 供方库管理步骤及要求

管理阶段	管理要求
入库	审核供应商注册信息，资质审查通过后采用现场考察/认证等方式对供应商进行综合评估，评估合格后进入供方库
定级	未合作的供应商入库后定为“试用”级别，已合作的供应商根据履约评价结果定级
评价	包括履约中和履约后评价得分，并每年度加权平均计算出年度履约评估综合得分
调级	根据年度履约评价结果进行供应商升降级调整
出库	履约评价不合格的供方予以出库处理

在一个统一的平台上归集、存储所有类别供方信息，一方面有助于指导不同项目、不同时段招标工作，便于快速查询、筛选符合项目招标要求的供方名单；另一方面有利于招标过程中成本数据沉淀，包括招标预算价、招标控制价、定标额、合同签约额、合同结算金额等价格数据，形成行业招标数据库，作为搭建面向全行业建材招采平台的数据基础，形成供应商大数据。“后地产”时代采购重心就是借助基于大数据的资源整合平台，打破企业内外部业务边界，将行业优质资源进行整合优化，为企业、供应商及客户搭建交互型服务平台，实现多方资源共享、价值共创。

结合万达、鑫苑等标准化程度高的招采业务实践经验，招采系统的应用能够有效解决企业招标业务管理痛点，适配于多种招采方式应用场景，降低企业招采成本，提升内部招采效率，规避企业招标风险，同时可积累有效招标大数据，具体体现为：

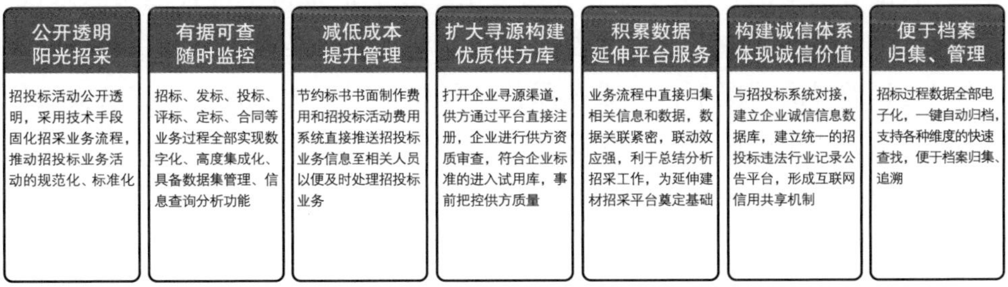

图 7－7 招标采购系统对业务管理的提升

某标杆企业一直走在企业信息化管理的前沿，目前已搭建出比较成熟的招采系统，实现规范化、标准化招采业务流程，并基于成熟的业务体系，构建适配于不同采购形式的应用场景，统一规范执行环节，无须成本人员专门培训，采购负责人员即可根据标准化采购环节完成招标采购业务。同时，借助信息化招标系统，从供方注册、资格审查、现场考察/约谈认证、招标过程管控、供方履约评估、供方等级管理，实现了供方全生命周期的管理，保障了优质供方库的建设及招标数据积累。招采系统自2015年上线以来，积累供方近6000余家，全部采用供方自主注册，大大解决了企业招标供方寻源困难、资质及水平混杂等问题。通过招采系统积累的招标数据、材料价格数据、供方数据，帮助标杆企业更直观、更客观地分析集团招投标业务的实际情况，更好地规范招标流程，优化招标制度，为企业的健康良性运转提供有效的数据支持，也为搭建对外的建材招采平台奠定了数据基础。根据集团招标管控要点，对招标过程进行严格控制，对于各地区公司、各项目招标执行过程实时监控，一目了然，违规详情即时可查。借助信息化招标系统，屡次发现回标阶段，供应商围标串标的违纪行为，企业人员及时做出处理，严查违纪现象，及时降低企业风险的发生，挽救企业损失。

3 全程管理，系统推进、成本可见、质量可控

■ 计划管控

当前地产企业通常会有多个项目同时运营，不同项目经营目标及预期不同，并且随着当地的市场风向不断地变化。对于企业和项目管理团队来说，能否上下一心地达成预定目标有着极高的要求，尤其是在不同项目进度交叉及人员地区差异的情况下，极难按照传统经验来指导项目开发，这就需要用科学的方法，找出最适合的经营管理节奏。

缺乏分级管控，未形成有效的成果评价是地产企业计划管理中常见的问题。

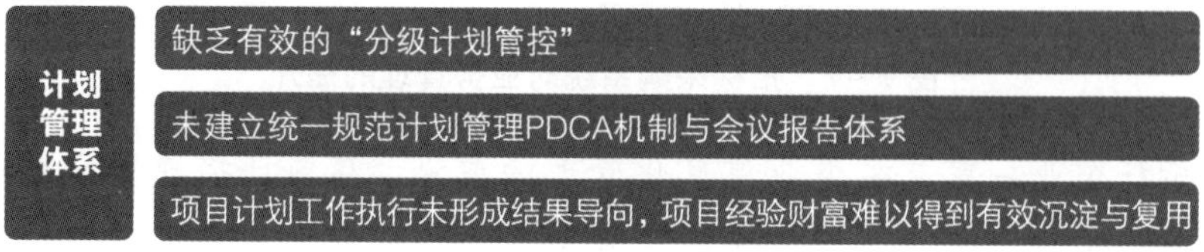

图7－8 计划管理常见问题

地产企业完整的计划运营体系通常由计划管理、运营会议管理、阶段性成果管理及信息管理组成，计划管理主责部门通常是一个“平台性”机构，通过搭建一个平台、建立一套机制，加强部门之间的沟通、交流及协作，提高信息传递效率，从而更有效地实现企业的经营目标。

在项目开发计划管理中，很多地产企业形成了“抓一级”“控一级”“看一级”分级管控原则，目前也是较为合理高效的管理方式。一般集团层面主导项目关键节点计划编制，审批项目二级节点计划，并跟踪、监控关键节点计划及二级节点计划执行情况。区域或城市层面主导项目二级节点计划编制，并上报集团层面审批，对项目专项计划进行备案并监督执行情况。项目层面主导编制项目专项计划，并上报区域或城市层面备案。

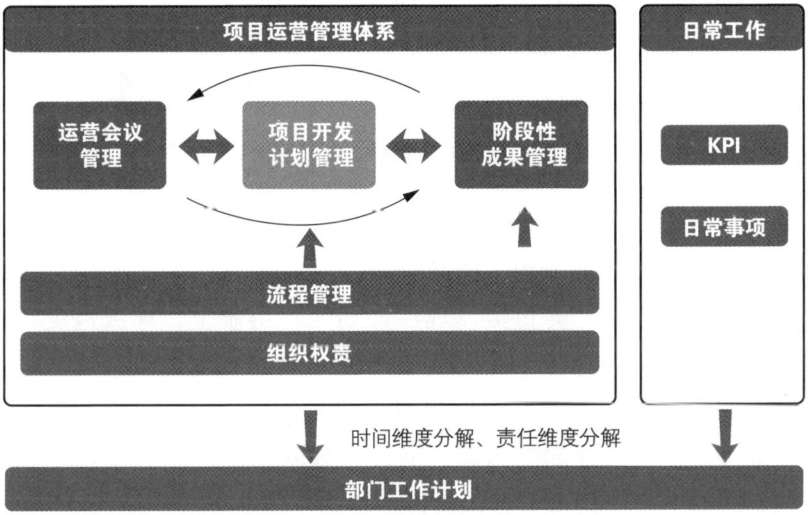

图 7-9　计划运营管理业务框架

计划活动执行的阶段成果是计划进展的标志和质量保障；关键决策会议的策划和管理可以加速和有效推动计划管理的执行和实施；信息报表的实时和即时反馈将形成计划管理的有效跟踪、纠错和预告机制。因此，通过成果、会议、信息管理可最终构成计划管理的有效闭环。

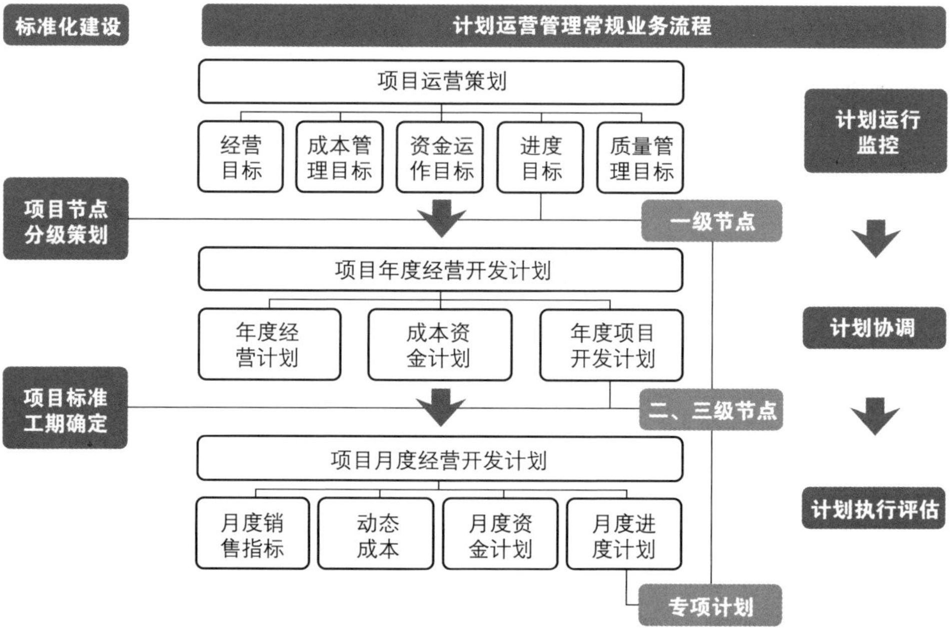

图7－10　计划管理常规业务流程

计划管理是项目运营管理的发动机

（1）计划协同：纵向分层，横向协同

项目统筹协同不力，会直接体现在计划的不协调上，导致进度延缓，反应迟滞。要加强各部门、各专业间的协调就必然要有明确的权责分层，明确的上下游之间的工作任务。在横向部门之间要做好协同，确保相互承诺，相互支持，减少企业团队之间的内耗。通过计划网络图的形式明确工作任务之间的穿插与衔接关系，协调一致地推进项目。

人总是倾向于用简单、重复的方法来处理事情，这就需要将复杂的问题拆解到合适的颗粒度，使每个计划项本身对于单个执行人员来说构成他每次都要重复的动作，这样动作才能做得更标准，质量更高。在进行问题及计划拆解时，第一，需要进行层层分解，逐个落实每一层级的管理界面及关注点；第二，逐层上进行横向切分，规划分解好不同职能的工作范围及边界；第三，为每件事项指定主责部门或人员，确保事项最终只落到一个人或组织头上；第四，为每个事项制定完成标准，含成果质量、工期、范围、成本等。

（2）分层聚焦：抓大放小，聚焦核心

计划管理过程中，各个层级关注点不同，通常来说决策层关注经营、管理层关注过程、执行层关注具体的工作内容及相互协调。另外计划拆解要注意其颗粒度，过细则精力过于分散，过粗则起不到管控作用。因此，计划管理的核心是各个环节的关键点，实现可控、可调，在过程中需要构建各层级计划之间的关联关系，实现上下级的相互约束，同时也要保证分解的颗粒度最终可测量，可执行，有明确的责任人，以有效地支撑项目计划落地。

（3）动态监控：基于会议的计划回顾体系

现实往往充满变数，在应对这些变化时，需要统一、协调地进行动作调整，当涉及多个部门或专业时，采用会议的形式对整体进行协调往往是一种较为高效的方式。会议体系又可以根据其召开的时间或周期分为定期和不定期会议，定期会议通常会与资金计划、动态成本回顾等进行统一协调；不定期会议通常根据计划节点的排布及关键性成果或重大决策事项进行组织。

项目关键节点：计划管理的主芯

关键节点聚焦“经营”，是企业目标达成的重要管理工具，需按项目实际开发过程中的常规路径设置关键节点，也称之为“里程碑”事件。关键节点的评价标准各企业大同小异，差别并不明显，行业内有较明确一致的认识。但对于关键节点赋予的管理意义，各公司则存在不同，正体现了对计划节点的不同理解。通常企业会在自己难以达成的节点或难以控制的节点上设置相对更细的点，也会投入更多的管理关注。

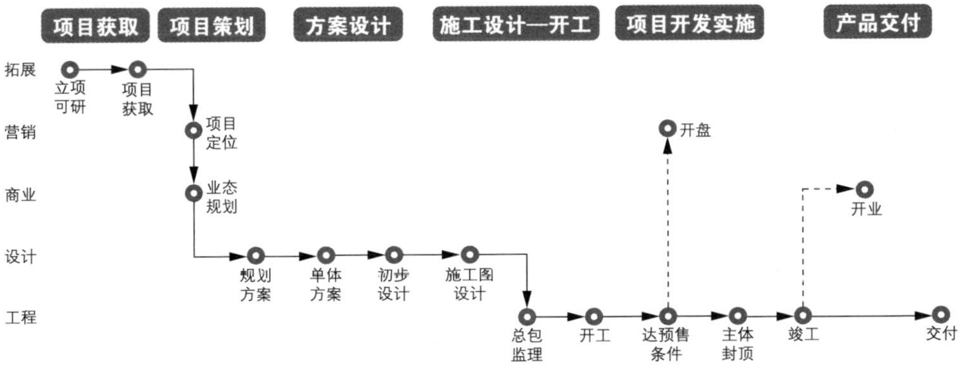

图7－11　项目开发关键路径示意

通常企业通过勾画项目关键开发路径识别关键节点，作为集团层面重点管控节点，一般会包括项目获取、项目定位策划报告、获得规划方案复函、建筑单体方案完成、施工图设计完成、总包/监理招标、开工、达预售条件、开盘、主体封顶、竣工、交付等关键节点，作为项目主项计划编制的重要依据。

在下达关键节点时，要根据企业战略目标分解成不同的指标，然后根据相应的指标安排相应的项目节点，以达成经营目标。一般来说，关键节点的调整会影响到整个项目的运营节奏，因此需具备一定的刚性。

项目计划节点：纵向与横向连接的支柱

主项计划是关键节点的扩充。项目主项计划是指整个项目开发过程中，契合公司开发模式的所有主要工作项所组成的开发节点计划（从项目立项至结算完成），通常按照工作项的重要程度或管控层级分为项目一级节点、二级节点及专项计划。主要来解决在项目决策落地过程中的其他管理需要，它囊括了开发过程中所有的重要工作，逐渐向专业线的角度过渡，是掌控项目管理的重要依据。

在编制主项计划时，一定要与专项计划区别，把握好颗粒度，坚持主项计划是管理计划，并非施工或某个具体事项的实现计划，其指导意义强于强控意义，允许有一定程度的浮动。在对于主项计划的描述时，通常要包含目标性质的说明或标志性事件，要涵盖关键节点与自身面临的项目难点，也要体现出各部门协同的工作内容。根据关键节点编制主项计划时，需要遵循计划编制6种要素，即明确项目任务名称、责任部门、前置任务（作为输入条件）、开始及结束时间、输出成果，尤其要关注前置任务完成时间及完成质量对后续节点计划达成的影响。

主项计划作为计划中承上启下的重要一环，一定要明确计划项的工作内容、责任主体、完成标准和计划完成时间。同时，实际执行过程中还需要对计划项的其他属性，如工期，与其他项之间的前后置关系等给出详细的说明。这些都需要企业在不断的经营积累中获取经验，合理编制。

计划的编制在依据经验进行推演的同时，需要各专业根据自身实际情况进行充分论证并最终承诺，以期得到一个可执行落地的合理计划，确保项目计划的可行性。在执行过程中主项计划通常按周期进行回顾，反馈实际情况，协调各部门按计划推进。

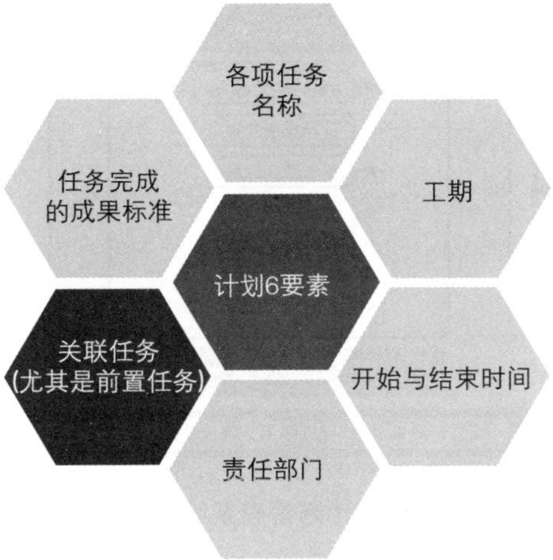

图7－12 计划管理六要素

专项计划：主项计划的专业化分工明细

专项计划侧重点在于指导工作具体执行，是主项计划的细化，受主项计划的约束，可以在主项目计划上做渐进明细式的细化，这样的计划可执行性强。专项计划的划分可按以下方式进行：一是按业务职能，可分设计专项、营销专项、招投标专项等；二是按重大事项划分，可按开盘、交付、拿证等进行划分。

专项计划在编制时基本上都是事项具体、明确到人的，且通常只需一个主责，且不占用过多资源就可完成的事项，受其他事项的影响较小，执行性很强。回顾起来简单高效，可采用周会的方式进行回顾。

很多企业只重视计划编制，却忽视了计划执行过程的监控和考核。企业可通过项目实施过程中的工程现场、产品质量和安全文明管理检查，记录业务实际开展情况的信息报表、定期运营会议及专项成果评审会议等多种渠道，监控计划执行情况，通过管控、纠偏、优化、调整确保项目总体计划的实现。分级实施计划考核工作，依据计划考核规则，开展进度计划检查、考核和排名，并统计分析计划执行情况，根据管理制度进行相应奖惩，并制定提升改进措施。

基于企业计划管理体系、相关机制及工具，利用信息化技术手段可实现计划的编制、调整、回报、统计分析的全过程管理。

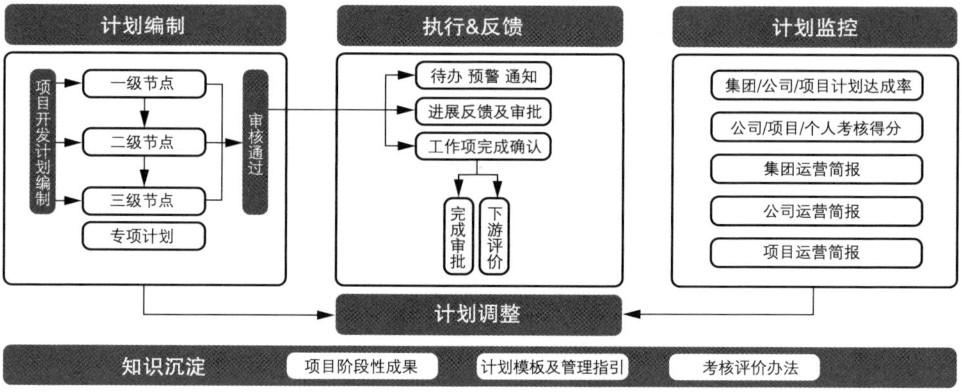

图7－13　计划管理系统逻辑架构

■ 全过程成本管理

我国房地产行业成本管理经过多年的发展，取得了许多成绩。但目前业内成本管理水平参差不齐，相对于万科、中海等标杆企业，大多数地产企业的成本管理水平普遍不高，很多公司对成本的理解依然停留在产品成本核算阶段，“成本事前规划、过程控制”的成本管理体系欠缺，主要体现在如下几个方面：

（1）缺少组织架构支撑，欠缺全成本管理的意识

许多地产公司在开展成本管理工作之前，均没有专职的部门负责成本工作。有些公司是由财务部门“兼顾”成本管理，而有些公司则是将“成本”局限地定义为“工程造价成本”，由工程概预算等相关部门负责。可以看出，这些地产公司从组织架构上难以支撑“项目全成本”的管理需求。

成本管理意识上也没有脱离“财务成本”“造价成本”的概念，更多注意产品成本的事后核算，没有真正理解项目全过程、全成本的管理思想，对导致成本发生的作业——“合约”缺少事前控制的意识。

（2）“流程”不清晰，“方法”不明确

对于什么是成本控制的“流程”，各地产公司有不同的理解，但通常需要至少包括在什么时间做目标成本，如何控制合同的签订，如何测算项目的动态成本，如何及时发现成本的异常并采取措施，如果需要对成本进行调整，不同情况下分别需要走什么样的审批流程等，即“目标成本—

已发生成本—动态成本—调整成本”的 PDCA（Plan - Do - Check - Action）过程。对于成本管理相对落后的地产企业，在成本管理的开始，根本没有“目标成本”“动态成本”的概念，就更不用说形成完整的成本管理体系了。

结合上述成本管理流程，需要每个环节都有不同的管理“方法”与“手段”，比如成本测算阶段强调基于工程量清单及成本数据库的测算模型；成本控制阶段关注于全过程的实时监控，基于合约规划的合同执行分级管控；项目竣工结算阶段为沉淀经济技术指标，获得产品成本指标等。目前，许多地产公司在成本管理的各环节缺少行之有效的管理方法与手段。

（3）经验难沉淀与复制

由于缺乏成本管理体系，许多已开发的项目经验和相关数据、知识无法沉淀下来，而这种流失对于地产企业来讲则是重大的损失。再加上地产企业人员流动频繁，人员的流动更加剧了这种知识的流失状况。直接的现象反映是，许多地产公司项目开发已经有很多年了，而每当再开发新项目的时候，仍然是所有工作“从零开始、从头做起”，效率极其低下。

同时，从成本管理的角度看，已完工项目的产品成本数据，对新项目成本测算是非常有指导意义的，很多公司都逐渐意识到了这个问题，但始终缺少有效的方式与方法。

（4）欠缺有“综合能力”的成本管理人员

成本管理岗位属于较为新型的管理岗位，是地产企业随着精细化管理后，逐渐分离出来的管理岗位。该岗位很少有像“造价工程师”那样的“科班”出身，一般都是从其他岗位转过来的，如工程概预算、财务等。全成本管理对该岗位又提出了更高的要求，通常需要具备很强的“综合能力”，如需要对设计、工程造价、营销管理、财务等各个领域业务与知识都有一定的了解，并能参与相关专业的业务沟通、讨论。在过去很长一段时间内，能够胜任成本管理岗位的通常都是老板或曾经做过项目的副总裁等，他们一般都具备丰富的项目管理经验，并且在实战中历练过，而这样的人在地产企业里面是少之又少的稀缺“资源”。现阶段，随着地产企业管理的规范化、精细化，成本管理专业人员的数量和质量都有了很大的提升，但相对于其他专业，“有经验”的成本管理人员依然是地产企业的稀缺资源，如不能有效解决人员问题，将会成为地产企业未来发展的瓶颈。

项目成本管理覆盖房地产开发全过程，围绕“事前”“事中”“事后”管控原则，包括从项目可行性研究、项目设计、项目招投标、项目施工直到项目结算整个过程的成本管理。建立成本的事前预测、优化，事中动态控制和事后分析、评价的动态循环系统，逐步提高集团公司投资的效价比。智慧经营时代，房地产成本管理越来越注重成本数据的积累和应用。

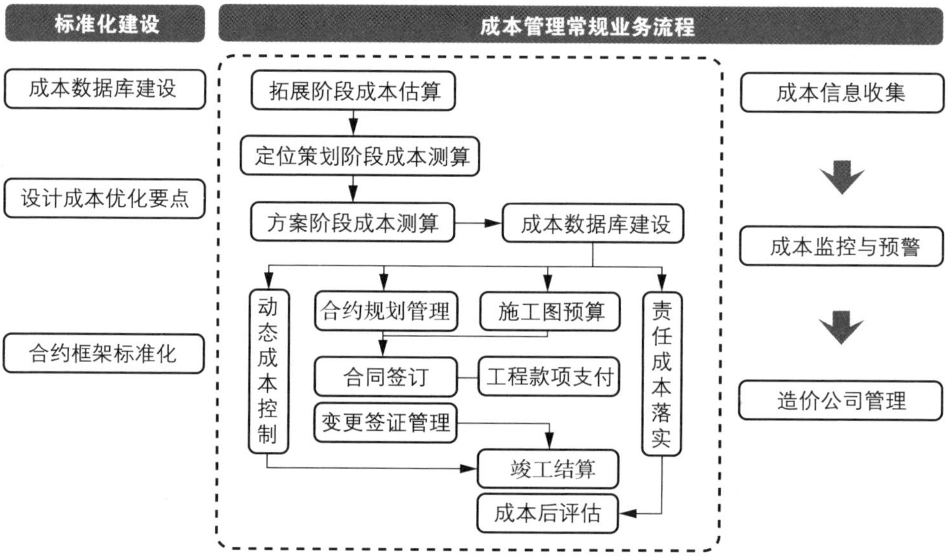

图7－14　成本管理常规业务流程

目标成本管理

目标成本测算业务活动位于房地产开发价值链的前端，覆盖拿地阶段的可研成本测算、设计阶段方案版目标成本测算以及施工图版目标成本测算，成本测算深度及准确度逐步加深。有些企业根据管理成熟度不同，在项目定位阶段及扩初阶段也会进行成本测算。其中，方案版目标成本测算作为基准版目标成本，在此基础上进行施工图限额设计，并依据正式版施工图进行目标成本测算，作为控制性目标成本。

成本测算的结果其实很大程度上影响了拿地的成本，也间接决定了财务及现金流各个方面要进行的投入。那么数据质量就是成本的核心诉求了，除专业测算之外，还有一个很重要的就是项目经验的积累。

表 7-3 各阶段成本测算

测算阶段	输入条件	输出成果	作用
可研阶段	土地基本信息、规划指标、设计强排方案、市场价格信息、成本数据库	可研阶段成本估算	预估项目成本，进行项目投资收益测算
方案设计阶段	审批版方案设计图纸、项目规划指标、项目建造标准、市场价格信息、成本数据库	方案版目标成本测算、（基准版）	限额设计的依据、工程成本控制目标
施工图阶段	正式版施工图、方案版目标成本	施工图版目标成本测算（执行版）	招标标底、材料控制限价、工程成本控制目标

由于不可预见或不可抗力因素引起的目标成本变化，允许进行目标成本调整，诸如政府政策变化，集团战略规划调整，规划方案调整，项目规划指标、面积调整，项目开发计划调整等。但对于人工、材料价格上涨不要调整目标成本，目标成本测算时应该考虑涨价因素，应在不可预见费用中动态消化。

项目设计是房地产整体开发过程中的重要环节，是房地产开发价值链前端对利润贡献率较高，虽然设计费用一般只占工程造价的2% ~4.5%，但其对工程造价的影响程度却高达70% ~80%。因此，设计阶段是房地产开发项目成本控制最为关键的阶段，房地产开发项目成本控制的好坏主要取决于设计质量。

在保证设计质量的前提下推行成本限额设计，根据公司管理成熟度及产品标准化程度确定限额指标，将建设项目造价严格控制在限定的额度内，如土方挖运量（万立方米）、不同结构体系地上地下含钢量（千克/平方米）及砼含量（立方米/平方米）、窗地比等技术指标控制，门窗、室内精装修单方造价、大堂精装修单方造价、外立面单方造价、景观单方造价等经济指标，并将限额设计技术经济指标编入设计任务书或设计合同中，实现成本"以价定量"的主动控制，避免在后续发现设计成本超过预估范围，造成设计返工的问题。

项目合约规划

对房地产项目而言，预示着成本支出的重要业务活动从签订合同开始，合同管理好坏直接影响目标成本的控制程度，基于目标成本的合约规划管理思路有助于进行成本过程管控，监控动态成本。项目合约规划基于公司标准

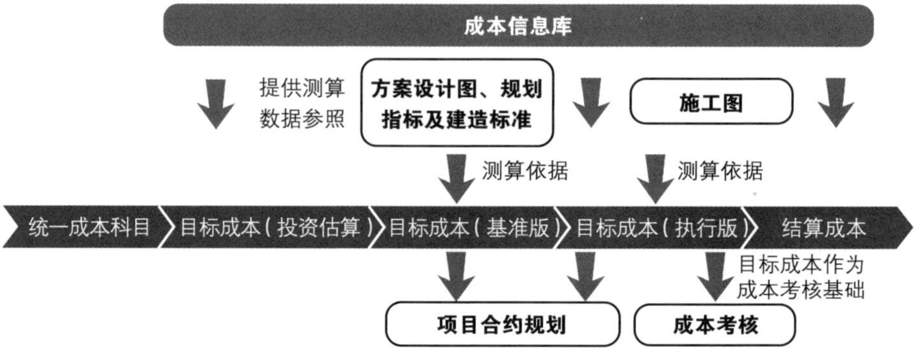

图7－15　项目合约规划编制流程

合约规划框架并结合目标成本、材料设备选型定板清单实现规划合同清单、成本控制目标及项目采购业务开展方式，主要包括合同名称、材料设备档次及品牌范围、合同范围、合同关系（两方合同/三方合同）、合约规划金额、招采计划等主要事项，用于指导后续与合约相关工作的开展。为了保证合约规划在项目施工过程中的严肃性，除发生产品定位、方案调整及公司管控要求外，不得随意调整合约规划。

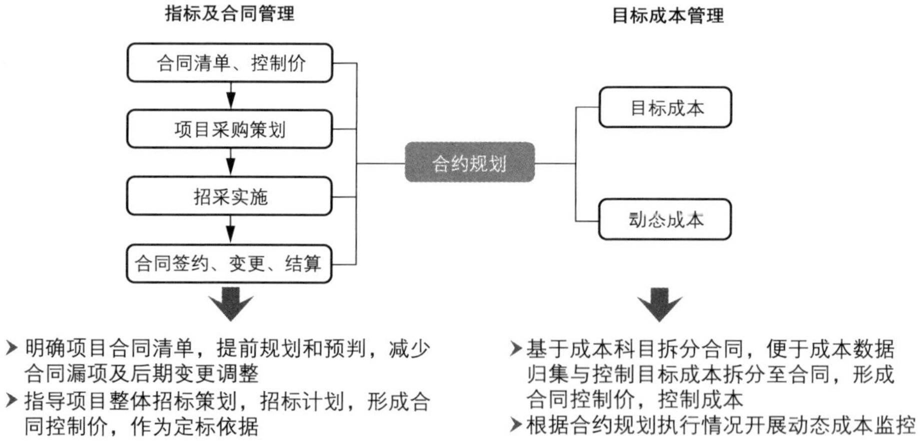

图7－16　合约规划与目标成本、招标的关系

动态成本控制

企业在关注目标成本执行情况的同时，也要关注动态成本管控，动态成本是目标成本的结果反映，是目标成本管理好坏的依据。动态成本管控主要是对项目招标签约成本、设计变更及工程洽商费用、材料认质认价、

合同变更等在实施过程中的项目成本变动情况进行跟踪审核与统计分析，包括动态预估成本相对目标成本的变动情况的分析，通过成本系统对已发生成本进行及时统计、预警，并结合目标成本执行情况对未发生成本进行主动预估。

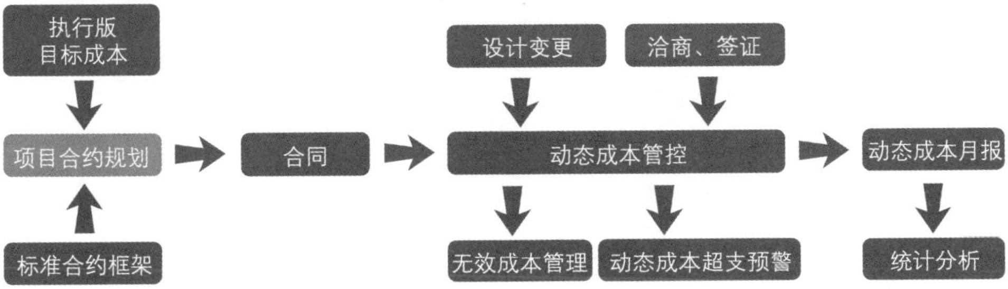

图 7－17 动态成本管理常规业务流程

设计变更产生的原因很多，如设计部门为完善产品使用功能、降低投入而提出的设计优化；因设计单位图纸错漏碰缺产生的设计变更；营销部门因产品使用功能影响客户承诺提出的设计变更；成本部门由于材料设备市场波动提出的设计变更；施工单位因现场施工难度较大提出的设计变更等。根据资料统计，因前期设计图纸质量和深度不足导致项目建造过程的设计变更情况较多发，于是建议从如下几个方面加强图纸设计质量：

（1）选择合适的供方，并与设计供方建立良好的工作机制；

（2）推行限额设计；

（3）强化设计阶段图纸会审，提升审图人员的专业水平；

（4）加强设计变更过程管控，规范设计变更审批程序，并监督设计变更落实执行。

开展动态成本预警及强控管理，通过合同签订、设计变更及洽商、签证审批监控动态成本，当科目动态成本超过既定预警值时启动预警措施，科目动态成本超过目标成本强控标准时采取强控手段，限制流程审批及款项支付。

归纳、汇总项目无效成本，分析无效成本产生的原因，在项目施工过程对无效成本提前预控，确保目标成本投入切实对产品塑造或营销服务产生价值。

表7-4　无效成本示例

产生阶段	无效成本产生原因	具体表现
设计阶段	对设计效果把握不准	产生设计变更
	设计变更过程审批、管控不到位	增加工程造价
	材料、施工工艺选择不当	后期加固与补强、资金浪费
	钢筋含量、砼含量超出限额指标或建造标准	技术指标不合理
招标采购	采购策划标段划分不合理、计划性不足	影响工期与质量，增加成本
	供应商考察失误，投标竞争不充分	中途变化，总价增加
	工程类清单编制不准确	多承担费用
	评标分析失误	不平衡报价导致结算增加
	合同条款不严谨、不完善	导致签证、结算费用增加
施工管理	使用周期短的高标准临时设施	拆除与重建
	施工节点计划不合理	延误工期，增加成本
	施工方案审核不充分，方案不合理	导致工程费用增加
	交房时间超出对客户承诺时间	客户交房延误索赔
	材料管理不到位，以次充好或偷工减料	材料拆除、重新采购
付款、结算	付款资料审核、付款节点、工作量审核失误	增加结算价、工程款超额支付

控制无效成本是降低项目成本最直接、最有效的方法，有赖于公司各部门的共同参与，如设计方面推行限额设计，强化设计方案优化及多专业图纸会审，减少设计变更；采购方面应加强供应商考察及选择，多级核算保证工程量清单编制准确性；施工方面强化工程管理策划先行的管理理念，制定合理的施工技术方案，加强对设计变更、洽商签证过程管控等；更重要的是强化部门信息沟通及业务交圈，促进部门协作，最终实现成本管控目标。

越来越多的企业开始重视成本后评估工作，项目结束后组织相关专业人员从成本业务角度客观评价项目成本管理的科学性，不断总结成本管理过程中的经验及不足。收集提炼项目目标成本、竣工成本、结算成本等数据形成成本数据库，并分析目标成本执行差异率、动态成本控制情况、无效成本，为新项目成本管理提供依据和参照；通过成本后评估形成成本闭环管理，促进成本管理持续改进。

成本管理的核心是在前端，越靠前越有价值，前期设计阶段，成本参与进来对项目定位和成本目标进行总控。具体分析各阶段的成本配置，对可变成本与不变成本进行有效拆分，明确不同项目定位的投放重点。明确成本管理目标，对不同项目采取不同的成本管控策略。明确管控要点，对不同项目不同科目有针对性地进行控制与管理。

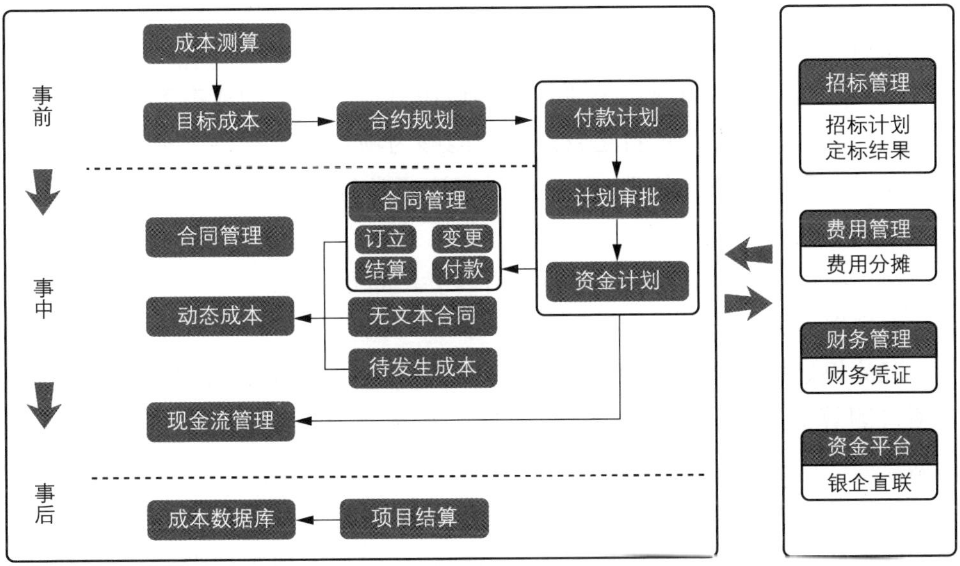

图7－18　成本管理系统业务逻辑框架

成本管理的核心是在成本控制环节，成本测算与成本核算分别是一前一后的补充，整体项目在前期通过成本测算得到目标值后，逐级分解落实到具体的责任部门和个人，并提前分解成预计要签约的合同，用预计合同来指导进行采招与资金计划规划。并通过每月回顾的方式调整预计合同的发生时间及金额范围，同步调整资金计划。在执行过程中将成本分为已发生及待发生两部分看待合计形成项目最终成本，及时查看动态成本与目标成本之间的差值，形成预警及强控机制。可总结为，无目标不规划，无规划不合同，无资金计划不付款，无预估不变更。做到一单一事一结。

把好每个合同的执行关。当出现问题时，及时中止并迅速采取相应措施。这就需要编制合约规划时没有遗漏，范围不交叉。且一旦发现目标成本无法达成，及时调整合约规划，指导后续业务进行纠偏。在合同执行过程中，控制好相应合同的预计变更额度与当前余量是否能支持合同的正常进行。及时分析偏差，找到问题原因，为后续业务进行指导。

在付款环节，把握好产值确认过程，提前做好预计，充分合理利用资金流，确保合同资金正常有效使用。对于不在资金计划内的付款要严格把控，避免突破企业的资金限制平衡。在付款阶段可考虑按款项类型，款项性质按乙方单位等方式来平衡资金支出。在管理中按月度对以上内容进行定期回顾，查看各科目的预警及强控情况。查看各成本科目的合理性，进行分摊分配调整，以指导后续业务的正常开展。

成本数据库沉淀的内容主要是从其运用方面考虑，即成本数据库的使用价值，因此“能够提升项目运营效率，能够为项目运营提供决策和分析的数据”是成本数据库沉淀的重点。成本数据库通常包括：

（1）历史项目成本库

历史项目成本库沉淀的内容主要由以下几部分组成：

①规划指标

沉淀规划指标为新项目的定位和投资决策提供基础数据依据；同时，新项目测算时，可以寻找类似的项目，并选择其项目作为成本数据参考依据。

②技术经济指标

技术经济指标是根据价量原则，根据测算模型的数据模型计算得出。技术经济指标是成本数据库沉淀的主要内容，通过沉淀技术经济指标，为新项目测算提供参考依据。

③产品单方造价

产品单方造价的沉淀，包含可售单方（单位可售面积造价）、建筑单方（单位建筑面积造价）和实际建设面积单方（单位实际建设面积造价）。沉淀其数据的意义主要是，为新项目产品定位和定价提供参考。

（2）外部项目成本库

“外部项目成本库”沉淀的内容与“历史项目成本库”一致，同样也包括：规划指标、技术经济指标和产品单方造价。

当收集到的外部项目数据科目与本公司的核算科目存在差异时，成本管理人员进行适当加工后，沉淀到“外部项目成本库”中。

（3）企业标准项目成本库

“企业标准项目成本库”，来源是在“历史项目成本库”和“外部项目成本库”的基础上提炼出适合企业自身情况的一套企业标准成本指标库，由于

“企业标准项目成本库”不属于某个特定的项目，所以“企业标准项目成本库”主要是沉淀“技术经济指标”。

①建安科目

按产品参考“历史项目成本库”和“外部项目成本库”中的“产品建安科目”的技术经济指标，再根据企业自身特点进行提炼，形成适合自己的标准“建安科目”的技术经济指标。

②非建安科目

按项目参考“历史项目成本库”和“外部项目成本库”中的“非建安成本”的技术经济指标，再根据企业自身特点进行提炼，形成标准“非建安科目”的技术经济指标。

4. 企业标准产品成本库

“企业标准产品成本库”的目的是提炼“标准产品建安成本”及其“技术经济指标”，以便在新项目中，快速测算同类产品的建安成本。

由于不同产品之间建造标准不同，导致建安成本差异较大，因此企业针对不同产品的建造标准，分别提炼相应的成本构成标准。建造标准主要体现在结构形式、基础形式、建筑形式和桩基类型等产品属性上。

成本数据库可用于新项目测算及知识沉淀，可以沉淀“历史项目成本”数据，也可以把数据进行加工和分类形成企业标准，还可以沉淀外部标杆项目作为参考，为企业的新项目投资论证和测算提供基础数据依据，提升决策效率和成本测算效率，从而提升地产企业项目运营效率。通过“成本数据库”的建立，项目的关键成本数据和指标都将被保存下来，可在企业内部进行学习和分享。

■ 质量管控

地产行业过去粗放型的管理模式已经不适应目前的市场形势，竞争越来越激烈，客户也越来越挑剔，在更讲究精细化管理的下半场，工程管理能力和产品质量无疑已经成为企业的核心竞争力和生命线。

工程管理是一个庞大的话题，需要结合专业技术、经营管理和数据统计，孜孜不倦地付出和实践，运用一整套质量管理体系、手段和方法开展系统管理工作，工程项目建设投资大，建成及使用时期长，只有合乎质量标准，才能投入生产和交付使用，发挥投资效益。

工程管理业务覆盖项目全生命周期，主要包括前期施工策划、施工总体进度计划、现场七通一平准备、施工图交底会审及施工组织设计审查等事前管控工作；项目地基与基础工程施工、主体施工、示范区专项施工、内外部装修、市政工程施工、景观工程施工、工程竣工验收等质量、进度、安全文明施工过程管控；交付前工程模拟验收、项目交付、售后工程维修处理及工程评估等事后管控。

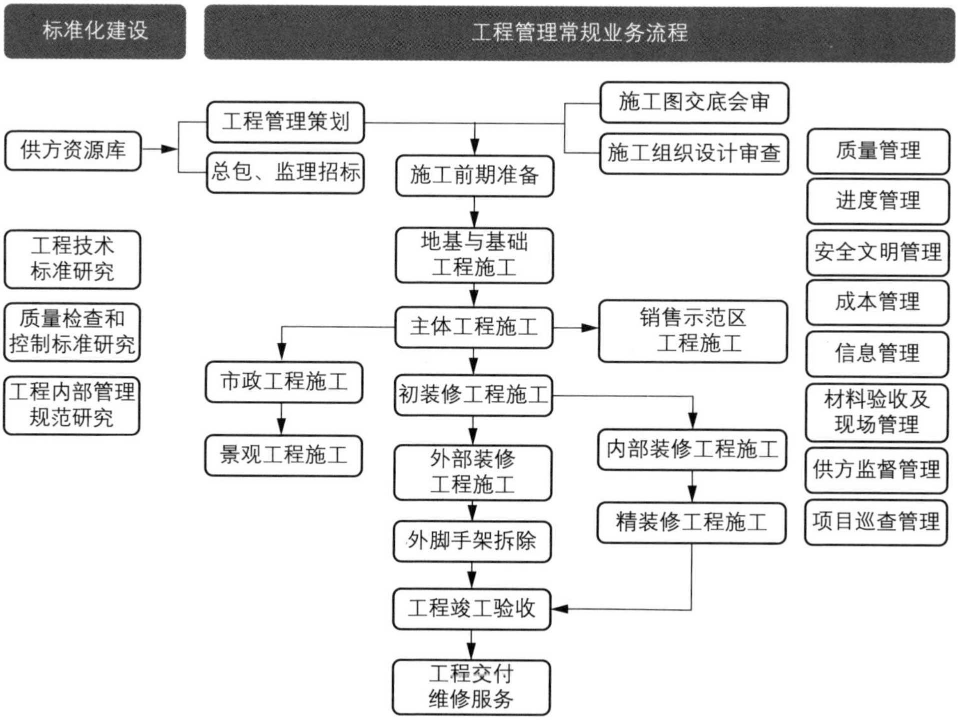

图7－19　工程管理常规业务流程

事前：工程管理标准化、工程管理策划、施工图交底

（1）工程管理标准化

工程标准化体系建设是提升公司整体管理水平，加强精细化管理，完善各项工作方法和流程衔接，提高部门内工作实施和部门间统筹协调效率的有效途径。地产企业工程标准化一般分为工程管理标准化和工程技术标准化，如工程管理制度标准化、工程类合同标准化、不同业态产品标准工期、进度标准化、安全管理标准化、分部分项施工标准化、供应商管理标准化等。推行工程标准化管理，有助于工程建设各阶段项目管理工作的有机衔接，提高整体项目管理水平，为规模化发展奠定基础。通过推行统一的操作标准和施工工艺，可以有效避免施工过程中的质量通病，为建设精品工程和安全工程提供保障。

某标杆企业为了提升集团整体工程管理水平，打造行业工程管理标杆，基于住宅、别墅、商业及市政配套等不同类型项目建立相应的产品质量标准，明确地基与基础工程、主体工程、建筑装饰装修、屋面、给排水及采暖、通风及空调、电气、智能化等的工程施工质量标准及操作要点，有效指导项目施工开展，减少漏水、墙面裂缝、地板开裂等工程质量通病问题，切实提升项目整体工程质量及客户满意度。

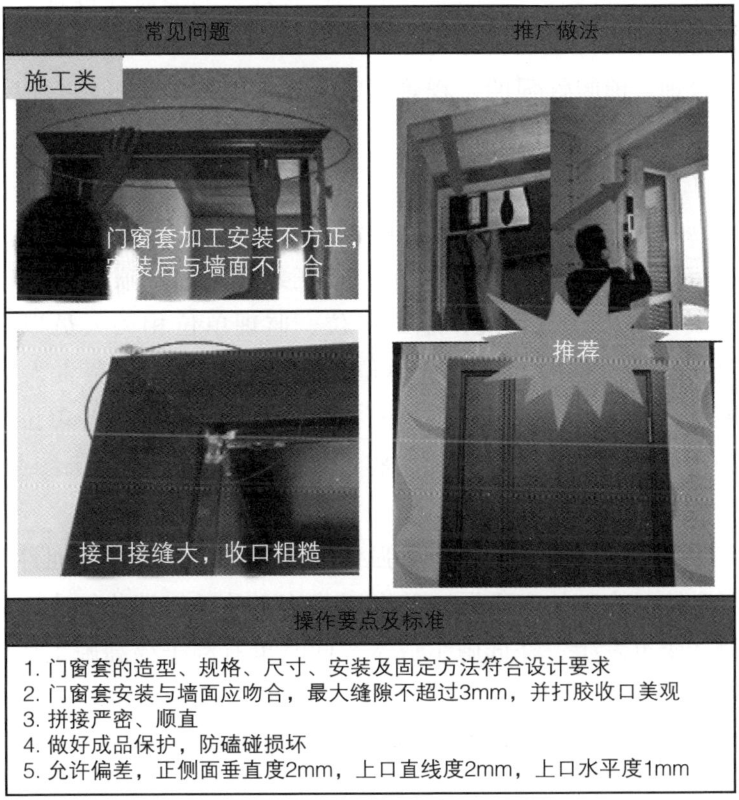

图7－20　质量通病检查要点示意

（2）工程管理策划

工程管理策划对接项目开发策略、开发计划，从项目工程进度、工程质量、成本控制、安全文明施工等方面提出相应的工程管理措施，通常是在开工前把项目开发存在的各种不利因素都罗列出来，理清各种因素的逻辑关系，形成系统性的管理策划方案。工程精细化管理程度较高的企业一般将工程管理策划列为项目开发一级计划节点进行重点管控，工程策划能力已成为房地产行业工程系统管理的核心能力。

通常在总包招标启动前，由项目工程部门基于报建完成的修建性详细规划、地质勘查报告、项目周边市政配套情况主导编制，主要包括项目概况（项目地理位置、地貌、用地红线图、周边环境状况、道路交通、市政配套、项目经济技术指标、建设分期概况）、项目管理机构及人员分工、工程进度管理策划、工程质量管理策划、工程安全管理策划、示范区工程专项策划及工程管理重点及难点等内容，编制完成的工程管理策划书需经过各专业部门联合评审后作为招标文件编制依据之一，用于指导项目总包、分包招标及工程施工建设。合理、前瞻性强的工程管理策划可以有效地降低项目成本，保证项目整体开发进度及施工质量。

（3）施工图交底

为了使施工单位/监理熟悉设计图纸、领会设计意图、技术质量要求、掌握工程特点及难点，科学组织施工，在正式开工前，项目工程部门组织设计部门、成本部门、设计院、施工单位、监理单位相关人员以会议形式对施工图进行交底。同时，由设计单位项目负责人和专业负责人进行“总体设计交底”和“专业设计交底”；由各专业设计工程师对各单位专业工程师提出的图纸问题逐一解答，并要求将图纸会审意见形成施工图交底记录，签字盖章后生效。

组织有序的施工图交底会，能够强化图纸会审的深度和全面性，提前发现图纸错漏碰缺及施工技术难题，并在正式施工前予以消化解决，可以有效减少后期设计变更发生、降低施工成本，同时也有利于提高施工质量、缩短施工工期。

事中：样板引路、现场材料设备验收、工程检查

（1）样板引路

为了保证工程质量标准，并引领后续同类工程的标准化施工，大多数企业遵循样板引路方针，要求在大面积施工前必须先做施工样板。通常在采购的材料/设备及施工单位到位后，立即启动施工样板筹备工作，并在大面积施工范围内设置施工样板间。样板施工完成后，项目工程部门组织设计部门、营销部门、施工单位等联合验收，对发现的问题及时督促有关单位更换或整改，整改合格后进行复检。

样板验收合格后，施工单位应通过材料样板的展示和施工样板，对施工人员进行技术交底和培训指导，培训合格后方可进场施工，施工过程中严格执行施工样板标准。同时，通过样板施工也可提前发现设计缺陷，可提前调整、修正，保证正常的施工进度及质量；分部分项工程施工完成后也能够依据施工样板标准进行施工质量验收。

在严格的管理规范下，“样板”未验收或验收不合格的，不得进行大面积施工。通过开展工程质量检查，重点检查施工现场材料样板、施工样板展示及建设情况，确保施工样板满足设计技术要求及合同约定，保证项目施工质量，同时也作为企业工程管理精细化的展示窗口。

（2）材料设备进场验收

建筑材料的质量直接影响建设工程的总体质量水平，为了把控好工程质量的第一关，应加强项目建筑材料设备进场验收管理，确保建筑材料设备的质量、数量、规格符合项目建设要求，杜绝材料设备以次充好，不得使用不合格的材料设备。

通常在项目现场设立材料设备样板库房，存放本项目的材料设备样板，作为材料设备进场验收的依据。甲供材供货单位或乙供材施工单位在材料、设备到达现场前，通知项目工程部门、监理单位验收。货到现场时，项目工程部门组织施工单位、监理、供应商共同验收，一般要求项目设计部门参与涉及观感质量的首次材料进场验收，主要依据供货合同和材料样板对材料设备的质量、品牌、规格型号、外观、数量、书面证明材料（产品合格证、质量保证书、试验报告）等参数进行验收，并由参与人员会签确认。验收不合格的材料设备责令供应商限期清场，并办理退货手续，要求供应商按期补充剩余的合格材料，保证施工进度按计划推进。

（3）工程质量、进度及安全巡检

为了保证项目的整体施工质量，定期巡查和不定期抽查相结合的工程管理情况检查尤为重要。工程检查主导部门根据公司工程管理策划书、工程管理标准及各专业施工技术标准，对施工现场工程进度、工程质量、安全文明施工、工程档案及公司工程管理制度、流程的执行情况等进行检查，并将工程检查过程中发现的问题拍照记录，按照工程专业分类上传到工程质量移动终端，自动推送至相关责任人制定具体整改方案。企业通过工程管理移动终端跟进、追踪工程问题整改落实情况，确保问题及时关闭。

工程巡检过程不仅仅是为了了解项目施工现场的工程管理情况，同时也是为了监督、指导公司工程管理标准化有效落地。通过检查不仅能及时发现项目工程管理问题，也能反馈公司各项制度、流程执行情况，倒逼工程管理水平不断提升。

事后：模拟验收、交付评估

为了保证项目交付质量，通常要求在项目交付前两个月，由项目工程部门组织营销、设计及物业公司部门开展内部模拟验收工作，制订内部模拟验收计划，明确内部模拟验收的时间要求、人员分工、验收标准及整改问题处理机制等内容。

表 7－5　内部模拟验收检查任务分配

责任部门	验收重点
工程部门	施工图与现场符合情况
	重大质量问题：大面积空鼓、渗漏、裂缝、起砂、层高、方正、平整等
	成品保护、系统性风险（红线外配套、供水（含中水）、排水、强电、弱电、消防、通邮、小区内配套、污染等）
营销部门	交楼标准、质量缺陷、销售承诺、使用功能
设计部门	施工图与销售附图是否一致
物业公司	质量缺陷、水电：通水、通电试验
	设备设施、小区内配套

内部模拟验收结束后，由工程管理部门组织相关责任部门整改、落实检查过程中发现的问题，对于项目交付前无法关闭的问题应统一对外说辞，保证项目顺利交付。

建筑工程施工过程复杂，涉及的范围广，考核的指标多，但其中有两个实质性的内容，一个是质量，另一个是安全。对质量、安全的管理构成了地产企业、施工单位在工程管理中的核心。

工程质量的好坏直接关系到地产开发商、施工单位的生存和发展，这就使得工程质量管理和控制尤为重要。而建筑行业的质量管理和控制方法历来以检查为主，“就事论事”“就质量问题论质量”，基本上处于“事后检查”的被动状态。等事后检查出来质量问题，常会造成较大的返工，不仅经济上受损，而且有的还会留下工程质量隐患。基于上述工程项目中存在的质量管理问题，质量控制环节相对于其他方面得到了重视，但重视也更偏向于质量控制，而对于过程管理中的质量计划、质量保证、成本控制管控较少。这主要是因为：一方面管理意识依然停留在“解决问题”的层面；另一方面管理技术手段较少。

传统现场管理存在以下管控难点：

①施工质量问题反馈慢。

②进场建材经常以次充好，不能及时发现。

③施工停止点/样板跟踪有遗漏。

④施工单位施工质量无量化。

借助信息化手段、移动互联等工具，能够有效帮助企业实现施工质量过程管控：

①高效协同各方（开发商、监理、施工单位），大大提高管理效率，节约时间成本，解决长期困扰传统项目工程的“执行难、沟通难、管理难”的问题。

②改变传统的现场检查、整改问题方式，将查验、整改、销项的闭合流程搬到移动平台上，打造一套“分工明确，高效融合”的工作体系。

③可视化质量管控管理手段，改“月检”为“随检”，严控施工方的质量标准。

④施工停止点100%监控，样板100%监控。

⑤建材质量问题验收即发现，质量一次合格率直观体现。

⑥结合数据采集系统分析，提升工程问题整改效率。

工程移动质量平台是质量管理的核心工具，主要应用在工程建造过程中的质量控制，支持多种专业和多种业态。工程移动质量能够提供更加高效、便捷、标准化的工作项目和指导手册，让工作更加规范和统一，管理层可以实时查看查验进度和问题分析，减免了烦琐的汇报，让所有问题有迹可循，便于追溯，最终实现质量提升，沟通和返工成本降低。

工程移动质量平台改变了传统繁杂的手动填写检查单形式，避免了数据的遗失和断层，采用“重移动轻PC”的操作模式，通过专属APP，实时记录工程问题，并确保有效的监督，形成质量检查闭环。系统数据沉淀，让每个问题都有迹可循，最终形成数据报告，直观呈现产品缺陷，严控产品质量关。

在传统模式下，工程现场管理需要管理人员带着纸笔、相机到现场检查，检查完回办公室，再把检查记录和照片上传到信息系统中。在信息录入时，通常劳务人员没有系统账号，需要管理人员进行录入；整改过程跟检查过程

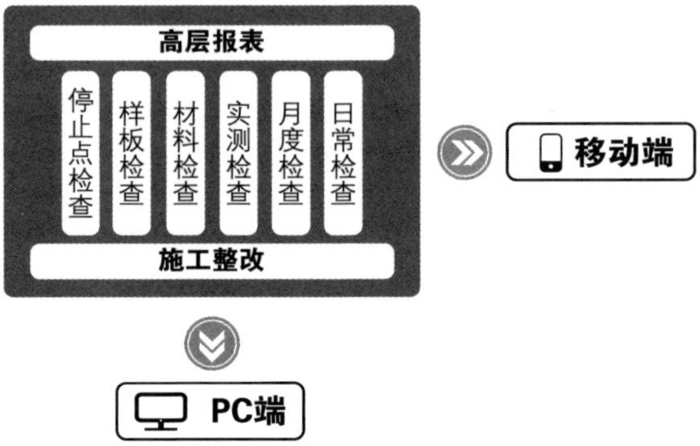

图 7－21　质量管理系统逻辑框架

一样烦琐，造成管理人员工作强度高、效率低下，劳务队信息反馈不及时，导致基层怨言，效果难以保证。

通过工程移动质量平台，可以大大简化上诉烦琐的信息收集、录入、分派、检查等功能，可以实现快速、高效、便捷的工程检查过程，主要功能包括：

在系统内建立一套标准化的工程检查流程，包括“停止点管理”“样板管理”“材料管理”“工程整改”“进度汇报”等，检查人员只需要依照流程和标准进行检查，避免重复和错漏检查项。对能量化的检查点都进行了数据量化，并在软件中内置了量化指标，可在检查时随时查看。

图 7－22　质量管理系统界面示意

在线完成材料封样审批，作为材料设备进场验收的前提，按照合同约定要求通过系统记录材料设备验收信息，保证材料验收质量，便于数据归集、核对。

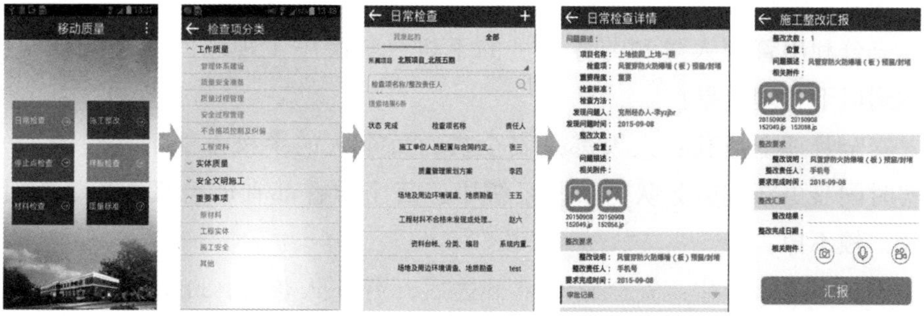

图 7－23 工程质量检查移动端界面示意

移动工程质量检查

检查记录有以下的几种状态：

①待指派：未分配整改人的问题记录。

②待修复：已经分配整改人，但尚未修复的问题记录。

③待销项：已经完成整改，但尚未审核确认的问题记录。

④已销项：审核通过的问题记录。

各种检查项的筛选可以支持多种维度，以满足不同身份、不同目的的检索、查看。

检查人员发现问题，直接用手机拍照并描述问题详情。检查人员上传问题详情之后，项目承建方会收到问题通知，然后在此直接指派整改人，并设定整改期限。整改单除了检查人、下达时间、部位、图纸标识、整改期限要求外，还必须附带检查现场的照片，以便对整改照片进行对比，检验整改效果。整改人可以清楚地查看问题详情，明确自身的整改责任，及时汇报整改情况。

业主或监理机构对问题整改进度可随时通过手机，在图纸模式下查看问题详情，哪些问题已完成，哪些问题未完成，都会以不同的状态呈现，确保业主对整个项目进展的全过程进行把控。

查验、整改、销项过程记录清晰，责任明确，可以最大限度地减少传统项目中出现的扯皮、分工混乱等问题，同时所有问题有迹可循，便于追溯。

后台自动更新数据，手机自动同步，项目管理人员可随时查看项目整改的进度情况，有多少问题已经整改完，还剩多少问题，打开该界面即可清楚掌握，真正做到对项目进度、质量的全过程精细化把控。后台多维度数据分析，针对各种问题产生的数量、比例及整改及时率，自动实时生成检查问题报告和统计报表，定期总结，优化流程。

现场安全检查

充分利用管理人员和劳务人员的手机，解决施工现场的安全管理问题，并达到以下管理效果：

安全管理全员化：人人都是安全员，每个人的手机都能下达整改通知，并实时同步更新到劳务队的整改系统中；每个检查都有现场照片和整改对比照片，赖不掉。

安全整改垂直化：安全整改单下达后，劳务队老板、班组长和作业人员同时接收，整改情况同步更新，解决了以往流程长、时效慢的缺点。

安全意识主动化：工人主动佩戴安全防护用具，按标准作业，否则随时都会被下达整改。与其总被人批评罚款，不如自己一次做到位——到处都是“安全员”，安全检查躲不过，消除侥幸心理，安全问题无死角。

整改检查统计化：系统形成闭环管理，并从时间、部位、检查类型、责任人等多个维度自动统计，项目安全情况一目了然；检查、整改、奖罚一切以数据说话，让人心服口服。

安全会议高效化：一改以往会议风格，现在开会，拿出手机，整改率、整改及时率、问题的类型数量清清楚楚，再没有推诿扯皮现象，随时掌握横向纵向对比结果，点评可以直指核心。

检查点数字化：每个检查项都在软件中配备作业指导书，随时随地查看检查标准，杜绝了师带徒中的人为因素，以统一标准、统一模式贯穿培训和实践，并达到“在学中做、在做中学”知行合一的理想效果。

系统操作标准规范日常化：通过傻瓜式的操作界面，简化每项操作步骤，缩短等待时间，操作所见即所得，检查内容必须附照片，检查地点在图纸上标示，会用微信就能用软件，大大降低了系统的操作难度，提高了使用频率。

集团管控现场化：软件将检查、整改数据实时推送到系统服务器，分公司机关可随时随地查看各个项目每天“检查多少、整改多少、核销多少”，集团总部既可以宏观掌握每个分公司的管理情况，又可以微观透视每个项目的管理细节，完全满足了多级管理的需求。

检查问题类型的自动统计，纵横向对比的实时掌握，信息化形成的神经系统，让管理者“身虽远，神犹在”，使安全管理尽在掌握中。

实测实量

实测实量功能支持项目上甲方、监理、施工单位等多方实测，并自动对数据结果进行对比，清晰标注爆点，实现爆点从发现、整改到销项这一闭合流程的全过程移动平台监控。通过实测实量功能，可预先在图纸上规划好测区和测量点，规范施工方的测量行为。可以对比多方测量结果，对数据一致性做出判断，判断测量是否准确或者需要重新测量。针对爆点，及时安排整改，全过程监控确保对爆点整改进度和质量的掌控。

实测实量功能改变了传统的手工记录、多地保存的数据管理方式，也规避了传统工程项目中经常出现的数据整理查询耗时长、数据造假等问题，帮助企业严把工程质量关，降低成本，提高效率。

4 智慧营销，创新销售模式

营销是地产企业项目运营至关重要的一环，直接关乎地产企业的利润和现金流来源，决定了能否完成既定的财务目标。同时，营销本质上也属于一种导向行为，贯穿于地产开发的全过程，通过市场调研、分析、营销策略、销售技巧和控制措施来保证引导、开拓、扩大有效市场。另外，在前期拿地、工程建设等现金流持续为负的压力下，营销计划也构成项目运营管理过程中必须关注的内容，合理的营销节奏和计划安排是现金流安全的重要保障。因此，地产企业尤其需要构建规范高效的营销管控体系，以达到无论地产形式如何多变，地产企业总能以不变应万变，完成既定或调整后的营销目标。

常规的营销管理工作包括市场研究、客户研究、定位策划、营销策划、销售价格管理、销售案场管理等。

在实际管理过程中，数据获取不及时、分析不准确，定价不准、价格跟踪困难等是地产企业营销管理中常见的问题和管理难点：

①高层数据分析不准，获知数据不及时，不能及时了解存货情况，无法盘点供需和产销平衡点，难以指导定价和营销策略，影响到公司整体的销售情况。

②销售价格定不准，底价、标准价难以制定，制定后无法执行，执行后无法进行过程追踪，导致价格制定失效。去化率缺乏掌控，外部应变能力差。

③营销投放高射炮打蚊子，缺乏规范和价值分析，不能及时了解、监控各项目各渠道费效情况，造成费用收益较低，效果较差。

④存在破底价、虚拟交易，销售过程混乱等。

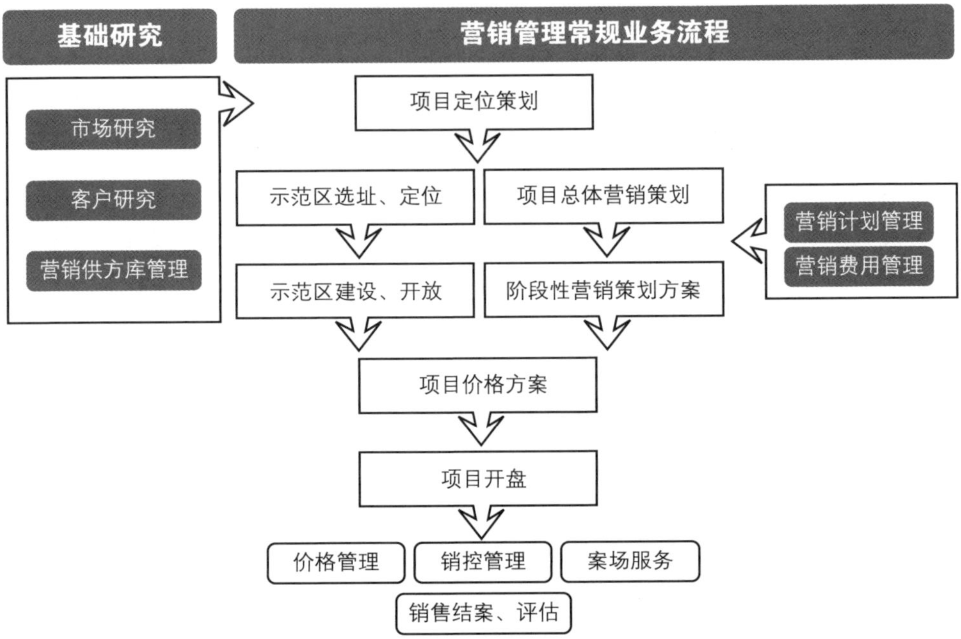

图7－24　营销管理常规业务流程

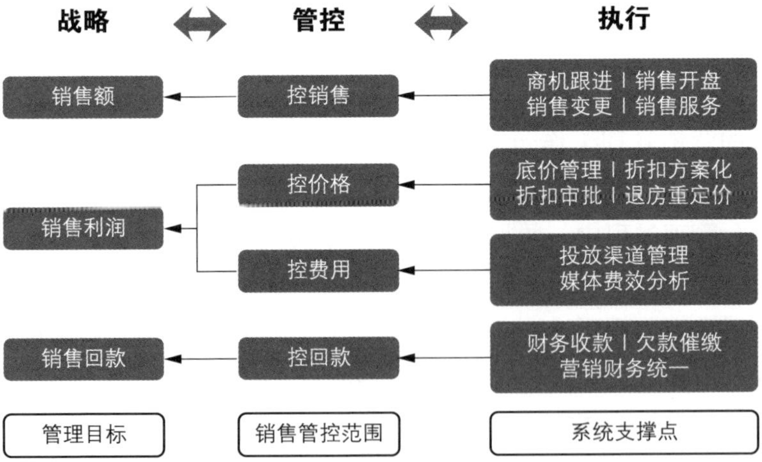

图7－25　营销管理系统设计思路

针对以上管理难点，为了支持公司营销计划的实现，提升营销精准度，进一步规范营销管控体系，公司可以通过信息化系统对营销过程进行有效的管理。系统设计整体思路以"控销售""控价格""控费用""控回款"四条主线贯穿，围绕最终销售额、利润及回款情况实现管理目标。

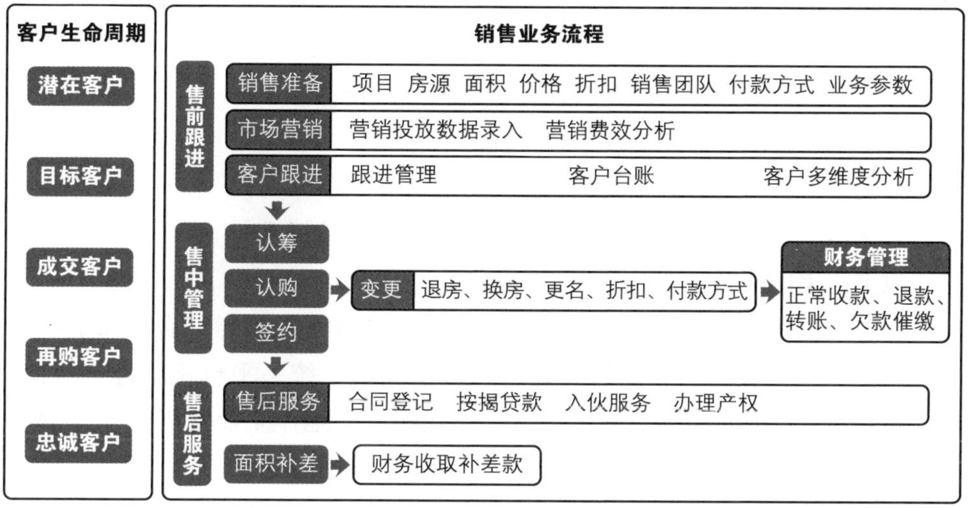

图 7－26 “线上”销售业务流程

整个营销系统遵循 PDCA 闭环管理思路，包括货值管理、项目准备、营销分析、客户管理、交易管理、售后管理及过程中的财务与报表管理等业务内容。首先确定项目总货值、销售目标、销售计划费用预算，根据计划执行销售整体过程，针对销售完成情况及营销费效进行分析，根据分析结果调整相应的销售计划、营销方案、销售价格等。

货值管理	项目准备	营销分析	财务管理	售后服务	交易管理	客户管理
货值规划、销售及回款指标、指标分解、销售及回款指标下达	房源生成、房间管理、底价及标准价管理、付款方式定义、折扣管理	销售预算、投放信息、投放费效分析、竞争楼盘信息、媒体效果统计	待办关注、票据管理、收支管理、催交欠款、财务分析、代收费管理、统计报表	合同登记、按揭贷款、公积金贷款、入伙服务、产权服务、面积补差	房源查询、预约排号、选房确认、认购管理、合同管理、销售日志、变更审批、销售分析、客户自助查询	线索管理、接电接访登记、回访追访跟进、逾期业务催办、客户分配、客户台账、客户信息查询、客户关怀

图 7－27 营销系统功能构成

移动互联技术的广泛应用为房地产营销带来了翻天覆地的变化，各地产商以“互联网＋”为基础，通过智能软硬件，实现地产营销的推广、渠道、拓客、案场、销售成交、交付验房六大环节的互联网化、数据化、智能化变革，逐渐打造无纸化 AI 案场，构建自己的智慧营销体系，例如：

营销推广：全面拥抱新媒体、新推广渠道；

创新渠道：使用 APP 全渠道管控，大数据决策支持；

行销拓客：大数据精准拓客，智能监管强管控；

智慧案场：AR、VR 虚拟体验，智能 AI 案场；

移动销售：移动办公，案场数据实时管控；

云选房：颠覆式移动端在线开盘，选房效率百倍提升。

线上全渠道拓客平台

在移动互联网模式下，地产营销渠道早已变成了全渠道整合，除了传统代理，更多要整合媒体、全民营销以及圈层拓客，统一平台化管理。目前，建立自媒体全民营销平台、线上线下一体化拓客是地产企业常用的“互联网模式”下的拓客渠道。

全民营销的出发点是信任关系，围绕促成交和促传播两大目标，始终贯穿着一条主线：拓客、判客、结佣。为此，房企可通过自媒体、自电商、自社群等方式建立全民营销平台，从展示到成交形成一个完整的闭环，带客量与成交量一目了然，根据“经纪人”的带客成交情况支付佣金，将花在传统媒介上的效果并不明显的广告费用，让利给客户和真正带来流量和成交的社会经纪人，实现全民经纪人和中介机构的统一管理。

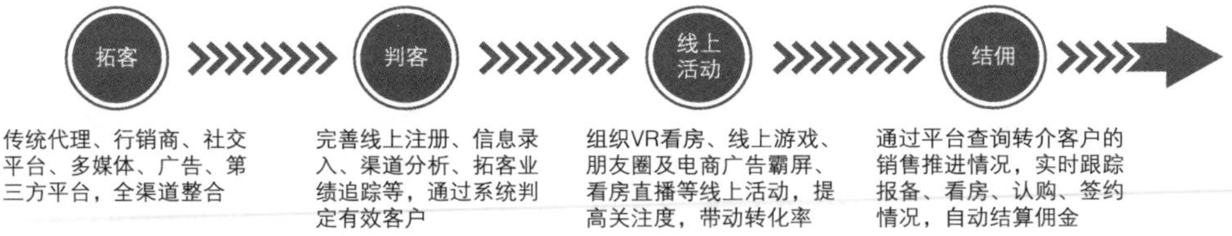

图 7-28　线上拓客流程

借用微信及其他工具进行线上线下一体化拓客，外拓人员可通过线上领取任务；客户通过扫描二维码关注企业微信并注册，可以实时拓展客户信息；项目销售负责人由此实时掌握全城各地点拓客完成情况，并实现对外拓人员透明化管理，分析不同团队，不同地点，不同活动任务的达成率。最后，可进行外拓活动费效分析，所有活动都线上线下一体化完成。

除此之外，过去房企为了宣传会举行大量的线下活动，但是活动成本过高，客户容易流失，转化效果不佳。利用互联网将线下活动搬到线上，企业就可以将潜在客户黏住，并在后续进行精确的信息传递，使得客户对接效率更高。例如，可配合微信运营快速吸粉，开发一些专业游戏，产生引爆点等。

移动案场

提高成交转化率是销售案场的核心目的，深入挖掘每一个客户身上的潜在价值是最有效的实现方式。据调查，在同一家地产企业，促成一位看房客签约的成本大概只有新拓客户成本的50%左右，而移动销售帮助开发商高效收割客户，让案场管理变得更简单。

在移动案场模式下，置业顾问可以“扔掉小本子”，大大提高跟客效率。客户也可以给出自己的具体需求，由置业顾问帮其“定制化”寻找合适房源，针对性更强；同时，置业顾问的服务质量都会被记录在案，这两种效应的叠加，都有助于置业顾问提升跟客效率，提高转化率。

对于销售经理来说，需随时掌握实时业绩数据，了解案场的整体流量、跟进、转化的所有信息，并可以根据需要调整营销方案及客户跟进策略。通过“移动案场”可以实现案场日报及时上报并随时查阅，并可在手机上对业绩进行实时排名，做到移动化储客分析和预销控。

网上开盘

传统线下开盘对开发商来说非常耗费时间和精力，且体验极差，现场人多排队抢购，很可能造成冲突混乱，对安保要求特别高。通过线上选房，大大减少了线下开盘环节，把很多开盘工作进行了前置，优化了客户体验，对客户省时省心，对项目省钱省事。

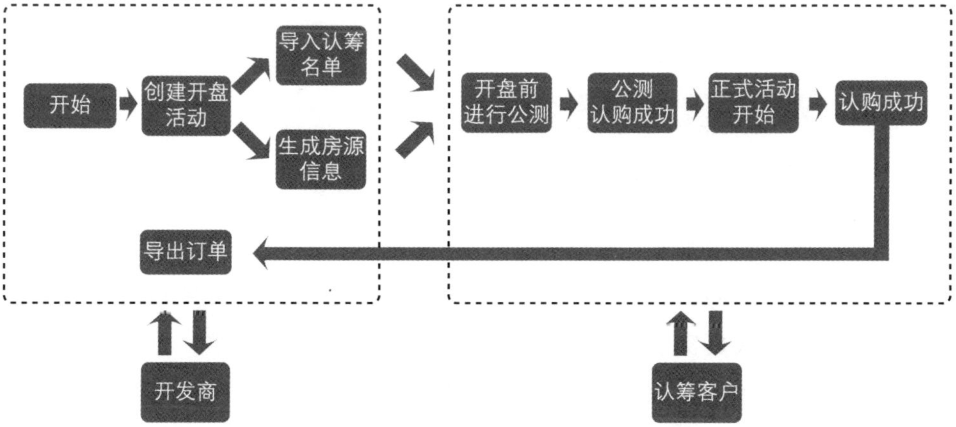

图7－29　网上开盘流程示意

开发商可通过简化传统现场开盘流程，实现线上开盘环节的简单、高效。网上开盘只是在新技术不断进步的一个场景的新玩法，它将推动地产营销各个场景的玩法升级。

网上开盘可以解决传统开盘的很多痛点。

轻松筹备，省钱省事，极速开盘：在开盘前先对客户进行一次公测，让客户熟悉在线选房流程，客户领取自己的选房账号和密码或通过移动端验证码等多种方式登陆，进行一次实战演练。客户在云选房移动端可查看本批次所有在售房源的楼栋、单元、楼层及房屋单元号等信息，点击房屋单元号可查看该房源户型、朝向、面积、价格等具体信息，并可提前收藏意向房源，提升正式选房成功率。

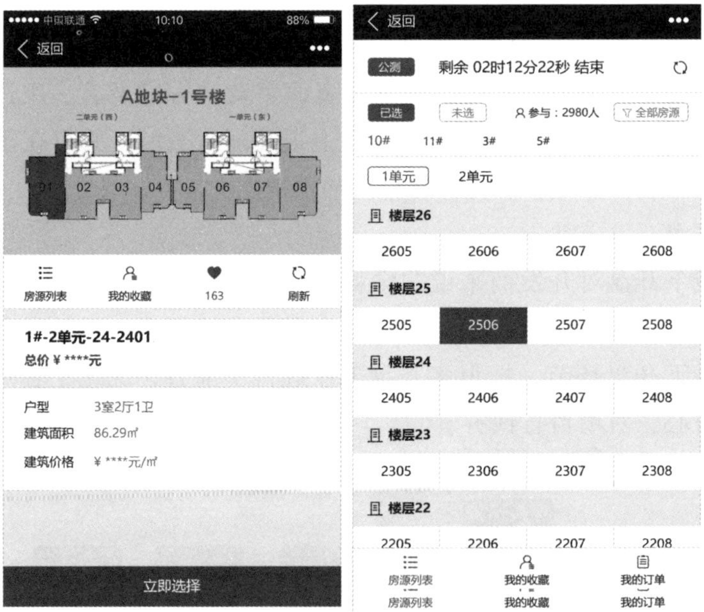

图7－30　网上开盘移动端示意

数据分析，实时跟客，装客到户：通过事前公测，可以知道客户有无登录，收藏了哪些房源，有无预选房，预选了哪些房源，其实是对客户意向的进一步排查和一次真实意向的落位。同时根据公测数据反馈，可以让置业顾问对客户进行实时电话跟进，比如对于没选房的客户和意向弱的客户进行强化逼定，对于多位客户集中收藏或预选同一套房源的要及时引导分散，以便开盘装客到户，实现“一个萝卜一个坑”的效果。

不排队不摇号，规避开盘小动作：传统开盘，正式选房前，需要排队和摇号，在摇号区，会有相应的摇号单，摇出号码之后还需要确认每个客户号码球与摇号单上的号码是否匹配，同时还要核对售楼系统里面的号码与个人信息是否匹配。同时，还要识别摇号单是不是真的。摇号单非常容易造假，摇到号之后进入选房区时非常容易出现夹单现象，也就是摇到号的人夹带没有摇到号的人进入选房区，称是自己的亲戚朋友一起进去选房，这是传统的开盘所无法避免的，但是通过在线开盘却能有效地规避这种行为。

大屏幕氛围杀客效果好：网上开盘是同一时间开始，客户通过微信选房，时间精准到毫秒级，开盘现场配备巨型 LED 实时显示选购情况，类似于传统开盘模式的销控板，实时显示房源已选、未选状态信息，相对公开透明，大多客户都很认可这种公平的选房模式。通过 LED，客户可以直观地看到房源选购情况，房源被选就变红，现场选购氛围一下就被调动起来了。

图 7－31　网上开盘大屏展示

查缺补漏，过程逼定，提高转化：网上开盘，可以通过客户购房行为数据对未选房、未购房的客户进行实时监控。开盘过程中置业顾问可以实时跟进客户，了解客户情况，及时引导，实现动态跟进逼定，进一步提高开盘成交转化率。

此外，开盘过程中因为要通过公众号作为入口，所以很容易把客户转换成粉丝，便于后续持续营销，尤其是精准推广“老带新”。

大数据应用

除了日常的运维数据之外，大数据的应用也已成为当前众多地产营销探索的新趋势和重点方向。充分发挥数据价值，通过大数据应用为地产营销业务插上“翅膀”，才能做到更精准的定位、投放，更高效的拓客、客户跟进，更个性化的案场服务等。

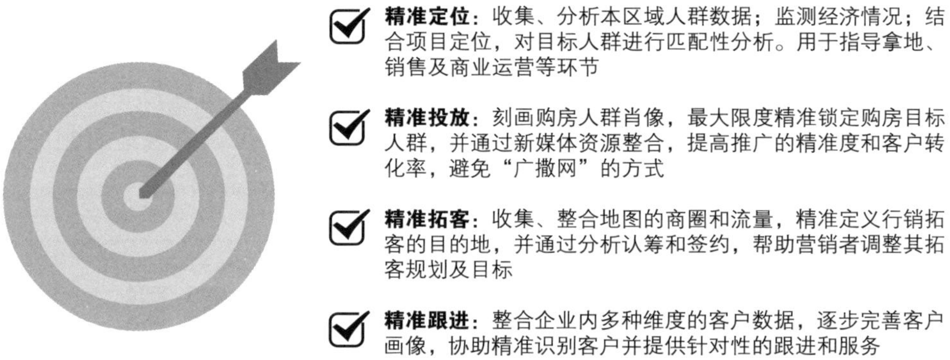

图 7－32　智慧营销大数据应用

移动验房

在验房环节通过手机移动工具的引入和维修问题的科学管理，一方面可以提高验房体验，另一方面直连工程师、施工单位，科学管理维修并充分满足客户的知情权，从而形成良好的客户口碑，发挥强大的品牌和营销价值。

传统的验房模式有四个痛点：一是记录完全靠手工，速度慢，客户体验差；二是手动书写容易出现字迹不清、潦草等情况；三是现场验房人员对问题不容易界定清楚，记录问题表述模糊不清；四是验房人员要将记录的许多问题界定清楚并派单，需要的时间长、工作量大，而且由于无法实时追踪查询，往往导致维修工作管理混乱。

为了解决这些痛点，提升客户的验房体验，行业内开始探讨基于移动端的验房体验提升，移动验房上线后，能很好地解决客户原来最关注的维修能否及时处理和维修质量的问题：

一是移动验房满足了客户验房过程中的知情权。以前验完房后，客户只能被动等待消息，不知道什么时候修理完，维修过程中又存在哪些问题。通过移动验房 APP，验房问题处理功能可以让客户像网上购物一样查询进度。

验房问题按照进度有六种状态：待派单、待整改、已整改、已通过、被退回、已作废，客户可以通过问题清单查看验房问题的处理状态，直接了解哪个问题修理好了，哪个问题还在修理过程中，实现了客户对维修问题解决过程的全程可知。

二是产品和维修的质量提升。通过手机移动验房系统进行内部预验收，通过预验收首先内部发现一些问题，并将这些问题反馈给施工单位进行处理，让客户正式验房时维修问题的数量大幅下降，提高客户一次性交房成功率。

三是移动验房系统能对维修进行科学有效管理。移动验房后端的平台能把客户反馈的问题，根据维修队伍自动分配，并及时派单，明确维修期限，在限定日期之前及时提醒。移动验房工程师通过客户端还可以进行维修复验，项目内部验收合格后，APP 自动推送信息提醒客户再次进行收房确认。移动验房 APP 直连工程师、施工单位及客户，减少了传递环节，高效地解决了维修质量问题。

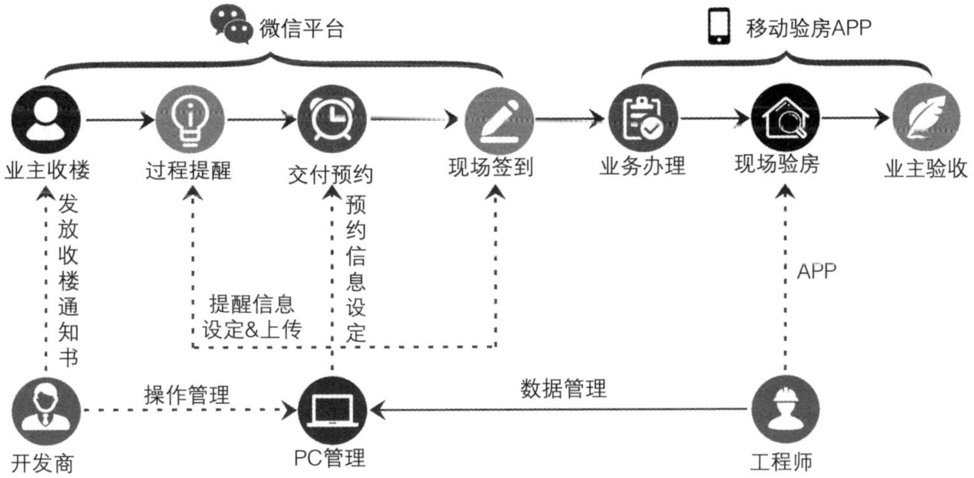

图 7－33　移动验房流程示意

移动验房作为互联网工具，将颠覆交付流程、打造业主极致体验：

①极致化移动体验，提升业主收楼满意度。

②打造口碑，扩散传播，实现老带新。

③简化内部工作方式，极大提升一线工作效率。

④确保管理标准落地，提升一次验房通过率。

⑤倒逼设计、营销、工程质量自循环改善。

对于地产开发企业，通过移动验房相关数据的收集、分析，能清晰地知道每个项目产品缺陷的具体类型和数量，从而追溯品质管理方方面面的问题。因此，移动验房的作用不仅体现在收楼环节，不仅是客户体验提升的有效工具，对于项目品质的提升也是一个很好的管理基础工具，对企业产品竞争力和品牌价值具有很大的提升意义。

当然，在地产营销领域的相关“智慧化”的创新应用中远不止上述内容，而且随着更多新技术手段、大数据、人工智能等的应用，信息、数据的价值将逐步显性化，我们相信这将成为未来地产营销的重点发力方向。

5 精致物业管理，智慧化综合服务

经过 30 多年的发展，物业管理已经由初级阶段进入快速成长阶段，成为我国房地产业发展的重要组成部分，也成为与人民群众生活水平密切相关的新型服务行业。我国物业管理行业总体管理规模巨大，并且随着近些年地产行业的快速发展，物业服务企业的数量增长迅速，总体众多、竞争激烈、集中度低是当前物业行业内企业分布的特点。目前，全国物业服务企业家数超过 10 万家，但平均每家物业服务企业对应的管理面积仅为 15 万平方米左右，单一企业取得的市场份额相对有限。规模小、资金少是绝大多数物业管理企业自身存在的常见问题，也导致其在物业服务品质提升上存在诸多困难。而对于规模较大的物业管理企业，管理难度大、服务质量跟不上、成本日益攀升是其面临的主要问题，而且这些问题随着企业规模不断扩大、组织机构日益庞大而日益凸显。

在科技高速发展的今天，为了能够紧跟时代脚步，改变传统劳动密集型企业效率低下、业务形式单一、扩张慢、成本高等问题，许多物业管理企业都在尝试寻求业务转型升级及科技蜕变。新思维、新技术应用成为当下物业公司的核心竞争力。通过信息化手段可以帮助物业管理企业有效解决小区分散、管理不便等问题。同时，还可以让企业在日常管理中规范管理，标准化作业流程，提高企业运行效率，提高服务质量，降低运营成本。

物业收费

物业收费是物业经营的核心业务之一，内容包括作为物业企业主要收入

图7－34 物业信息化解决的核心业务内容

来源的物业费、车位费、管理费、租赁费以及取暖费、水电费及一些其他代收代管费用。日常的财务收费工作中，各类费用计算、收款、开票、财务统计、欠费催缴等工作量都较大，而且极容易出错。通过建设物业管理系统，可以实现费用精准计算，账单清晰、费项明确，使收费人员便捷地掌握业主欠费信息，定位待缴费内容。并且转账冲抵、入账核销、单据打印等收费过程系统按标准化流程自动完成，减少前端收费人员的工作负荷，降低出错概率。日常的报表统计也便于日常对账核算。

精准服务

物业行业是服务性行业，物业企业旨在为社区业主、住户提供优质的社区生活服务。在服务过程中如何做到及时性、专业性、针对性、可监控是物业企业探索的方向。通过物业管理信息化系统，可以建立详细的业主、租户资料档案，包括个人资料、家庭成员信息、车辆信息等，使物业公司精准掌握客户动态。通过系统，业主的报事报修等服务需求可以快速传递到物业相关业务的专业服务人员，全程记录、跟踪需求处理过程，实现闭环化管理。关键事项系统可自动预警并逐级上报提醒，确保不同层次领导把控现状，跟进服务及时完成。

能耗管控

社区能耗是物业管理的一项重要支出成本，通过安装能耗监测设备，由信息系统实时收集、统计能耗情况并提供异常预警可提升能耗精细化管理程度。对业主、公区的水电气等各项能耗监测和使用对比分析，可以使管理者及时掌握社区能耗使用情况，快速感知异常，了解能耗变化，辅助管理者进行节能减排、降本增效的决策。

日常巡检

物业管理中的日常巡检工作主要有设备巡检和品质巡检。设备巡检是保障社区内硬件设施设备正常运行，延长使用期限的重要保障。品质巡检则是对社区环境、服务品质，各项园区工作结果的有效检查，能够帮助管理者发现日常工作中存在的不足之处，发起处理整改。物业管理系统的应用可以帮助企业标准化各类巡检工作，制订标准的巡检计划，及时传达巡检工作任务，严格检验巡检工作过程、结果，确保巡检工作的效果。

安防绿化保洁

安防绿化保洁是物业管理中一项基本服务管理工作，工作人员多，重复频次高，排班安排复杂。虽然不少物业管理企业将此工作外包给专业服务公司，但对工作内容复核、结果检验也是一件非常烦琐的事情。安防绿化保洁的成果直接与业主生活感知相关，影响业主对物业企业的服务满意度评判，所以物业管理者对此高度重视。通过应用物业管理系统等信息化手段可以帮助管理者规范这些工作过程，定期排班，精准化任务推送，结果上报体现，帮助管理者实时掌握前端工作成果，了解业主满意度。

工作提醒

物业管理事物繁多，但由于成本控制及经营策略问题，员工一人多岗、身兼数职的情况也是行业普遍现象。通过物业系统可以使员工实时掌握自身的工作任务，标准化完成工作内容，快速提报工作成果，辅助员工在实际工作场景中实现角色快速转换、提高工作效率。同时，可以将各类事物执行情况进行自动总结，实现信息协同提醒，帮助管理者及时监控业务运转情况，提升管理效率。

物业管理系统作为物业管理企业的核心业务系统，它应涵盖物业基础信息管理、收费管理、物业管理、设备资产管理、业主服务等基础服务的全过程管理。在传统的物业管理信息系统设计时一般需至少包括如下几大模块：

基础信息模块

房产管理包括管理小区内各楼栋的房屋基本信息资料，如区域、楼层、面积信息等。楼栋可以划分为不同的标段、区域，并可实现房产对象的新增、修改（包括批量修改）、拆分、合并、删除等操作。

住户管理包括管理小区业主及相关租户的基本信息资料，如基本联系方式、家庭成员、房产所属、兴趣爱好、职业状况、收入状况等。

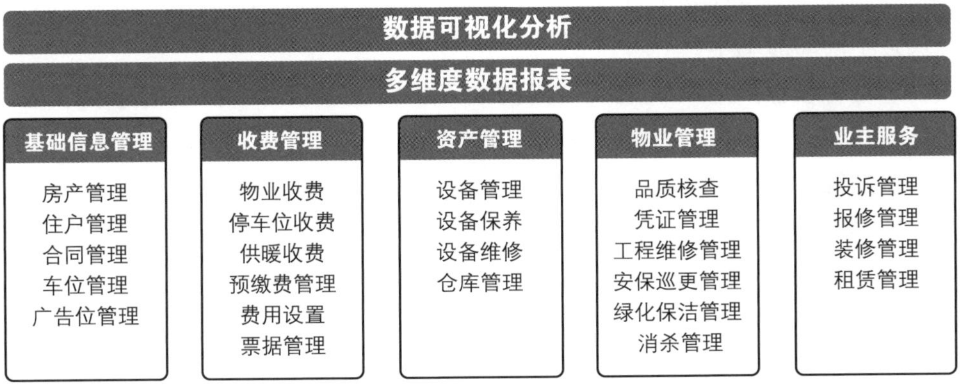

图 7－35　物业系统常规功能模块

合同管理包括管理业主物业服务协议、车位租赁合同、商铺租赁合同等收款合同、付款合同登记、计费、审核、收款、付款、资金计划、合同预警、费用预警、查询统计等。

车位管理包括管理小区内车位基本信息，如位置、编号、面积、租赁费用等，可实现车辆与车位、车位与房屋的绑定操作。

广告位管理包括管理小区内广告位基本信息，如位置、编号、类型、租赁费用等。

在设计时还应考虑可以实现多维度组合查询，如能够统计空置房多少，已经入住多少户，已经装修多少户，出租多少户等。

收费管理模块

物业收费包括物业费收缴、预存、抵扣等过程管理。系统应实现根据账期计算应缴费用、滞纳金等，实现账单自动生成、打印，并可根据实际情况对费用进行增、删、拆、预收冲抵、优惠减免等操作。

停车位收费包括停车费收缴、预存、抵扣等过程管理。应实现对已售车位、未售车位、固定车位、非固定车位等不同车位类型的管理，支持对车位物管、车位租金等不同车位费用的计算。

供暖收费包括供暖费收缴、预存、抵扣等过程管理。

预缴费管理包括装修保证金等其他类别的费用收缴管理。

费用设置包括收费项目、计算公式、周期、滞纳率等相关内容的基本设置管理。计算公式应实现自定义，提供多种参数和函数供选择，以实现应对实际业务中的各种分摊计算，并能对每个房屋的每种周期性收费项目单独设置各种属性。支持计算单价按时间和用量自动变化，能对不同房屋的不同费项设置不同的滞纳率。

票据管理包括定额发票，收据的购入、领用、核对，核销的票据状态、数量的管理，并支持对收据与发票进行换票处理。

资产管理模块

设备管理包括设备台账管理、年度与月度等不同频次的保养计划设置、设备巡检过程、结果的记录、设备运行状态监控、异常记录、统计分析等。

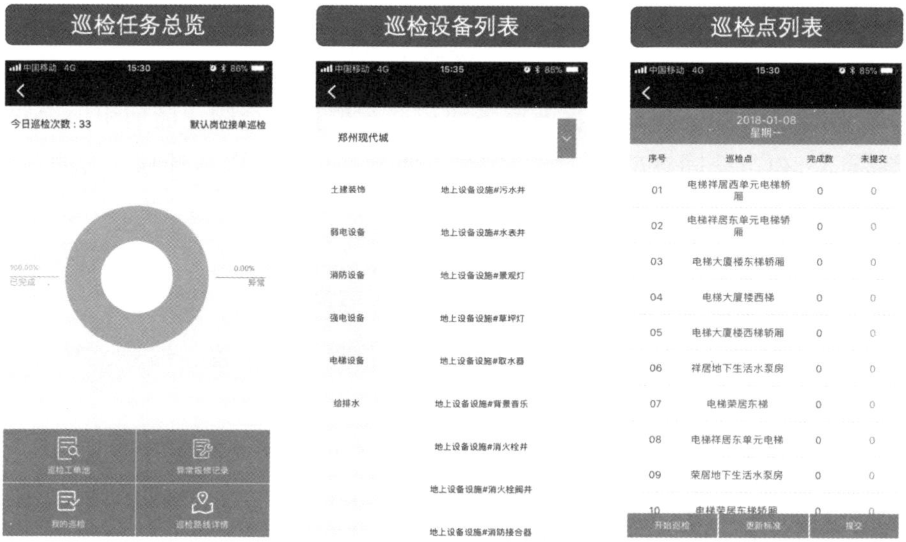

图 7-36　移动端设备巡检示意

物业管理系统固化不同项目的巡检路线、巡检内容及要求，巡检人员按照标准化巡检流程开展设备设施检查工作，将巡检结果实时录入移动端 APP，并跟进相关责任人整改关闭。

设备保养包括设备保养情况登记、设备保养记录查询、设备保养提醒等。

设备维修包括设备维修过程的自动、人工形式派工。系统应跟踪记录维修接单、开始维修、维修完成、客户评价等关键过程节点，以及结果情况登记、设备维修记录查询等。

仓库管理包括仓库资料，物资申请，采购单的发起、审批、汇总等管理，物资出入库、调拨管理，库存查询，物资情况预警，仓库设置等。

物业管理模块

品质核查包括对社区的日常品质核查结果记录、核查整改工单发布、核查问题处理结果跟踪等。

凭证管理包括封闭式社区进出入凭证的登记、发放管理等。

公共维修管理包括公区维护、公共设施维修管理等。

安保巡更管理包括安保排班、访客管理、巡更管理、治安事件管理、消防检查管理等。

绿化保洁管理包括保洁项目管理、保洁检查记录、绿化工作安排、绿化检查等。

消杀管理包括消杀作业管理、消杀记录、结果检查等。

业主服务模块

投诉管理包括投诉、建议的登记，销项处理跟踪，结果记录等。

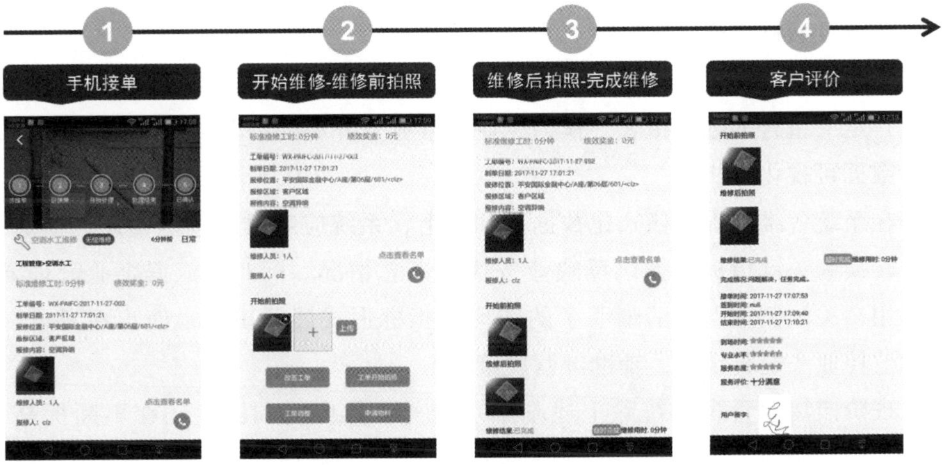

图 7－37　移动端派单维修示意

报修管理包括住户通过客服现场、400 热线、移动 APP 等多种途径的报修登记，维修过程监控、维修结果跟踪、维修结果评价等过程。报修工单可实现人工、系统自动两种派单形式，系统自动派工时应能够根据工人专业技能、在岗情况、技能熟练度、待办工作量等多维度权重计算，实现智能最优化派单。维修工人也可通过员工 APP 主动抢单，系统自动记录维修工作时长，可对各维修工维修工作时长、接单率、满意度进行统计。

装修管理包括业主装修申请、装修登记、装修押金收取（退还）、装修方案审批、装修记录、违章整改、装修验收结果跟踪等。

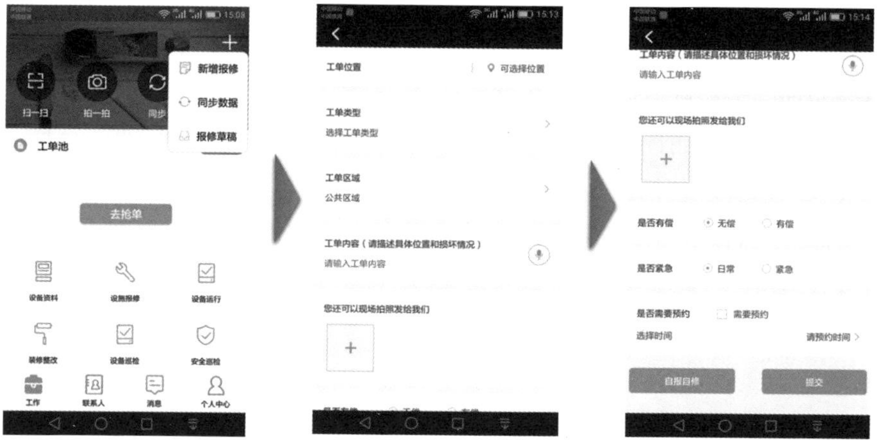

图7－38　移动端报修管理示意

租赁管理包括小区公区、广告位租赁管理等。

多维度数据报表

物业系统应通过物业基础业务数据沉淀进行归类整理，为管理者提供多维度自定义组合的数据报表，作为企业日常业务开展的参考。

数据可视化分析

在系统各维度报表格式化数据基础之上，系统应对数据进行整理、提炼，通过转换为关键指标数据以反映业务执行汇总情况。同时，依据企业管理要求及用户关注侧重点以清晰明了的图形化指标形式展示出来，使管理者可以实时监控业务运转情况，辅助经营决策。

现阶段物业管理系统除上述基本功能外，其广度和深度还在不断提高，形成了包括协同办公、经营管理、客户管理、物料管理、工程管理、人力资源管理等方面的业务管理。对于集团化的企业，还包括了对于整个集团相关BI、OA、资金预算、费用、智慧社区等业务及系统的集成和贯穿。

因为不同物业企业有不同的业务管理特点，所以在设计时应充分考虑企业自身的特点，根据实际业务情况设计系统功能及业务流转过程。

此外，互联网快速发展及电商行业的突起也对传统的物业管理提供了新的认识和思维，社区商业成为受到商业者们青睐的蓝海，物业O2O、智慧社区等围绕着社区商业而出现的概念逐步发展起来。许多物业公司也都在充分利用手中资源，尝试搭建社区生活电商综合服务平台以寻求业务转型升级。万科公司出的“住这儿”，龙湖物业的“千丁”，远洋物业的“亿街区”，鑫

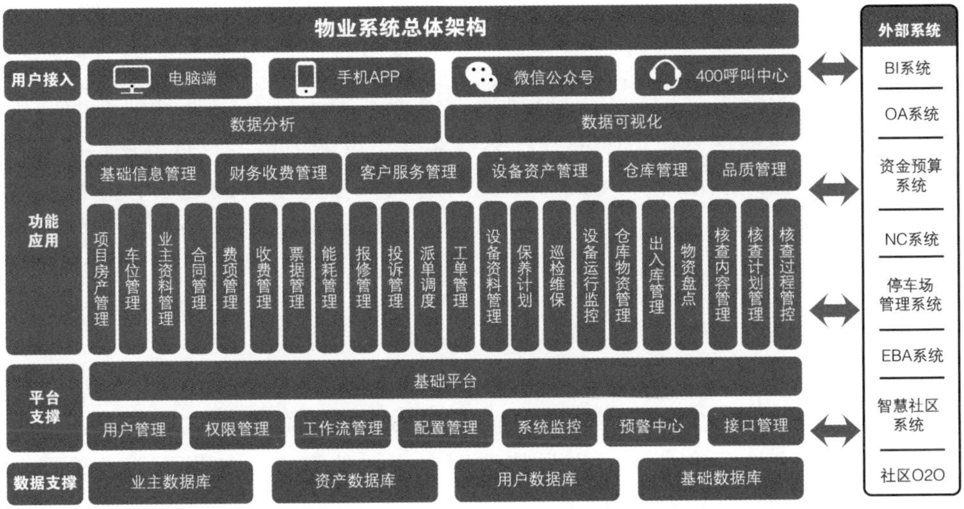

图 7－39　物业综合管理平台总体架构

苑物业的“e 家子”等都是业内比较出名的移动社区 O2O 平台。

不同于垂直电商，传统物业公司涉足社区 O2O 服务一般从提升社区服务品质角度切入，所建立的社区服务 O2O 平台在实现为业主提供在线物业信息通知、在线物业缴费、线上物业报修、线上咨询等实用功能的基础上，拓展房屋托管、房屋租赁、家庭送水、有偿维修、室内保洁生活衍生服务功能。根据物业公司自身业务拓展能力，选择自建服务，或是第三方服务接入导流。同时，物业生活服务 O2O 平台还会建设一些方便邻里交流，互帮互助的业主互动栏目，以提升业主使用的主动性。

未来，物业管理可能有多种模式，信息化手段介入有多种途径，建设物业管理系统、搭建社区服务平台、构建智慧社区只是其中的方向之一。物业管理企业一定要抓住自身业务本质，不断提升物业服务品质，真正让业主感受到物业服务的价值，才是保证自身企业发展、推动行业前进的根本。

6　简洁高效招商，妥善运营

在过去的十年，以万达为代表的商业地产公司取得了辉煌的成绩，目前国内商业地产已趋于饱和甚至过剩，而且商业地产的投资还在不断上涨。根据赢商网数据统计：截至 2017 年 6 月 30 日，全国共新开 151 家购物中心，新增商业面积达1437万平方米，同比2016年上涨20.8%。从城市级别来说，新增购物中心一二线城市占比59%、三四线城市占比达到40%。随着商业地产的过剩、互联网带来的用户消费习惯的改变、电子商务对传统商业的冲击等，关店潮、商铺投资价值降低等代表商业地产市场下行的各种迹象已出现。

商业地产已经从增量市场的开发提前进入到存量市场的运营，并且由规模化、粗放式向精细化快速转变。此外，如何深度挖掘用户的需求，提供个性化的服务、商业模式创新等也成为开发商、运营商所思考的问题。

创新成本太高是商业地产变革停滞不前的主要原因。大城市大型商业的格局基本已经形成，并且由于成本高、周期长，这种格局难以在短时间内打破。但这些商业体往往以提供大众基础需求为主，没有提供个性化的商业特色，即使提供个性化商业，只满足特定用户群体的需求，如果不能准确把握用户的消费心理，很容易失败。

招商、运营环节的改变和创新是目前较为主流的方式。在招商方面，最大的困难在于如何获得品牌全面的信息，品牌吸引力、信用度、规模等，这些信息是招商人员进行准确判断的基础。因此，建立庞大的品牌信息库，在招商过程中获得主动权，是招商运营的重点。以品牌为对象，建立品牌画像，实现精准招商是商业变革的基础。

此外，互联网的出现，改变了传统的消费习惯，懒宅社群加大（新生群体属于该群体），这些新的群体和新的消费习惯推动社区商业的发展。2017年7月，商务部发布的《中国零售行业发展报告（2016/2017年）》表明，社区型购物中心态势向好。报告显示，社区型购物中心综合指数为69.8，运营能力为97.4，成为几类购物中心中表现最好的类型。报告还指出，以周边居民为主，以生活服务和周末家庭休闲消费为核心的功能定位使得社区型物业在客流和销售额方面都表现稳定。

大体量、广辐射、走高端时尚路线的购物中心已近饱和，未来更多的机会来自社区型购物中心，但是社区商业粗暴的泛化概念后，又进入规模化。社区商业应该属于新的商业模式，但在新的商业模型基础上，如何去同质化才是关键点。社区覆盖的群体更多，用户需求更多，这需要充分理解用户的需求。

近年来，有实力的开发商也看准这一风向，纷纷加大对社区商业的投入，以抓住人们“最后一公里”的需求，打造社区服务体系。社区型购物中心在便利性、商品定位和配套服务上具备明显优势，成为未来购物中心的发展重点。

在欧美国家，社区商业占据社会商业总支出的60%～70%，而目前在中国，整体水平还不足30%，这一差距开始成为社区商业发展的潜力所在。

简而言之，社区商业有别于城市中心型商业的时尚化穿透力和综合化，也不同于区域级商业的大体量一站式，它的本质属性是本地化生活服务，以一个大型社区或数个中小型社区构成的“商圈”为依托，商业辐射能力强，居民潜在购买力较大。

社区商业发展的核心，是如何将商业与社区进行紧密的融合。

线下融合：提供满足社区用户基本生活的社区服务

社区农场：消费者能买到来自各大农场生态、健康的新鲜蔬果、肉类食品，还可以享受星级私厨的定制服务，体验、学习成为米其林大厨。而“星级农贸+餐饮加工+O2O配送+烹饪培训”，这样的复合业态组合，在国内现属独创。

线上融合：O2O模式

互联网在各行业的渗透，社区商业同互联网的结合开始成为一大重要趋势。社区商业的创新不仅体现在互联网技术的应用上，还体现在互联网思维的植入上，通过O2O平台，能够提供端到端的定制化服务。

目前，O2O社区平台不足之处在于，没有物业公司的信用背书和商圈服务的断层。物业公司是社区的管理者和组织者，商圈提供的服务必须以物业公司为中心进行传递，只有将社区商业服务和物业服务进行整合，才能提供高质量的社区服务。

改变商业地产现状，不仅改变的是商业模式和管理方式，还需要引入新的技术，来提高商业的品质，例如采用先进的技术，能够实现商业的差异化。

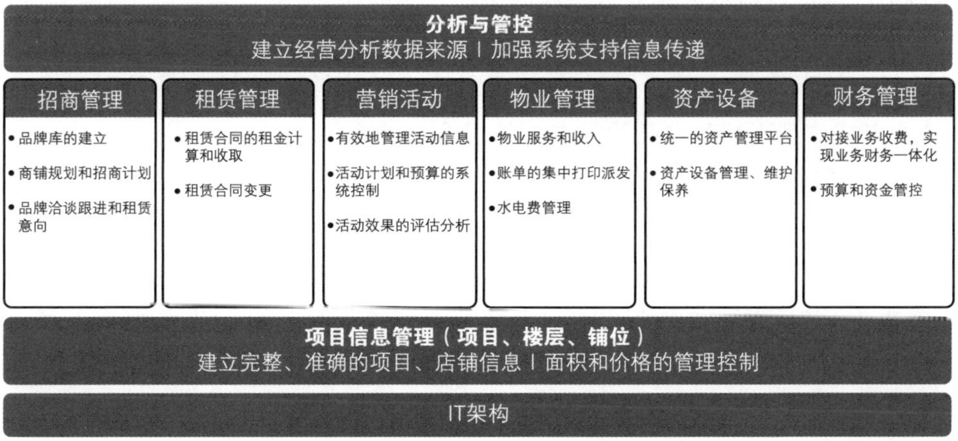

图7-40 招商租赁管理系统逻辑架构

视频技术

（1）安全监控

视频监控技术在商业中的基础应用，在于安防监控。在商场中，人口密度较大，安装视频监控设备，能够实时监控商场内的情况。

（2）人脸识别

视频技术不仅仅应用于安防领域，还可通过视频技术，对用户进行准确识别，再与其他业务进行绑定，成为商业管理中的一项新技术。

①用户画像更加准确。例如性别、年龄、身型等。

②与会员系统进行打通，能够自动识别是否为会员，根据消费自动计算积分。

③与停车场系统衔接，对车辆进行唯一性识别，自动抬杆。

人工智能应用

步态识别的应用。步态识别是指通过人物外形、动作等特征对其进行识别的技术方式。任何生活的形体、动作都会表现出差异性，能够通过这些特征进行唯一性识别，相比视频监控技术，人工智能受到环境因素的影响很小。

消费行为识别。任何一个人，都是通过动作、表情、声音表现出对事物的喜好程度。用户在商品选择过程中，同样会表现出这三个要素。通过步态识别技术，能够监控用户在商品选择过程中的动作，通过这些动作的分析，能够分析出该用户所喜好的商品，当系统自动捕捉到这些信息时，及时传送给营销人员，营销人员能够快速提供用户喜欢的商品。

例如，消费者在选择服装过程中，一般会经过观察、触摸、对比、试穿等选择自己喜好的商品，通过步态识别技术，能够让营销人员及时、准确（消费者或许都不清楚自己的需求）提供合适的产品。

客流管理系统

在商业综合体的出入口、大型主力店入口、各层主要通道设置视频客流统计探测器，通过算法对视频信息进行自动统计，为管理方提供准确的顾客进入/离开商场或每个商铺的人数及流速等信息，显示当前整个上场人数状态、每层人数以及每个商铺的人数和变化趋势，或掌握区域顾客的数量。

通过对这些数据的分析，从而确定哪些时刻、哪些店铺是顾客最为欢迎的，为商管人员、营销人员制定或调整管理举措提供有效参考。

智能照明系统

智能照明控制系统在确保灯具能够正常工作的条件下，给灯具输出一个最佳照明功率，可减少由于过压所造成的照明眩光，使灯光发出的光线更加柔和舒适，照明分布更加均匀。

当室外强光通过中庭地采光窗照射到室内时，可根据设定好的照度值自动调节中庭附件灯具的光通量，可大幅度节省电能。智能照明控制系统节电率可达20%～40%，同时还将有效地延长了灯具寿命和减少了维护成本。

资产租赁管理系统

租赁系统定位于商业项目核心的业务流程管理，从规划、招商、合同、租金、账单、品牌库等核心阶段及业务出发，通过信息化手段，实现集团化或项目级的管控。该系统的特点是：

①管理统一化、规范化、流程化，便于实现项目管控模式的快速复制。

②业务数据化，基于量化数据进行分析。

③业务管控预警，例如不满足决策文件要求的合同签约，不符合合同要求的租金账单等。

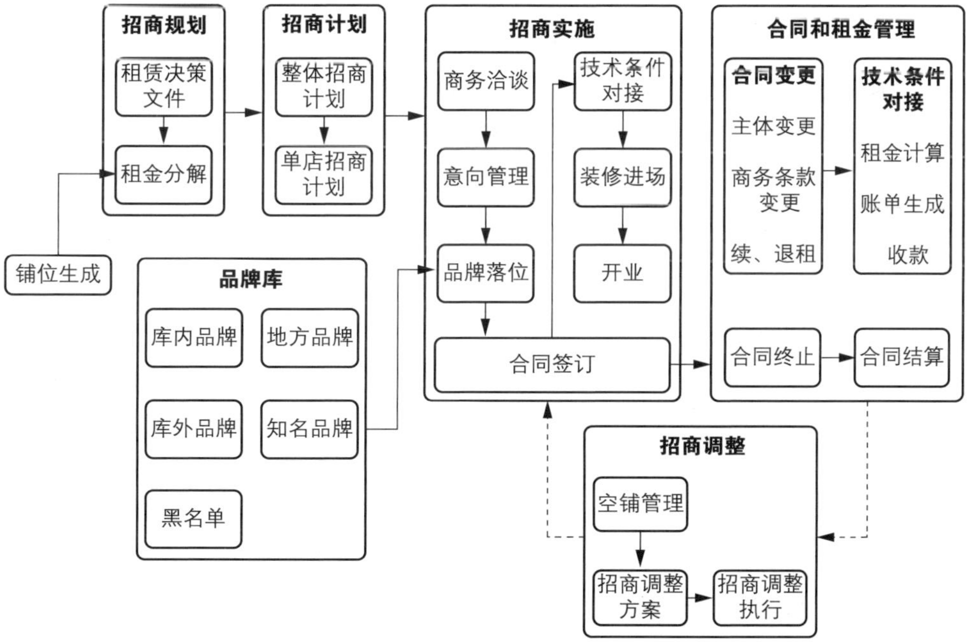

图7-41　资产租赁系统业务逻辑架构

（1）资产规划

在项目建设初期，对项目建设规划、定位进行统一管理，包括项目规模、品牌定位、业态定位等。

资产规划的核心，是对项目、楼栋、铺位的基础信息进行管理，包括位置、面积、租赁状态等。

①平面化。通过平面图的方式，展示资产的现状。

②3D空间展示。通过3D的方式，展示资产状态，能够从不同角度展示铺位现状；同时通过该方式展示商业的物业条件，对物业现状能够一目了然。

（2）品牌管理

从集团层面管理下属所有的品牌信息，建立标准化的品牌库。品牌管理主要关注如下信息：

①所属业态：对品牌数据进行归类，能够有效细分各品牌，区分不同品牌之间的差异以及共同点，方便今后进行项目品牌落位时，有针对性地选择拟落位品牌。

②物业条件：品牌管理中，尽量记录完整的物业条件要求，如果物业条件不完整，会给后期招商、工程建设造成很大的困难。

③品牌分级：每个企业应该有自己的分级标准，这个是产品化、标准化的基础。项目定位的结果就是通过品牌分类、分级进行体现。

（3）招商管理

招商管理的核心是商机管理。商机管理用以记录招商过程中的各项信息和商机转换的全过程，商机管理动作包括商机跟踪、流失、报价等。通过记录每次与商机的接触、洽谈，能够帮助用户积累起完整的商机档案，并最终成为整个集团的商机资源，服务于所有项目。

商机过程如何能够完整、准确地记录商户的需求是关键，随着移动互联网的发展，通过移动招商平台，能够及时记录商机跟踪的信息，并且配以新的技术，如语言、视频的方式，为商机跟踪提供辅助服务。语音技术：通过语音记录交谈记录，后台自动转换为文本，并通过大数据技术对文本自动分析，判断用户需求痛点；视频技术：自动识别客户，及时向招商人员提供前期沟通的信息和结果。

（4）合同管理

合同管理用以对租赁合同进行有效的管理与维护，包括合同的新增、合同条款的变更、续租、终止、结算等常见业务流程。

（5）租金管理

收费管理以账单与收款为主线，实现应收与实收的全过程监控与管理。系统支持根据时间自动产出合适的应收账单，便于日常经营过程中正确产出账单。租金管理的两个关键点：

①应收账单的准确性。

②收款的便利性。

（6）进退场管理

按照合同的规定，进行进退场的管理，其中进场管理包括押金、租金、物业费的核算和收缴，水电气（仅涉及餐饮）表底数记录，商户进场装修方案审核、技术支持及验收，商户橱窗、陈列等布置风格是否与项目整体定位、公司 VI 要求保持一致，建立商户资料档案。商户退场管理包括按照合同规定审核商户退场申请、有无违约责任，审核商铺相关配套设施是否完好，依据核查结果进行租金、物业费及水电网气的清算及相关固定资产的移交，并监督商户离场。

（7）商户管理

商户通过移动端管理系统，上报营业收入（没有统一收银系统），提供便捷的数据分享平台。同时，商场通过该移动终端，能够与商户进行交流。例如，发布日客流数、商铺在同类业态中的营业额排名等。

7 HIO（HR、IM、OA）三大基础管理保障

HR（人力资源管理）、OA（系统办公）、IM（即时通信）系统构成现代企业管理的最基础工具，同时也是企业中使用频率最高的系统工具。相对于各业务系统，HIO 的合理部署和应用往往对于企业整体办公效率的提升、降低成本和各类资源消耗的作用体现得更为明显，因此 HIO 也成为各企业通常最为优先部署的信息系统。

■ HR 系统，助力 HR 提升应对未来的能力

“人力资源”这一概念早在 1954 年就由现代管理学之父彼得·德鲁克在其著作《管理实践》中提出并加以明确界定。20 世纪 80 年代以来，人力资

源管理理论不断成熟，并在实践中得到进一步发展，为企业所广泛接受，并逐渐取代人事管理。进入 20 世纪 90 年代后，人力资源管理理论不断发展，也不断成熟。人们更多地探讨人力资源管理如何为企业的战略服务，人力资源部门的角色如何向企业管理的战略合作伙伴关系转变。

在地产行业，各大房企对于人才的追求不遗余力，尤其是在企业快速发展阶段或转型阶段，例如万科“百将计划”，保利地产“百帅行动”，碧桂园“未来领袖计划”，越秀地产“鸿鹄凝志计划”等等。现阶段地产行业步入“后地产”时代，行业集中度进一步提升，未来将成为“大象之间的竞争”，各大房企管理层不得不将“如何快速做大规模”列为接下来的工作重点之一。如何在规模扩张与人才储备之间找到平衡，为“明天的增长”做足准备成为各大房企 HR 的首要任务。此外，对于进行多元化转型的企业，多元化的人才更成为其最大的夙求。

人力资源管理目标是指企业人力资源管理需要完成的职责和需要达到的绩效，既要考虑组织目标的实现，又要考虑员工个人的发展，强调在实现组织目标的同时实现个人的全面发展。传统的人力管理包括人力资源规划、招聘与配置、培训与开发、绩效管理、薪酬福利管理、劳动关系管理六大模块，围绕人力资源价值创造、评价、分配的价值链进行管理。人力资源管理六大模块之间相互衔接、相互作用、相互影响形成人力资源管理的有效体系。

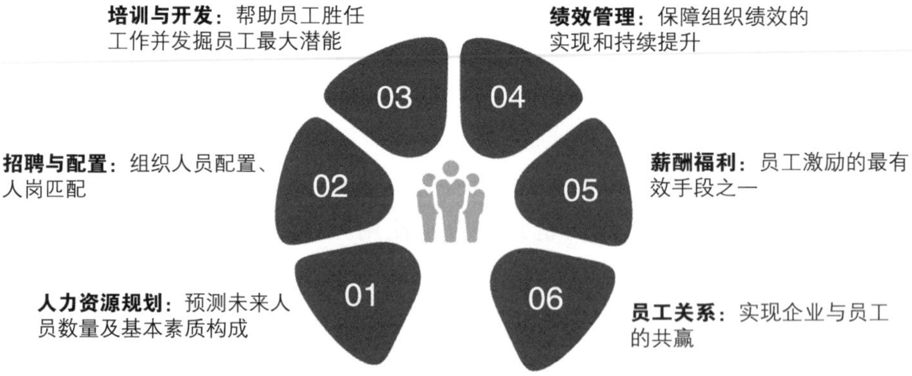

图 7 – 42　人力资源管理六大模块

人力资源规划是人力资源管理最重要的一环，是企业战略实现的重要支持，其目的是通过对企业资源状况以及人力资源管理现状的分析，找到未来人力资源工作的重点和方向，并制订具体的工作方案和计划，以保证企业目标的顺利实现。人力资源规划的重点在于对企业人力资源管理现状信息进行收集、分析和统计，依据这些数据和结果，结合企业战略，制定未来人力资源工作的方案。“流于形式、难以落地”是人力资源规划常见的管理困境，究其原因主要在于缺乏有效的落地手段和评估反馈机制。

在人力资源规划的基础上，通过招聘与配置有针对性地获取有合适的技能、认同企业文化、职业规划与公司战略相匹配并有意愿稳定地服务于企业的员工。招聘与配置工作的关键同时也是难点在于做好需求分析，明确企业到底需要什么人才，并建立相应的素质模型和标准，再根据这个标准招聘所需人才。招聘与配置不能被视为各自独立的过程，而是相互影响、相互依赖的两个环节，只有招聘合适的人员并进行有效的配置才能保证招聘意义的实现。

培训与开发能够帮助员工掌握岗位所需要的新技能，并帮助他们最大限度地开发自己的潜能；而对于公司来说，培训工作会让企业工作顺利开展，业绩不断提高。培训工作必须做到具有针对性，要考虑不同受训者群体的具体需求。

绩效管理的目的在于建立一套完整的体系，通过目标的分解、绩效跟踪、评估、考核和改善，促进组织整体绩效的不断提高。传统的绩效工作只是停留在绩效考核的层面，现阶段绩效管理成为人力资源管理中的一大热点，关注重点开始更多地关注通过有效的激励来促进整体业绩的提高。

薪酬福利管理与绩效管理密不可分，是员工激励的最有效手段之一，通过对过去业绩公平地肯定让员工获得成就感，对未来薪资福利的承诺会激发员工不断提升业绩的热情，发挥员工最大的潜能。合理的薪酬体系需综合考虑外部环境变化、岗位变动、个人业绩提升等因素进行动态调整，以适应环境及自身条件的变化。

员工关系管理是构建良好员工关系、建立雇主品牌的重要方式，但也通常是企业容易忽略的环节。较为完整的员工关系管理不仅围绕劳动关系和合同开展，还通过广泛的沟通协调，采取激励性、柔性的方式，提升员工的满意度，引导建立积极向上的工作环境，以支持组织各类管理目标的实现。

现阶段中国的人力资源市场体现出与以往不同的特点，人变得越来越“贵”，职场中不同“代际”员工共存，移动互联、人工智能、自动化、数字化等新技术的应用带来工作方式的改变。同时，越来越多的企业开始尝试创新、多元化发展、组织重构、不断进行变革尝试等。在管理领域发展越来越宽广的形势下，人力资源的开发与管理成为企业广为重视的对象，人力资源管理将成为当下企业管理的核心所在。然而，许多企业缺乏创新的人力资源管理机制以及适配企业发展要求的人力资源管理体系，存在诸多人力资源管理痛点，人力资源管理效能低下，这已在一定程度上影响到了企业的发展。

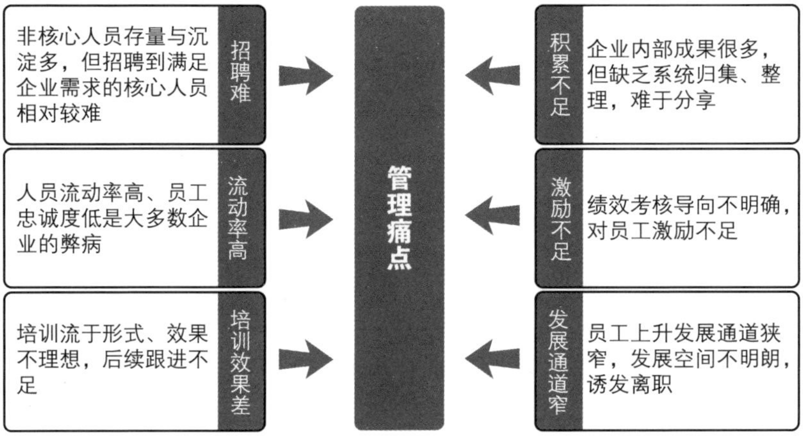

图7－43　人力资源管理痛点

以上种种因素对企业的HR提出了更高的管理要求，传统的六大模块开始围绕人才发展和效能提升进行重新整合，如何发现、吸引、激励和保留核心人才，并进行持续的绩效管理成为现阶段人力资源管理的阶段性命题。“组织无边界、管理无层级”，甚至更为激进的“包容政策”、“抛弃绩效”等也逐步成为人力资源方面的研究前沿。

根据2017年10月德勤的一份报告《HR技术颠覆：人力资源技术市场重塑自身》，超过75%的组织都在进行绩效管理的重塑，许多组织正在加快调整自身进入网络化团队，持续的绩效管理和以团队为中心的组织设计已经从根本上改变了组织工作的完成方式。

互联网企业的组织高度扁平化，摒弃传统企业的科层制、去中心化，划分成小的作战单元，主观能动性强、灵活，能够高效能、快速应对外部市场的变化。组织相对弹性，依托组织无边界的特性可快速调整，以适应快速迭代、不断创新的发展要求。

华为从中央集权变成小单位作战，打“班长”的战争：通过现代化的小单位作战部队，在前方去发现战略机会，再迅速向后方请求强大火力，用现代化手段实施精准打击。这就需要改变我们整个的组织结构和组织模式，总部要求提高资源整合与管理能力，一线则要提高综合作战能力。与组织划小经营单位相对应，价值创造的核算也会落实到每个人，对每个人的价值创造进行价值管理。

阿里巴巴人力资本合伙人机制：主要表现为利益分享机制的变化，从人力资源走向人力资本。人力资本合伙人制最大的特点是同股不同权，就是大股东并没有企业的日常经营决策权，不参与企业的经营管理，企业的经营权、管理权还是由职业经理人和企业创始人来行使。未来有可能实现知识雇佣资本，只要你通过知识、能力，通过人力资源的付出，为企业创造价值，同样可实现自身人力价值的资本化。

面对这些技术革新、商业环境快速变化带来的变革，企业的 HR 有希望能够获得前所未有的影响力，通过重新设计绩效体系、激励员工尝试新鲜事物、进行更多的创新活动等方式，真正帮助企业实现业务的增长。机遇与挑战并存，HR 急需提升应对当下和未来的技能，包括新的管理理念和工具。在传统的人力资源管理“六大模块”中，各企业已形成相对稳定的管理模式，在此基础上借助信息化手段可以实现大量常规工作的自动化。

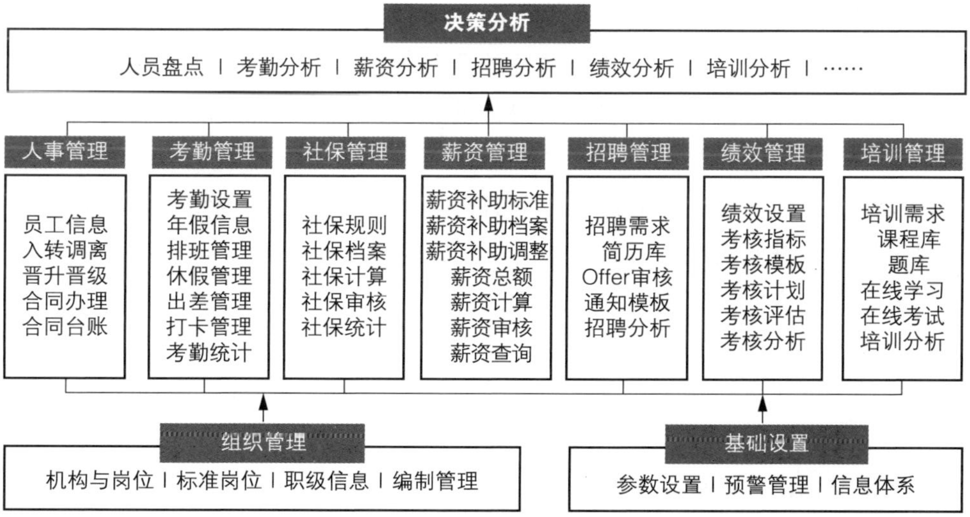

图 7－44　人力资源系统架构

同时，传统的人力资源管理，虽然沉淀积累了海量数据，但是人力资源管理人员无法从这些庞大的数据中挖掘出有价值的信息以供领导决策。而“智慧+”人力资源管理模式，使人力资源管理实现“数据化”成为可能。人与组织之间、人与人之间的互联互通累积、集聚的巨量大数据为人力资源的管理决策提供了科学依据，使人力资源管理真正基于数据并用数据说话，为企业高效能发展奠定良好的根基。

■ 协同办公，缩短管理距离，让办公更简单

如何高效地进行资源配置，使有限的资源发挥更大的作用，一直以来都是企业管理中的一个重要命题。在过去十年，借助于企业信息化的快速发展，OA办公系统提供了一个便捷、高效的工具。现阶段，OA办公系统已不再是一个简单用于替代手工操作的工具，而是被越来越多地用于业务流程管理与优化、知识管理、项目管理、自定义开发、数据集成与整合、移动办公等高级管理工作，逐步成为越来越多企业的信息化中心平台。传统的面向组织管理的软件，在经典的“表单+工作流+门户”的技术路线之外，通过融合以移动技术、云计算、大数据处理等为代表的新技术，来帮助更多的组织实现更加高效的协同管理，让组织变得越来越智慧，让员工感受到快乐。

OA应该是整个企业协同运作的平台，行业不同、岗位不同、人员不同，协同也不同。通过实现每一个协同，最终实现整个企业协同的价值。区别于传统管理思想专注组织的业务管理，新一代协同管理思想更突出均衡的组织发展；紧紧围绕组织的目标开展硬性的业务管控和软性的团队管理，在规范绩效考核标准时更加注重组织沟通协作的灵活便捷性，让组织中的每一个员工能够专注于工作目标，专注于组织的主营业务，专注于营造正能量、高能力的团队，专注于通过沟通协作排除各种障碍，专注于实现约定的过程绩效和结果绩效，进而实现组织的智慧运营、员工的快乐工作。

有人的地方，就有组织；有组织的地方，就需要协同。管理软件发展到今天，基于组织全面协作的协同管理平台即将开启一个大协同的时代，引领管理软件的下一个篇章。在进行协同管理平台规划及建设时，要重点关注以下几个方面：

战略导向的知识体系整体规划

通常我们所理解的显性及隐性知识的管理，包含显性的文档、记录和隐性的技巧、经验等各类别内容，涵盖知识“积累、分享、学习、应用”等各环节。对此如何形成管理体系，并有序地进行推动，需要先形成由整体架构、

核心要素、建设路径等部分组成的知识管理体系规划，作为纲领和指导。另外，同学习型组织建设这样的重理念、轻内容和应用的思维方法导入不同，以 KM（Knowledge Management）系统为核心，围绕相应知识内容如何提炼并以系统方式进行管理、借助各类系统功能支撑知识管理各项管理流程机制的实现，来形成知识管理整体体系和建设路径规划，形成指导企业推动知识管理的指引。

门户导向的支撑系统规划

门户导向的管理支撑系统功能一般体现在个性化门户、知识展现和应用层、核心功能应用层、知识服务层几个方面。基于 IT 现状、核心业务和管理需求，应设计科学可行的企业门户体系和管理支撑平台功能架构，指导企业门户体系和管理支撑系统有序建设。

权限和流程系统建设

集团管控模式的有效运作，通常需要建立高效的集团总部并通过明确的管理流程，加强集团总部对业务单元的管控。一般来说，集团的核心管控流程通常包括：战略规划、预算、业绩管理、财务管理、资金管理等，在这些核心流程方面形成明晰的管控权限并配套以流程固化，将可以显著提升集团管控水平。识别集团的关键工作是管控流程，并梳理明晰其管控权限、优化设计思路，并最终通过流程系统将其固化落地，从而提升集团总部的流程管控水平。

业务场景及支撑系统建设

对于集团总部来说，存在诸如投资管理、招投标管理等方面的关键业务活动，及人力资源管理、品牌管理等支撑业务。如何从端到端流程的运营及管控角度，从业务运作及管理的 PDCA（规划、行动、检查、改进）闭环实现角度，梳理优化其整体过程，借助系统支撑其操作，从而实现集团管控总部的关键业务活动的“知识化”管理及运营。

面向角色的门户体系建设

对于集团型企业来说，需要以门户为导向形成统一的应用架构，建立一套面向所有分支机构、员工和管理者的处理企业日常运作和管理的综合门户系统，信息建设将最终体现为“以门户为导向的知识化蓝图”。同时，可以针对不同的对象、不同的目的构建不同的门户，如内部门户、客户门户、合作伙伴门户以及外部门户等。

统一知识中心建设

对于集团企业来说，需要考虑在分散文档体系建设的基础上，构建集团级的知识资产库，可定义为集团智库。针对核心知识资产，智库应成为公司级知识资产统一的存储、更新、使用平台，采用公司统一管理的原则，由公司统一制定相应的管理办法，以及验证/审批、生命周期管理流程，构建集团的统一知识资产中心，成为集团核心能力的载体。

统一实践社区平台构建

从人的维度来说，知识管理已朝实践社区（Community of Practice）这种模式演进。它着重于创造知识的情境与人际关系，借此自然创造并衍生出更多的知识内容。对一个组织的管理者来说，如何使这些社区为组织创造和共享新的知识及其他贡献才是真正的挑战所在。

协同办公系统，即在统一的企业信息平台上实现对公文、销售、人事、资产、客户、采购等处理，彻底消除了企业内部存在的信息膨胀、信息孤岛、信息非结构化、信息非个性化等问题。协同办公系统能向你提供一个协同的、集成的办公环境，使所有的办公人员都在同一且个性化的信息门户中一起工作，摆脱时间和地域的限制，实现协同工作与知识管理。

在协同办公系统设计时，需遵循如下理念：

协同联动机制

在协同中，信息之间相互关联，功能之间相互联动。基于信息网状的特点，系统功能模块进行强关联，只要找到其中的一个点，那么与这个点相关联的点也就被结构化的提取出来，层层追溯直到提取整张信息网。

基于联动效应

当某一模块转动的时候，其他几个模块以此模块为中心转动起来，为它提供所需的支持和服务。也就是说，呈现在我们面前的有组织结构化的数据不是存在于某一模块中，而是分散在不同的模块内，当我们有需要的时候，它们就被结构化的提取出来。

协同办公系统创建了一个协同的、集成的办公环境，通过与企业信息门户的结合，给公司员工、关联合作方、供应商及企业管理者提供了一个协同工作的平台，并将各种业务数据集成到此平台上。同时，由于几个模块的强关联性，可将系统中的所有信息，包括事件、流程、文档、人员、角色等关联起来，解决了信息海洋和信息孤岛给企业管理带来的困扰。

基于模块化配置的功能

协同办公系统通常至少包括如下七大模块：知识文档管理，人力资源管理，客户关系管理，工作流程管理，项目信息管理，资产产品管理，财务信息管理。

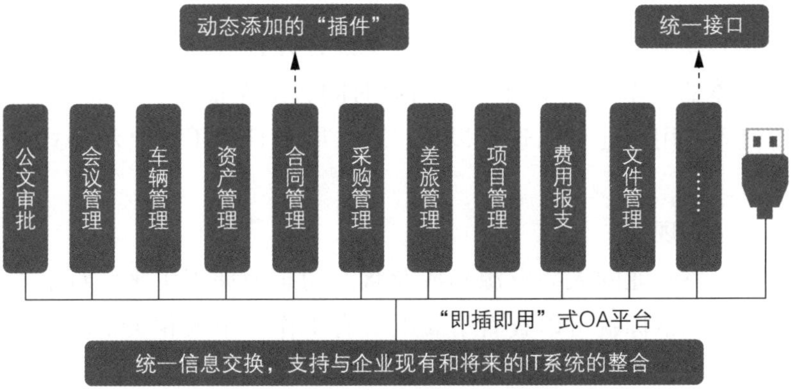

图 7－45 协同办公“模块化”功能配置

基于个性化门户技术

庞大的信息海洋对任何企业而言都是致命的，企业应当关注何时、何地、何人获取信息，协同办公系统通过个性化门户让用户按需所取，将企业内、外部资源信息集成在一起，使员工、客户和合作伙伴能够从单一的 WEB 渠道访问其所需的个性化信息及个性化应用，从而实现企业信息的高度集成和业务的快速响应。

模块化配置的设计让企业根据不同的需求灵活搭建所需要的功能，所有需求的搭建都是按照“即插即用”的方式进行，对外标准的接口让企业方便地与其他系统对接。

常规协同管理平台（简称平台）功能概述

审批流程管理

将企业相关的业务流程电子化，工作安排、会议通知、合同审批、费用报销、招聘管理等均可在搭建的平台上实现，具体通过工作流引擎进行实现，可设定对工作流的动作包括提交、批准、拒绝、重新打开、归档。可设置多节点多路由的流程，并可以根据路由的判定条件和当前节点的执行操作设置工作流的下一目标节点。

Web 电子邮件

平台集成了邮件功能，通过邮件和 CRM 系统集成可以对客户和外部机构进行邮件群发。同时，可以根据不同的需求对邮件设置统一的邮件模板，方便随时调用。

工作日历

平台可以实现员工管理自己的会议安排，个人工作计划和项目安排。在一张日程表上员工的所有工作安排一目了然，并且可以方便地获得这些工作安排的最具体的细节，例如开始和结束时间、工作描述、相关人员和客户、相关工作流等。用户还可以选择以年、月、周和日的不同显示格式对工作日程进行查看。

人员动态展现

平台可以将企业的人力资源构成及状态动态地展现出来。对于管理人员来说，只需轻点鼠标就可以查看下属的所有工作和个人相关情况，从而做出相应的调整，再也不必电话跟踪或亲临现场。

讨论组

平台不仅实现了单人对单人，单人对多人的交流模式，而且实现了多人对多人的交流模式。可以将相关的人员加入到讨论组中，对相关的销售、项目、会议、活动等进行自由交流。同时，只有讨论沟通的发起人有权限结束此次讨论沟通。

公告/新闻/通知

平台实现了公司内部新闻/公告/通知的发布，根据新闻的内容和需要可以将发布的权限控制到公司的各个部门及各地分公司；可以选择将文档保存在合适的目录下，或者以标题/主页形式发布到内部或者外部网站上，或者发布到特定的信息门户中去。同时，可为重要的文档设立发布审核。

文档管理

平台采用中央数据库，所有应用和数据集成在一个信息管理平台之上，并以统一的用户界面提供给用户。平台提供完整及可自定义的文档目录。通过平台企业的所有结构化和非结构化的文档都将得到有序的管理，而无论其格式是公文表单还是扫描的文档。

个人信息维护

平台提供了全套的人力资源数据结构，包括：个人基本信息、系统信息、家庭信息、工作信息、组织信息、财务信息、资产信息、教育和培训信息、考勤角色和级别信息等。

同时，结合其他模块可以将与这个员工相关的文档、客户、参与的项目、收支情况等信息提取出来，获得全方位立体化的个人信息。

会议管理

会议工作安排：结合工作流引擎，对会议的服务项目和相关服务人员做出工作安排。相应的，这些人员将获得相关的工作流通知，并更新其人力资源工作日程表。

日程及参会人员安排：对大型会议做出具体的日程安排，并通过流程向参会人员发出会议通知。参会人员需填写会议回执以确定是否参加会议及住宿、车票等相关安排。

会议服务：如果需要为参会者提供订房或订票等服务，系统会自动触发相关工作流。

信息共享及保密：所有参会人员都可以共享公开的会议资料，对于一些需要保密的会议资料，可以设定只能由特定人员进行查看。

会议审批：重要会议的开展也可以作为一个项目的立项过程来进行审批。

会议室调度管理

会议地点的安排是会议信息的一个组成部分。如果会议地点涉及企业的某个资产，例如会议室，将对其做出合理的安排并更新相关资产使用数据。

同时，可以以年、月、周、日等不同的周期查看某一阶段内的会议室使用情况。

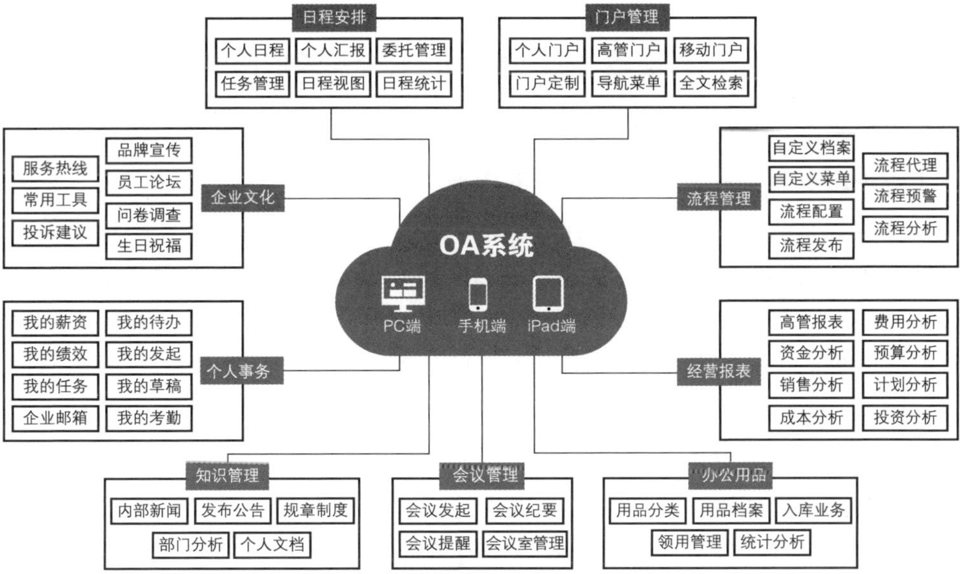

图7-46 协同办公系统架构

从整体上看，企业协同的关键点主要包括三个方面：

首先是对信息的高度共享。信息共享是为了最大限度地发挥其本身的价值，无论是企业管理者、员工，还是外部的合作伙伴，都可以很方便地查找到相关的信息以支持事务的处理，并利用信息创造新的价值。

其次是对各种业务的整合。这些业务尽管通常属于企业的不同人员、不同部门。但从本质上来说，这些业务是紧密关联的，并形成企业特有的业务体系，企业需要对各种业务进行充分的整合以使业务能够协调和平滑运作。

最后是对各种资源的调配和优化。这些资源包括企业的人、财、物、信息和流程，当企业实现信息共享和业务整合后，企业的“神经网络体系”才能够高效和通畅地运转，并使这些资源能够突破各种壁垒和障碍，在企业统一管理和协调下为实现共同的目标而服务。

随着移动互联网的发展及各类终端设备的成熟应用，移动办公的出现迎合了现代办公的需要，并且在很大程度上强化了现代办公的效率，特别是在应对突发和紧急事件的时候尤为突出。

现阶段移动 OA 办公系统正在从工具定位向企业管理运营支撑平台、企业工作平台的定位转变。它不仅是一个我们提高工作效率的工具，更重要的是它已成为企业整个有机体的基本组成部分。移动 OA 办公系统产品社交化协同特性将更加显著，并且更加注重实现企业内外部、供应链上下游的协同。

■ 即时通讯，随时随地、随叫随到，安全高效的沟通工具

沟通是企业获得商业成功的关键因素。以往企业一方面投入大量资金建成了各种用于为企业员工提供服务的沟通方式和工具，比如电话、传真、电子邮件（包括其他的相关个人信息，比如日程安排、联系人信息以及任务安排数据等）、语音邮件、即时消息、音视频会议系统等；另一方面却是所有这些工具遵循着自己各自独立的发展路径，使用各自的通信协议，彼此之间缺乏有效的集成手段。种类繁多的沟通工具和手段在为员工带来一定的沟通便利，同时，也增加了员工使用沟通工具所需要的培训和学习成本，有时甚至会影响员工的沟通效果。

在新的工作环境下，员工希望更为简单方便地利用各种交流形式的需求导致了整合所有的沟通手段，让各种沟通手段“以人为中心”，而不是以一个个冷冰冰的设备为中心的想法越来越得到各级领导和信息主管部门的重视。另外，对企业来说，即时消息、语音、音视频通信和即时文件传输的效率更

高。因此，在当前和将来相当长一段时间内，集成了多种先进的信息沟通方式的即时通信将会成为企业沟通的主流办公工具。即时通信是一种比邮件更快捷、更具亲和力和交互性的沟通方式，相比手机，具有可记录性、费用低、数据形式的多样性等特点。它可以提供对文本、语音、图画、视频的良好支持。特别是它能与电子邮件、手机（电话）以及其他企业应用系统结合，将企业各类沟通手段作为平台提供给各类应用程序，使得企业可以轻松地打造具备方便沟通能力的现代办公的新平台。即时通讯系统的建设目标是为企业内部员工建设一个集即时消息、语言集成、音视频会议和文件传输功能在内的即时沟通平台，通过这个平台提供的状态呈现功能实现与企业现有的门户系统以及其他办公应用的集成。为企业员工提供一个安全、方便、可靠、集成、协作的办公通信平台，提高日常办公效率，降低企业办公通信成本，达到降低企业沟通和交流成本、提高沟通效率和充分利用企业信息资产的目标。

移动办公是指办公人员可在任何时间、任何地点处理与业务相关的任何事情，例如家庭办公、出差员工远程办公。这种全新的办公模式，可以让办公人员摆脱时间和空间的束缚，单位信息可以随时随地通畅地进行交互流动，工作将更加轻松有效，整体运作更加协调。

移动办公是当今高速发展的通信业与 IT 业交融的产物，它将通信业在沟通上的便捷、在用户上的规模，与 IT 业在软件应用上的成熟、在业务内容上的丰富，完美结合在了一起，使之成为继电脑无纸化办公、互联网远程化办公之后的新一代办公模式。随着移动网络的快速发展，移动办公的发展是大势所趋。

移动办公、即时通讯的核心诉求包括：

（1）移动化

随着移动通信网络的发展及智能终端的普及，通过移动端访问办公应用日益便捷。传统因出差或会议导致的信息传递中断、审批办理冗长等问题，可在碎片时间里通过移动办公平台有效解决，使得“实时 OA”成为可能，移动化将成为企业未来信息化系统的重要发展趋势。

（2）个性化

尊重个性、简洁易用是互联网应用的重要特征。企业信息系统已不局限于满足企业流程电子化的办公需求，而更加强调对用户个性化特征的尊重。以人为导向梳理、重构和展现企业信息系统中的信息，提升交互式体验，成为移动互联网时代信息系统建设的重要需求。

（3）社交化

社交是人类在信息化时代的刚性需求，移动互联网让社交化的效用更趋明显。传统企业信息化办公系统以组织机构为出发点进行流程驱动，将社交网络引入企业信息化系统后，通过社交协作加速信息传递和知识共享，可以有效缩短流程和周期，能够高效、透明、快捷地达成任务。

（4）安全性

通过移动设备访问企业级办公应用，移动互联网的平台架构开放、终端与身份紧耦、网络多类型接入、数据易获取和传递等特点，使企业信息资源推送至移动终端侧具有较高的安全风险。企业信息化应用向移动端迁移和重构，确保应用和数据安全是重要的需求特征。

结合企业应用场景，即时沟通平台功能主要包括：为办公人员实现即时通信、在线状态感知、与其他办公应用集成、语音集成以及视频/数据会议等功能：

联系人管理

（1）在线状态感知

如果没有准确的用户在线状态信息，用户的很多沟通请求可能是无效的。例如，在不知道对方状态的情况下，大量电话得到的是忙音或无人接听的状态，大大降低了企业的整体工作效率，而且也会影响员工利用沟通工具的积极性。通过即时消息系统，用户可以向其他同事显示自己的状态，如离开、空闲、忙碌、请勿打扰等，其他同事由此可知他是否在座位上，是否合适与他进行即时沟通，由此能够避免浪费时间和打扰对方工作。

（2）企业通讯录

系统应能方便与企业的通讯录集成，充分利用企业通讯录中的用户信息，从联系人的查找、加载到实现直接点击的即时呼叫等。在实现与企业通讯录信息集成时，系统保证与企业通讯录信息的实时更新，实现了在企业内不同应用之间的统一信息管理的理念。

（3）联系人搜索及管理

实现了与企业目录的集成。用户能够通过企业目录进行人员信息的查找，并且将查找到的联系人加载到自己的联系人列表中。另外，通过扩展还能实现按照企业的组织架构来进行联系人的查询和加载，并且对于联系人的信息展现也是区别于公众即时消息应用的。为了方便企业办公的需求，通过实名方式来展现联系人的信息。

（4）联系人分组

用户可以采用多种方式对他们的联系人进行分组，包括用户定义的分组、组织定义的分组、联系人可用性、联系人联机状态或带标记的联系人。联系人可以按显示名称的字母顺序排序，而不按联机状态排序，这样便可将联系人列表作为地址簿。

即时消息

对于紧急事务的处理，通过利用作为异步沟通系统的 E－mail 往往效率不高，几个邮件来回往往会花上几个工作日的时间。而通过即时消息系统，员工可以利用它接触线上的同事，迅速讨论与工作有关的事项，不需要打电话和写电子邮件，从而节省了沟通所需要的时间和不必要的通讯费。同时，即时消息的发送可以和多人同时进行。

远程用户连接

对于大型企业，可能经常会有大量用户出差到办公室以外的地方，要想充分利用企业建设的即时沟通系统，必须能够让这些用户即使出差在外也能够方便地访问位于企业内部的即时沟通系统。系统提供边缘服务器角色，可以让用户即使身在外网环境也可以方便、安全地接入企业内部的即时消息系统。

网络会议

通过将 Web 会议和应用程序共享集成到客户端，系统可以提供每个人都使用的高度可访问和可靠的工具。与音频和视频会议相结合，得到的是一场易于主持的高度逼真且能提供充分信息的会议。在会议过程中，支持如下集中功能。

（1）桌面和应用程序共享

此功能允许演示者从客户端向远程参与者实时广播任何视觉元素、应用程序、网页、文档、软件或他们的桌面。应用程序共享允许与会者关注鼠标移动和键盘输入。演示者可以选择共享整个屏幕，或者仅共享一部分以使观众将注意力集中在关键信息上。通过共享他们的桌面，演示者能够在来自任何位置的交互式产品或软件演示中与他们的观众互动。

（2）协同办公与企业应用集成

移动端与企业应用集成，实现企业移动办公，具体功能包括：

①移动审批

自由审批。对于初创或快速发展中的企业团体，越少的限制、越灵活的审批环节，越能提高协作审核的效率，降低行政审核的条条框框及人为过多的限制，使得各事项快速地达成一致。

固定审批。随着团队成员的增加扩充，内部事项也会越来越复杂，如何把复杂的内部审核过程简单化？通过根据规章制度和职能分类而设定的固定审批环节，能让成员省却找人的麻烦（特别是新进员工），系统自动会根据规则找人处理。

②文档库

建立团队统一的知识网盘，积累沉淀工作过程中的知识经验，全员创新、全员分享、充分利用，并可形成基于如文案、策划、方案等文档的团队协作中心。

个人文档库。自动归档其他应用，如任务协作反馈中附件文档到您的文档库，也可以另行分类建立属于自己的个人文件夹，多终端同步所有文件信息。

团队文档库。建立团队公共的文件库，让成员快速了解以往的沉淀知识文档，如规章制度、业务表格模版、岗位工作注意事项等，建立团队统一的网盘。

文档分享。把文档快速分享给有需要的同事，充分发挥每一篇文档的有效价值；当你分享一篇文档的时候，或许你可以收获99位同事分享过来的知识经验。

即时通信工具改变了我们传统的沟通方式，提高了企业沟通的便捷性和时效性。随着技术水平的提高，下一代企业通信工具会着重在以下几方面发展：

（1）场景式服务

系统的服务不应简单依托与某个功能应用，服务应以一种场景式的整体环境展现，系统环境的塑造应通过感知客户实际的应用需求出发。通过服务封装，快速建立服务场景来满足客户的应用需求。

（2）交流媒介

现在交流的载体更多是通过文字、语音和视频方式沟通，基于虚拟现实、增强现实技术的发展，未来的沟通更多是通过基于三维立体、空气成像技术所展示的沟通方式。未来，展现的数据会更多，信息会更广泛，达到真正的无形介质交流。

即时通讯一方面解决了沟通的问题，另一方面辅助移动办公，扩大了办公环境的深度和广度。未来，随着信息技术的不断革新，势必会朝着智能化、服务化、个性化的趋势发展，产生更适应时代发展的产品。

HIO（HR－IM－OA）是企业内部应用场景最多、最基础的三大系统工具，能够大范围地提升企业办公效率，实现随时随地办公，对于企业基础业务能够实现时刻管控，同时移动端的应用也可以使企业员工缩短时间与空间上的距离，提高全员的工作效率；通过实时互动甚至社交，对企业文化的打

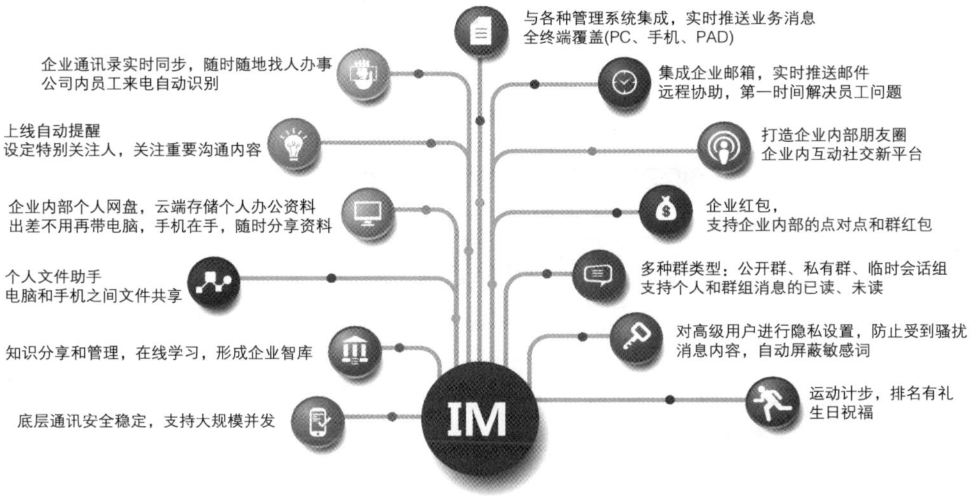

图 7－47 即时通讯平台功能构成

造也具有很强的促进作用。

HIO 将为每个人的日常办公描绘一幅高效、便捷的场景：

早上 8：30，小云到达办公室安然坐下，拿出手机打开巨洲云 CC，随着“叮”的一声打卡完成，“微笑办公，从打卡开始”这一微笑的表情也让小云一整天的心情有了好的开头。

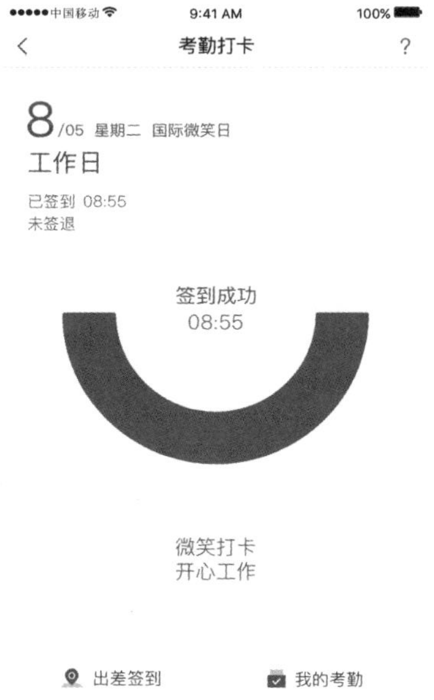

在开始工作之前，小云习惯性地点开公司的OA，看看公司的新闻及待审的内容；另外还可以看看今天的工作日历，整理一下今天工作内容的优先级；最后再看一眼今天的天气，阳光明媚，午饭后可以晒晒太阳，小云的心情愉悦。

正式开始工作了，小云打开巨洲云CC电脑版，随之关注弹出的消息提醒，回答同事提出的问题，及时审批推送的流程。碰到一个涉及多个业务部门的沟通，小云直接快速地拉了一个群——组团对话沟通。

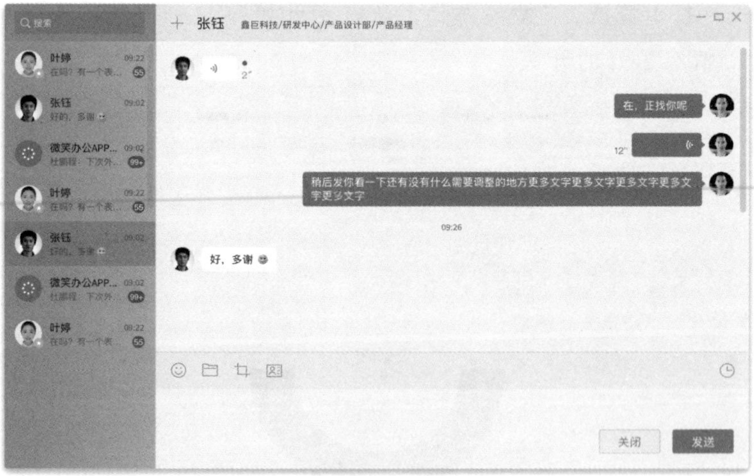

突然临时有事情，小云需要外出办公，但和同事沟通的事情还没有完成，小云带了手机就直接出门了，她打开手机进入移动版CC继续完成沟通，所有的聊天记录全部同步，一定都没耽搁。外出期间，她还通过移动CC审批了一条流程，真是太方便了。

这时电话响起，显示是公司另外一个部门的同事，可是小云并没有保存该同事的联系方式，原来是移动 CC 直接推送显示的。与同事沟通完后，小云直接在 CC 中找到另外的同事拨通电话进行业务沟通。这次外出办事很顺利，而且其他事情也一点没有耽误。小云想：今天的效率真高，看来不用加班了。

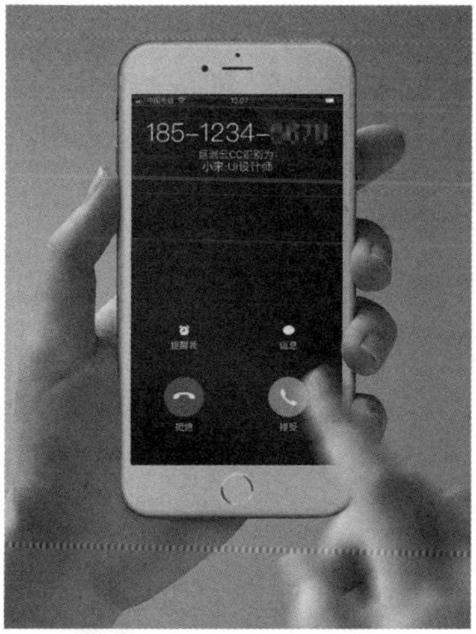

下午回到公司后，部门迎来了一个新同事，小云把他拉到工作群中，很快就使得新同事参与到了工作讨论当中。

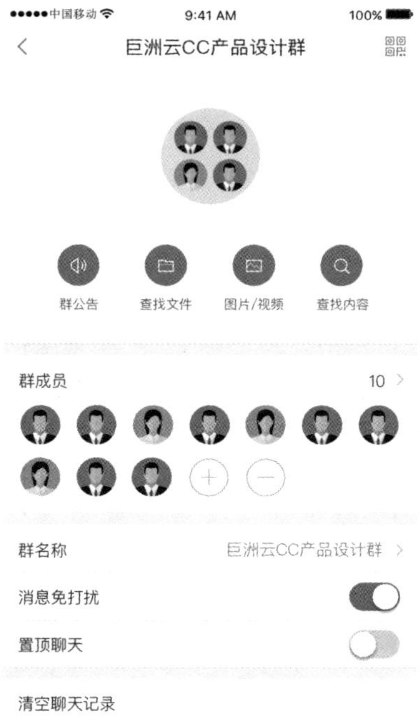

看看日程，一会还有个会议安排，小云便在OA上定了会议室，又发了一遍会议提醒，CC直接推送到与会同事的电脑和手机上。

一天的时间很快就过去了，小云已经高效地完成了一整天的工作。打开CC运动一看，除了中间外出办公走了几段路，剩下的基本上都在工位上完成了，这长此以往是要长胖的节奏啊。

8 财务管理，全过程控制

■ 全面预算管理

全面预算管理是指以目标利润为导向，将企业的所有经营活动都纳入预算管理，即对企业全方位、全过程、全员实施预算控制和管理。实施全面预算管理，能有效地建立起管理控制体系，建立起对“成本中心”“利润中心”和“投资中心”的绩效考核体系，使整个企业的经营管理活动沿着预算管理轨道科学、合理地进行，为企业的发展提供保障。

全面预算管理不是简单地对某一件事进行管理，而是一项系统化的管理工程。该工程包含了预算组织、预算流程、预算方法、预算报表及制度建设等重要因素，这些因素共同构成了全面预算管理体系。

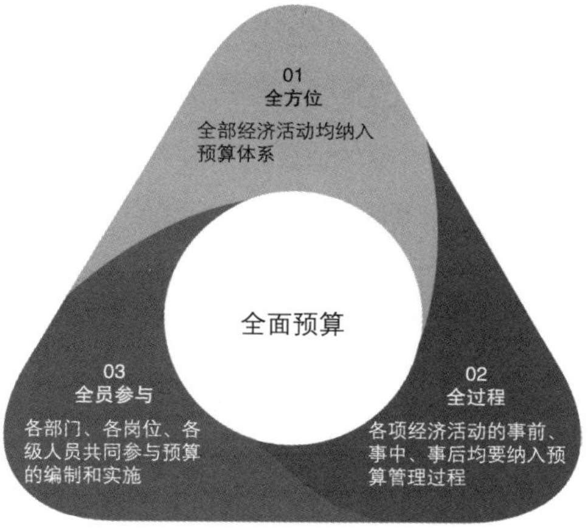

图 7－48　全面预算“三全”要求

全面预算管理组织

全面预算管理具有明确的管理组织体系，集团型公司通常分为集团和各子公司两个层面，包含了董事会、预算管理委员会、预算管理执行机构及各责任中心。董事会是全面预算管理的最高权力机构；预算管理委员会通常为董事会下属的预算管理机构，负责集团预算目标的确定和分解，集团预算及调整方案、预算执行报告的审议等；各子公司通常为预算管理的责任中心，根据业务性质设定其预算目标。

全面预算管理程序

预算管理程序指预算大纲编制、预算编制、预算执行、预算执行分析、预算调整及预算考核的系统化过程，如图 7－49 所示。

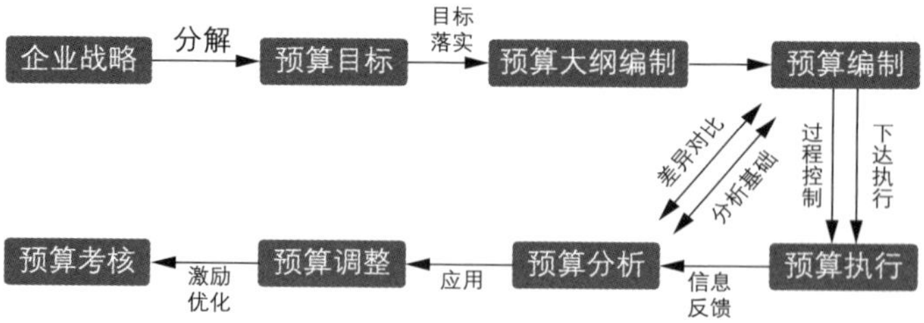

图 7－49　全面预算管理流程

（1）预算大纲编制

预算大纲的主要内容包括集团预算目标和预算编制的方法、口径、时间及相关的要求。预算大纲以预算目标为主要内容，预算目标分为集团预算目标与各责任中心预算目标。在整个预算体系中，集团预算目标居于最高地位，是各责任预算编制时必须遵循的准则。

（2）预算编制

集团预算目标按照预算责任体系逐级分解为各责任中心的责任目标，各责任中心通过编制预算加以具体化，然后在集团层面将各责任中心的预算进行汇总，形成集团全面预算。

（3）预算执行

预算执行可从财务角度实现合同、月度资金计划、月度付款计划控制的三大管控：

合同管控：所有项目费用的管理聚焦于合同进行管控，无论是合同性成本、非合同性成本，在全面预算管理体系内都通过事实合同和虚拟合同实现对项目所有费用成本的支出加以控制。

月度资金计划：每个月业务部门和财务部门都在为做月度资金计划而讨价还价，如何得到企业的月度资金计划呢？可以用年度预算来控制，年度预算是做月度资金计划的参考标杆。因为年度预算正好从时间维度上分解出了月度项目付款计划、月度销售回款计划和月度费用支出计划。所以，当通过自下而上的合并，自上而下的沟通与协商后，就可以把月度的资金计划有效地控制在年度预算里。

月度付款计划：合同的付款该不该审批，主要通过月度付款计划来控制。月度付款计划和年度预算、项目预算是一脉相承的。一般情况下，付款计划与项目预算的合同和年度预算资金计划是联动的，因此通过付款计划就可以对每笔付款进行有效控制。

（4）预算分析

在进行预算分析之前，需进行预算执行回顾，即将已发生月份的预算与实际执行情况进行对比分析，将预算与实际之间的差异进行调整，之后再进行预算分析。预算分析主要包括动态现金流分析、项目（公司）利润分析、年度预算执行对比分析等。其中，项目动态现金流的预测一般以月度为周期，通过经营计划与合同的对应，把重要时间点对资金的影响进行合理联动，确保动态资金不会失真。通过对比分析能快速了解企业在预算执行过程中的变化，一旦产生了变化，就可以利用业务信息流去指导财务现金流，实现资金计划的快速调整。

（5）预算调整

预算调整分为预算内调整和预算外调整，预算内调整包括预算消减和结转，预算外调整主要指预算追加。为了保证预算的严谨性，一旦出现预算外调整，必须启动更加严格的审批流程，比如预算追加时一定要详细报告追加的原因和对项目整体预算影响的预测等，从集团层面进行严格控制。预算是集团年度经营的重要依据，通常在不发生重大变化或企业战略调整的情况下应保持不变。

（6）预算考核

预算考核是预算控制具有激励与约束功能的根本保障。

预算考核的方式采用动态考核和综合考核两种。动态考核是在经营过程中对预算执行情况与预算之间的差异所做的即时确认和即时处理，通常按照一定的周期对预算完成情况进行考核。综合考核是在预算期末对各责任中心的预算完成情况进行的整体分析评价。动态考核是过程控制的重要手段，综合考核体现预算执行结果，二者相得益彰。无论采取何种方式考核，预算考核均需以业绩完成情况为基础进行。

预算考核的指标分为静态指标和动态指标。静态指标有财务指标和管理指标两类，其中财务指标通常包括销售额、投资额、利润额、销售利润率和投资利润率。管理指标包括费用额、销售率和费用利润率等。动态指标通常有现金净流量增加额、动态投资回收期节约额等。

传统的全面预算管理侧重的是短期效应，以年度作为预算周期。而对于地产项目来说，由于其开发的特殊性（即周期长达三年或以上，不确定因素多，如设计变更、政策变化、进度延缓等），编制预算不仅是对年度财务状况做出的反应，而且是对项目综合情况做出的反应。因此，对于地产企业，预算编制更易采用从地产企业内部自上而下、自下而上、上下结合的编制方法，经过多次反复形成最终预算。

推行全面预算管理时需抓好以下三个结合：

（1）要与实行现金收支两条线管理相结合

预算控制以成本控制为基础，现金流量控制为核心。只有通过控制现金流量才能确保收入项目资金的及时回笼及各项费用的合理支出；只有严格实行现金收支两条线管理，充分发挥企业内部财务结算中心的功能，才能确保资金运用权力的高度集中，形成资金合力，降低财务风险，保证企业生产、建设、投资等资金的合理需求，提高资金的使用效率。

（2）要同深化目标成本管理相结合

全面预算管理直接涉及企业的中心目标——利润。因此，必须进一步深化目标成本管理，从实际情况出发，找准影响地产企业经济收益的关键问题，瞄准同行业的先进水平，制定降低成本、扭亏增效的规划、目标和措施，积极依靠全员降成本和技术降成本，加强成本、费用指标的控制，以确保企业利润目标的完成。

（3）要同提高预算的控制和约束力相结合

预算管理的本质要求是一切经济活动都围绕实现企业的目标而开展，在预算执行过程中落实经营策略，强化企业管理。因此，必须围绕实现企业预算，提高预算的控制力和约束力。预算一经确定，在企业内部即具有“法律效力”，企业各部门在房地产建设及销售的各项活动中，要严格执行，切实围绕预算开展经济活动。企业的执行机构按照预算的具体要求，按“以月保季，以季保年”的原则，编制季、月滚动预算，并建立每周资金调度会、每月预算执行情况分析会等例会制度。按照预算方案跟踪实施预算控制管理，重点围绕资金管理和成本管理两大主题，严格执行预算政策，及时反映和监督预算执行情况，适时实施必要的制约手段。把企业管理的方法全部融会贯通于执行预算的过程中，最终形成全员和全方位的预算管理局面。

全面预算信息系统设计总体思路包括以下六个方面。

（1）基于 web 的统一平台，使整个组织有效地参与预算管理

实现全员、全业务、全过程的全面预算管理协作，将各业务部门有效地绑定到统一的预算管理平台中。企业中的所有部门如生产部、销售部、财务部、管理层等，能够在统一的工作平台上开展协作。全面预算管理循环中的所有环节：预算编制、协商与反复修订、流程控制、报表以及滚动预算等，都可以在系统中进行协调和管理。

（2）实现预算全过程管理

系统实现从企业战略目标分解、预算编制、预算审批、预算汇总、预算执行控制、预算调整到预算分析考核的全过程管理，涵盖全面预算管理的所有内容，形成完整的管理闭环，有效帮助企业提供预算管理水平。

（3）多维模型设计完整的预算编制体系

系统内可以根据企业的实际情况建立一套符合实际业务特点的全面预算业务体系，涵盖企业的所有经营活动，理清各业务间的逻辑关系，贴合管理

者的经营思想。

（4）从业务到财务一体化的预算模型，整合公司的目标、战略和计划

系统支持各类业务预算的编制模式，可以从业务部门熟悉的角度编制销售预算、成本预算、部门费用预算、采购计划、经营计划等业务预算，然后根据相关业务规则转换成财务预算，有效地保障了预算数据来源的真实可靠，也为预算的执行控制和分析考核提供了重要的业务基础。

（5）简单便捷的系统维护，强大的运算规则

系统内的预算模型设计基于前台化模式，财务人员可以完成预算模型的搭建和变更，可以快速适应管理需求的变化。

在系统中不需要设置大量复杂的难于管理的计算公式，预算报表之间或预算科目之间的计算完全通过按照维度定义简单易学的计算规则来实现。这样做可以使企业的预算逻辑和计算检查变得更简单，具有很好的可维护性。这些计算规则可以设定访问权限，以保证数据计算逻辑的可靠性。

（6）灵活的预算审批流程

全面预算管理平台提供了强大的流程管理功能，帮助企业快速完成预算的审批、汇总工作，同时用户能跟踪其预算的进度，制订和验证各项计划，对变化做出快速响应。用户可以找出流程中的瓶颈，集中精力解决业务中的薄弱环节，对其负责的部分重新进行预算、查看预算状态信息、快速确认预算当前所有者并更改预算状态，进而缩短计划周期。

■ 资金管理

资金管理的实质是围绕企业生产流程中发生的资金流入及流出的管理。房地产具有金融属性，具有资金需求大、市场流动性差、投资周期长的特点；地产行业是典型的资金密集型企业，具有受宏观经济影响大、运营周期长、资金回笼慢、财务杠杆高等特点，因此资金管理无疑是地产企业运营管理的重中之重，资金的良好运作也是房地产项目顺利进行的根本保障。

资金流贯穿地产企业项目取得、项目开发前期准备、项目建设期、项目销售期和持续经营期，各个环节具有不同的特点。

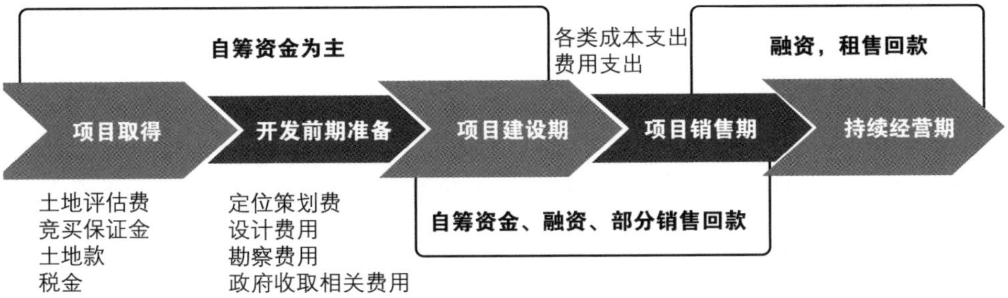

图7－50　地产开发各环节资金运用特点

由于地产开发运营周期长、耗费大，因此地产企业普遍负债率高、资金沉淀重；同时，地产企业融资形式以短期和长期银行贷款为主，形式较为单一；而在企业内部管理方面，对于资金成本、资金的时间价值等观念尚未完全树立，使得资金管理成为企业管理中的一个薄弱环节。在实际资金管理过程中，存在资金存放分散、在途量大、部分资金甚至违规存放；集团整体资金状况难以实时掌握，信息不对称；与内部下游企业容易形成“三角债”；票证传递延后造成出账信息滞后、影响核算的及时性等问题。以上种种情景成为多数地产企业在资金运作管理方面的难点。

优秀的地产企业在项目投资开发的全过程建立了相对完善的资金管理对策，通过项目投资测算、期间预控及监控、实施多渠道融资等方式完善优化资金管理体系。在投资前期，针对项目进行大量可行性研究，并设计合理的项目投融资方案；在项目开发运营过程中进行“期前预控”和“期间监控”，通过期前预控事先对资金流向和流量进行较为准确的预测以“防患于未然”，通过期间控制对项目及企业经营的资金管理全过程，包括预售收入、项目开发资金支出监控、收支大类监控及统筹资金收支等方面进行监控；辅助以债券发行、合作吸收资金、共同开发等多种方式扩展融资渠道。

不同规模及项目公司数量、不同管控模式的企业的资金管控模式不同。对于大型地产企业，项目公司众多、地理位置分散、会计主体数量较大时通常采用资金调度中心的模式；而对于中小型地产企业，通常采用资金监控模式。

（1）资金调度中心模式

通常在集团总部设立资金调度中心，通过对地产企业的账户统一管理来实施对资金的控制。目前，管理成熟度较高的地产企业普遍已实现资金调度中心模式对资金的集中管理，以提高资金使用率，降低经营成本。

（2）资金监控模式

集团总部并未实现资金集中，而是对各项目公司银行账户逐步进行清理，规定金额以上的支取需总部授权，以此控制各项目公司的预算外支出，并对其银行账户的余额、变动及资金使用计划进行跟踪监督，通过资金预算方法控制资金的收付。

此外，资金预算与项目预算相结合，实现对资金需求较准确的预测与动态调度，从而降低资金成本，提高资金使用效率，再通过对资金预算实际执行情况的分析，对地产企业的资金使用进行及时反馈和修正。

资金管理系统最原始需求为保证资金的安全性，以满足资金监控和日常现金管理，实现银行账户管理、资金监控、付款结算、收款核销、银行对账、银企直连、资金余额分析等基础功能。随着地产企业进行跨区域经营，成员机构间差异变大，财务管理体系趋于复杂；随着企业经营理念的转变和管理水平的提高，对资金系统也提出了新的要求。分析资金效益、实现资金池的应用和资金归集、资金计划管理和资金统筹安排、流动性分析和统一的资金调度、资金的内部调剂、统一的银行关系管理及投资管理等逐步成为资金管理系统设计过程中考虑的重点内容。

常规资金管理信息系统解决方案由基础系统平台、账户管理、资金管理、结算管理、业务流程管理、报表查询等几个功能模块构成。同时，通过接口平台打通业务系统及银行系统。最终实现企业资金管理的目标：

"看得见"：建立资金可视化平台，提高资金的透明度，实现对集团资金的实时监控与更新，确保资金的安全、完整，给决策层提供最可靠的资金依据。

"调得动"：提高资金调拨的灵活性和及时性，实时掌握集团内资金流量和流向；建立高效的业务处理平台，提升公司各系统的数据共享能力，降低相关业务处理人员的工作量，减少人为沟通和信息人工输入的工作量。

"管得住"：建立统一的账户管理体系，以实现集团银行账户的全面管控；规范资金管理流程、统一资金出口、降低业务风险；整合分散数据信息、辅助领导决策。

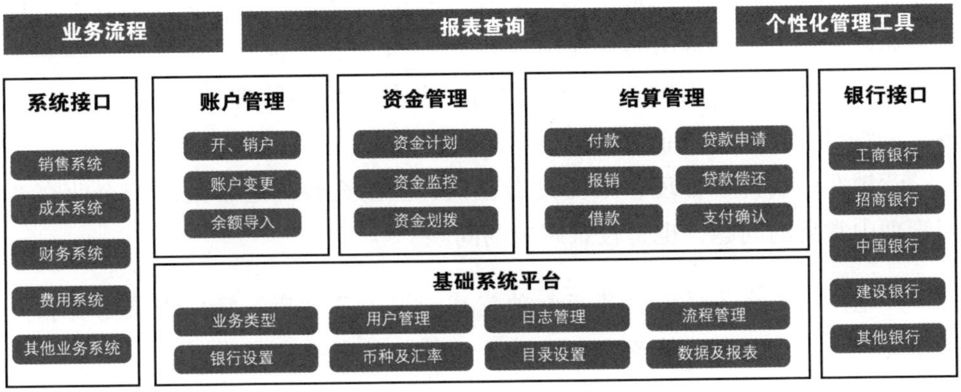

图 7－51　资金管理系统架构

■ 费用管理

费用是企业在获取收入过程中发生的资源耗费，即企业为销售商品、提供劳务等日常活动所发生的经济利益的流出，往往与一定的经营期间相联系但又不能直接或间接归入成本对象。在地产行业习惯称之为期间费用，主要包括销售费用、财务费用和管理费用。

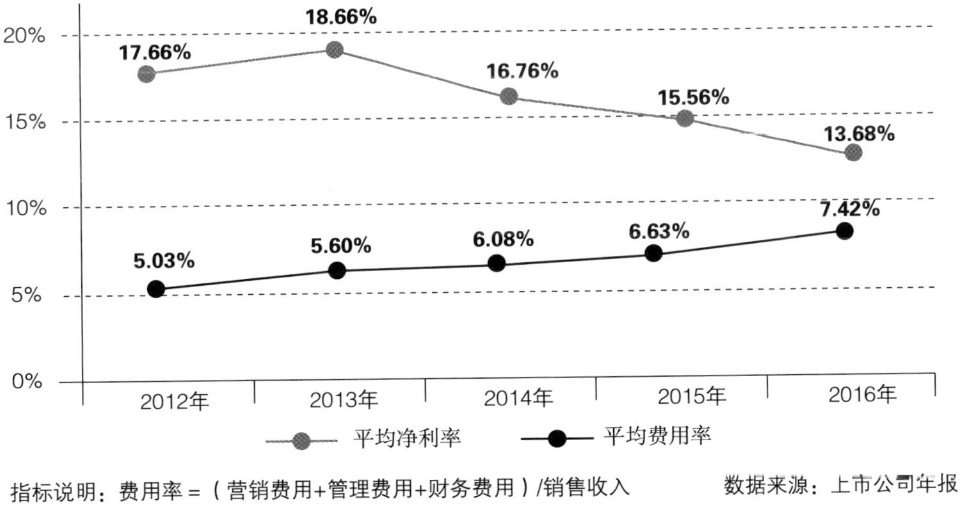

图 7－52　费用率与净利润比较分析

地产行业经过多年的管理沉淀，项目开发成本的控制已相对成熟，同类型产品成本已很接近，各家企业在利润率上的差异更多地体现在其对于费用的管控上。三费的增长已成为地产企业沉重的包袱，吞噬了企业的利润。地产企业越来越重视对费用的管理，“控三费、保利润”也成为各家地产企业加强管控、提升管理能力的一个重要目标。此外，费用管理是对于“人、钱、事”的综合管理，也是企业一个很好的管理手段。

营销费用安排不合理、年度突击花钱、滥竽充数等通常是地产企业在费用管理中常见的问题，也是较难解决的问题。

某地产企业为了保障销售目标的完成，引入了电商，将广告策划类相关工作交给第三方做，并趁着几个节日投放了大量广告活动，几乎打光了“弹药”，但由于活动没有达到预期，距销售目标差距较大，下半年冲刺业绩时，又向总部申请追加营销费用。第二年，该企业吸取了上年度在营销费用控制方面的教训，加强了内部管控，到7月份时项目上各项费用控制得都非常好，花了30%，下半年预算非常充足。但是对比项目去化情况，发行由于上半年推广不力，已错过了市场销售节奏，想追加也已经来不及了。

另外，该企业还发现一个奇怪的现象，固定资产购置、团队建设经费等发生在下半年总是高峰，尤其在年底比较疯狂，但和实际业务规律不匹配。在具体分析相关财务报表时，发现某部门员工在某个月业绩很差，但报销的业务招待费却是部门最高的，和其业务情况不匹配。

除此之外，管理费用通常只进行事后报销而无事前预算、费用科目混乱、费用数据不准确、合同变更频繁导致费用增加等也是地产企业费用管理中常见的漏洞。

针对以上管理难点，可借助信息化手段对费用进行有效管控，在严格管理费用预算控制和日常管理的操作规范时，也可以加强全员的费用控制意识，保障公司经营计划利润目标的实现。

费用管理系统的设计要实现组织全周期经营预算、网络报销、费用管控、现金流及利润预测等经营管控服务，帮助企业快速建立费用预算管控体系。在日常工作管理方面，通过桌面工作模式，实现费用申请、报销、支付、收支结算等日常工作；此外，围绕预算管理，通过财务系统/业务系统接口，自动生成收入、支出、费用等业务数据核算凭证，实现业务、管控、财务一体化应用。

费用系统遵循PDCA闭环管理思路，分为费用预算编制上报、费用预算执行控制、费用预算分析和费用预算调整，并从以下角度进行管控：

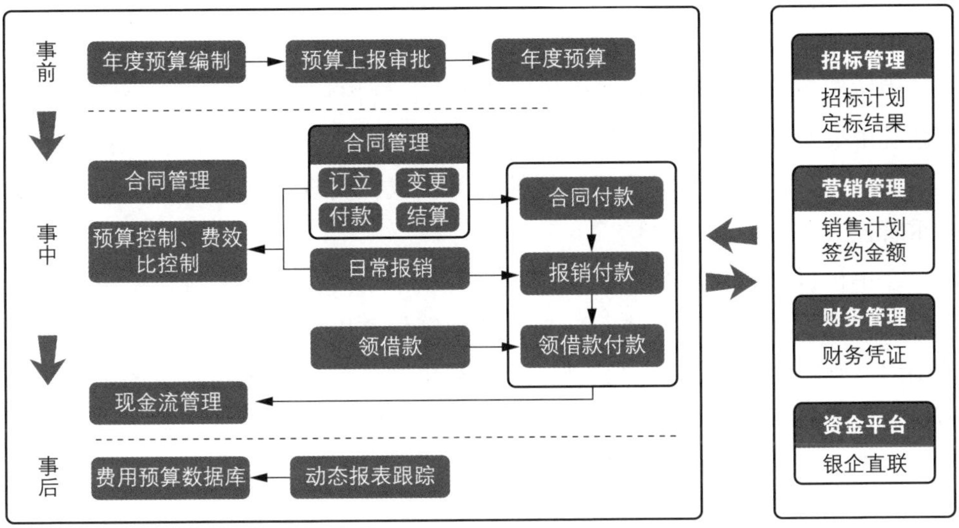

图7-53 费用管理系统业务逻辑框架

（1）多版本管控：费用目标精细化，保证费用可测

从费用管理的角度，合理的目标才能牵引过程的有效控制。在费用实际执行过程中，费用的管控会随公司经营指标等的调整进行变化。因此，建议建立费用预算的多版本管理思路，可分为目标版、回顾版预算。

目标版：在上年度末编制年初版，用于规划全面整体预算，各部门编制部门费用预算，依此管控费用的实际发生情况，保证预算指标清晰、可考量。

回顾版：在企业实际运作中，由于付款节奏问题，往往存在较多跨年费用支出，财务通常将这部分开支通过“预提费用”的方式，将本年度经营指标归属于本年度预算管控范围。因此，精细化管控的公司会在年末锁定当年的费用预算，使其等于当前费用的实际发生额，同时明确预提费用，作为年末版预算目标进行管控。

费用管控是对企业各环节的具体费用发生进行控制，主要是将前期制定的管理费用预算目标按月度分解到责任部门，并通过部门费用和事项两个维度来指导和控制实际过程中的“费用性合同”与“日常报销”。从管控层面看，可多维度、多层级管控费用，每个维度和层级可根据企业的管控需求设置适应企业的预警强控指标。

（2）费用预警：严控费用执行，保证费用可控

①费用系统/成本系统双重管控。管理费用、营销费用、财务费用在成本系统中按照项目全周期目标费用的管理模式，管控整个项目的“三费”。在费用系统中按照年度管控方式管理“三费”，同时通过成本系统的合约执行控制体系，在付款时触发年度费用预算控制的模式，实现成本系统和费用系统的双重管控。

②单科目（各级）费用预警。提交付款申请时，在费用科目末级费项维度，按“月度累计预算”进行弱控。若此笔付款申请金额在当前月可用预算范围内，则顺利通过单费项验证；若金额超过当前月可用预算范围，则触发单科目预警指标。

③超部门年度费用触发高级审批。付款申请同时按部门级费用月度累计总额进行年度弱控，从职能级预算角度强控费用发生。如果超过部门当年可用费用预算总额，则触发高级审批，只有审批通过方可进行费用支付。

（3）多层级分析：实现多维度决策依据

年度费用分析需有针对性，不同层级的费用发生情况和原因差异应通过不同层级的数据分析来体现。因此，在年度费用分析环节提出匹配各级组织的分析报表，从集团、公司、部门甚至个人维度进行不同的费用分析，为费用执行决策提供多维度数据支撑；项目费用分析将在全面预算系统中实现。

此外，在费用管控方面实现如下几个管控要点：

（1）公司级费用管控——基础应用

①确定年度费用预算管控目标，落实费用责任人；

②对费用发生进行预警强控，保障不超过年度目标；

③实时分析费用执行情况，进行预算调整决策。

（2）项目成本费用双管控——联合优势

①在公司级费用管控基础上，与成本系统打通；

②业务发生过程中，关联项目目标成本及合约规划，受目标成本控制；

③业务发生过程中，关联部门费用预算，实现每财年维度费用预算管控；

④实现项目的目标成本及动态成本管控，进而实现项目成本费用双管控。

（3）营销费用双管控——市场热点

①在项目成本费用双管控的基础上，与销售系统打通；

②严格控制：以事项为单位，参照实际销售额，按照费效比计算实际可用预算额度进行控制，实际已发生达到可用预算的X%进行预警。

最终通过整体规划，从部门费用科目统一、费用预算目标管理、费用管理过程监控、费用预算执行分析，形成费用管控闭环，建立起完整的费用管理体系。

图7－54 费用闭环管理

■ 财务核算

财务管理中的核算管理是按照企业管理要求对内部各种经济现象进行核算分析，提供动态的财务信息，服务于管理者。对于地产企业，其经营业务具有投资额大、回报周期长等特点，因而面对的经营风险也相对较大。会计核算对降低地产企业经营风险、提供资本管理控制、保障企业稳健发展具有重要的作用。

地产企业的会计核算需要适应项目开发投资决策、开发准备、施工建设、销售、售后服务五个阶段。投资决策阶段，会计核算的主要任务是对已发生的各项研究费用进行核算；开发准备阶段，关注各项招投标工作、合同协议、商务谈判等业务活动发生的各类费用，同时向金融机构通过借款、发行债券等形式筹集资本；施工建设阶段，将成本费用及时结转；销售及售后服务阶段，关注经营性物业长期受益及带来的投资机会。

集团财务核算管理的首要目标是在满足各子公司的独立应用、单独核算的同时，建立集中、统一的集团财务核算平台，科学合理地规范财务核算流程，贯彻和执行统一的会计核算制度和会计政策，规范基础数据，确保会计信息的完整性、准确性、及时性，并具有可比性。

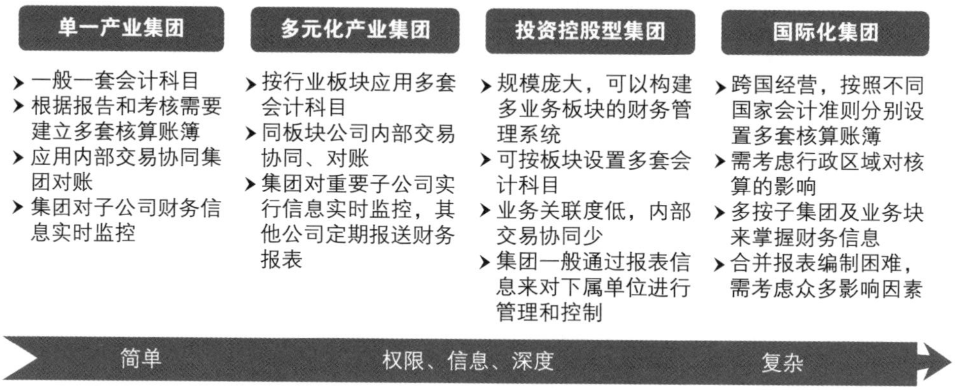

图 7－55　不同规模企业财务核算管理特点

财务信息是企业所有经营活动的最终数据体现，集团财务管控作用的发挥，需要建立统一的集团财务核算平台，实现对战略决策、业务运营和业务创新的有力支撑。

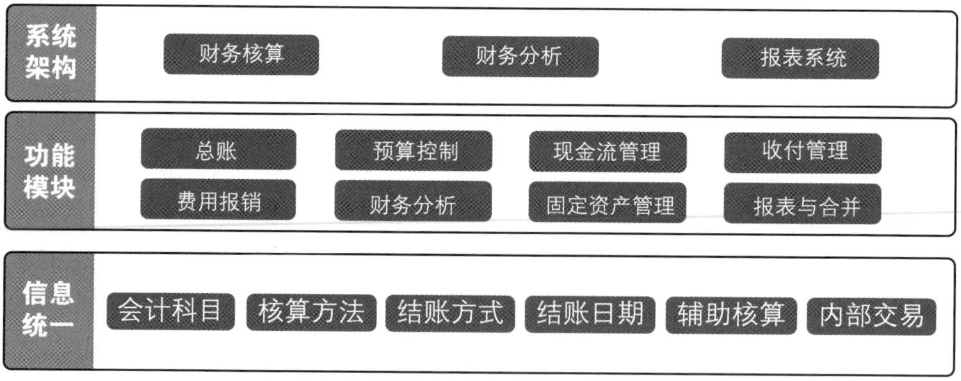

图 7－56　财务核算体系框架

集团财务核算管理信息平台必须以总部为主导，从多组织、多法人、多层次、跨区域的特征出发，满足集团在财务管理主体、目标、对象、方式以及财务管理环境等方面的要求，集团财务核算管理应用架构如图所示：

集团财务核算管理以共享财务服务为核心，根据“集团管控”和“内控管理”的需要，为多元化集团构建一个多级集团管控的体系和一体化的信息

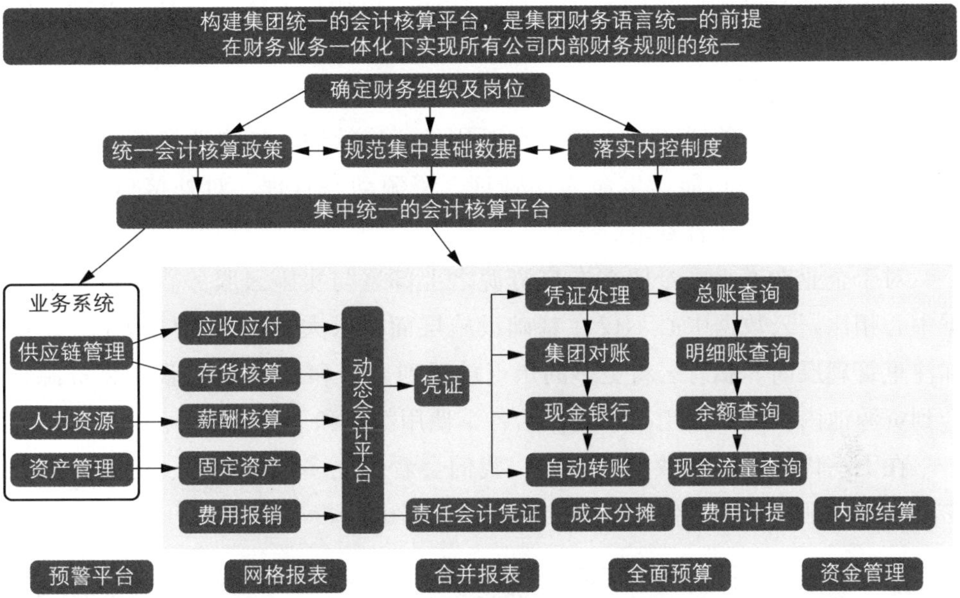

图7－57 财务核算管理平台架构

管控平台，纵向实现集团总部与下属二级企业、三级企业之间的业务联动与信息交互；横向实现各业务板块之间、集团核心产业链之间的业务联动与信息交互，进而促进全集团的发展。

9 更加主动的全面风险管控

■ 数据中心

随着企业规模的扩张，跨地域、跨办公区等办公场景越来越多，信息系统需要在企业内部实现共享共用；同时，伴随“共享经济”“平台经济”“生态圈”等新商业模式的出现，产业链不断进行扩展，原本企业内相对封闭式的管理链条也逐步被打开，这对信息系统提出了更高的要求，企业的信息应用不仅面向内部员工，对于公众用户也需要企业进行资源互动和信息交流。在此情况下，传统机房的应对能力日渐匮乏，数据中心的概念应运而生。

数据中心不再是服务器的整合，而是一套完整的、复杂的、大集合的系统，用于实现对数据信息的集中处理、存储、传输、交换和管理。数据中心包括由计算机设备、服务器设备、网络设备、存储设备等关键 IT 设备及关键 IT 设备安全运行所需要的物理支持。

随着用户需求的增长，不论是在可用性、连续性、扩展性和伸缩性等方面，还是在自服务功能、生命周期管理、资源动态管理、对外接口等方面，传统数据中心都存在着不足。

对于企业来说，更希望在专享资源之上部署与实施云服务。与传统的数据中心相比，云数据中心不仅在基础设施层面投入大量的软硬件力量，还更加注重管理层面。私有云将更多的焦点放置到 Iaas 和 PaaS 的建设，将资源整合到资源池内，按照应用需求提供给各个使用部门和下属组织等。

在下一代基于云的数据中心内，我们会看到更多的自动化、更高的负载密度、更灵活的扩展、伸缩更强的动态云数据中心。

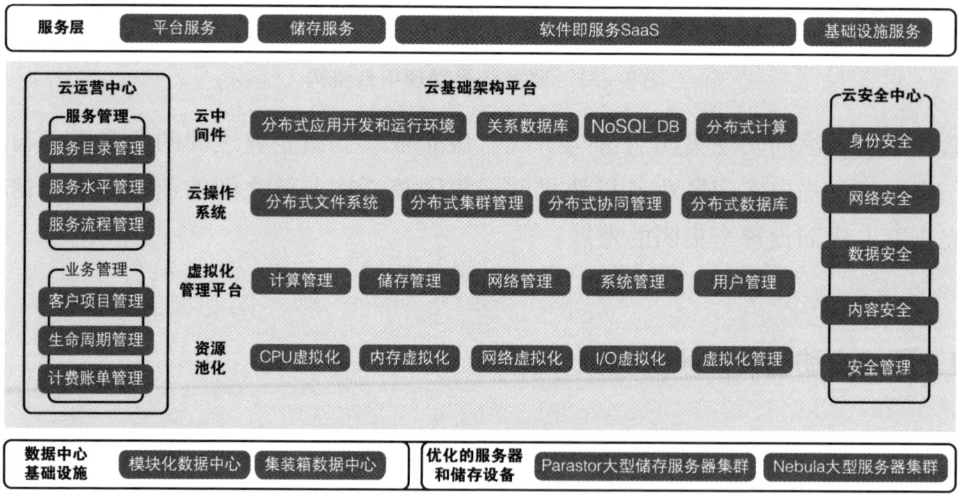

图 7－58　云数据中心体系架构示意

云计算给数据中心赋予了新的定义，在云数据中心依然保留着传统数据中心的一些架构，这些架构也许在短时间不能完全切换到云计算模式中，但是它在服务于管理方面做出了不一样的变革，在云数据中心会体现出这样的特性，这些也是它与传统数据中心的一些本质区别。

超级规模

云数据中心需要提供非常庞大的综合能力，强有力的支撑无疑是大量的服务器、网络设备、存储设备的集中和整合。因此，云数据中心往往是大规模硬件设备的"巨型仓库"。

面向服务

在云数据中心，所有的设备、系统、平台、功能输出都是以服务的形态出现，它是面向服务的理念，也是 SOA 这一架构体系的自然演化和新的发展方向。在这里，服务就是一切。平台即服务、应用即服务、信息即服务、流程即服务、数据库即服务、存储即服务、安全即服务、管理即服务、测试即服务等都将成为常态。

高负载密度

数据中心体现负载密度的两个重要单位是每平方英尺（W/SF）和千瓦每架（KW/架），它们代表了电气和机械系统的需求。传统数据中心的负载密度保持在 3.5KW/架到 8KW/架，但在云数据中心负载密度会达到 12KW/架，甚至更多，也就是说在有限空间内可以拥有更多的计算和存储等能力，提供更多的服务性能。

端到端能力

云计算在未来的定义将会非常简单，端到端能力，前者是云端，后者是客户端。客户端只需接入网络，访问云平台即可获得其所需要的所有资源。云端的资源隐藏在数据中心内部，不被用户看到，但是它能提供多样性、标准化、简易化的服务，并可以定制发展。

自动化管理

云数据中心会保持 7×24 小时无人值守，自动执行工作时间和非工作时间数据中心内的硬件、软件、平台环境的检测和修复，虚拟系统的相互迁移，服务器到存储以及应用的端到端管理。这一切都是自动的、动态的，自动化管理也是云计算典型的特征之一。

可伸缩性

云数据中心可以随着用户的需求，动态、及时地进行调整，同时也是高扩展能力的一种体现。这是一种弹性的设计理念，通过平台自主门户和分配能力可以快速地进行设备的增加，实践整个计算系统线性增长，满足高性能、高吞吐量和低延迟的信息需求设计。

高敏捷性

为了满足企业能够随着业务的需求变化而扩大和缩小规模，云数据中心可以提供高敏捷性。在未来，企业在信息化方面的成熟度会越来越高，企业数据中心的管理人员或者开发人员只需关注核心的功能和服务，专注创新，不必考虑IT技术和业务支持之间的契合度。

按需服务

云计算通过管理、调度与整合分布在网络上的各种资源，以统一的界面为大量用户提供服务。例如，借助云计算，用户的应用程序可以在很短的时间内处理TB级甚至PB级的信息内容，实现和超级计算机同样强大的效能。用户则按需计量地使用这些服务，从而实现将计算、存储、软件等各种资源作为一种公用设施来提供的梦想。

低碳、环保、节能、绿色

低碳、环保的数据中心的标志就是大量使用虚拟技术，物理服务逐渐迁移到虚拟服务，利用成熟的热插拔技术，可以随时扩展系统性能而不必增加多余的物理服务器，从而减少硬件设备的购置。

随着计算模式的不断优化、虚拟技术的高端应用、大数据技术的持续深入，云计算业务模式、商业驱动、应用需求会更加容易落地，云数据中心的未来将会更加广阔。

■ 网络安全

随着计算机网络技术的发展，全球信息化已经成为现代发展的趋势。企业信息网络的互联，最大限度地实现了信息资源的共享和企业工作效率的提高。然而，网络易受恶意软件、黑客等的非法攻击，从而导致计算机网络瘫痪甚至数据泄露。如何保障企业计算机网络及其数据的安全已经成了一个备受瞩目的问题。

同时，备受关注的《网络安全法》于2017年6月1日正式施行，作为我国第一部全面规范网络空间安全管理的基础法律，它的施行标志着我国网络安全从此有法可依，网络空间治理、网络信息传播秩序规范、网络犯罪惩治等即将翻开崭新的一页。其对保障我国网络安全、维护国家总体安全具有深远而重大的意义。

通常而言，企业的计算机网络系统由以下几个部分组成：提供信息管理、业务窗口及资源共享等服务的平台；支撑企业数据库内部网络的服务器以及跨区域的Internet网络；为企业各部门的业务提供资源信息、管理方案、数据采集、流程审批、信息发布、网络视频会议等功能的应用。它可以极大地提高企业的工作效率，以及成为当代大型企业日常办公必不可少的工具。因此，企业也对其计算机网络的可操作性、安全性以及保密性等方面提出很高的要求。

目前，企业中常见的网络安全问题有网络监听、黑客扫描、大流量攻击等，具体发生在每个网络接入环境，如图 7－59 所示：

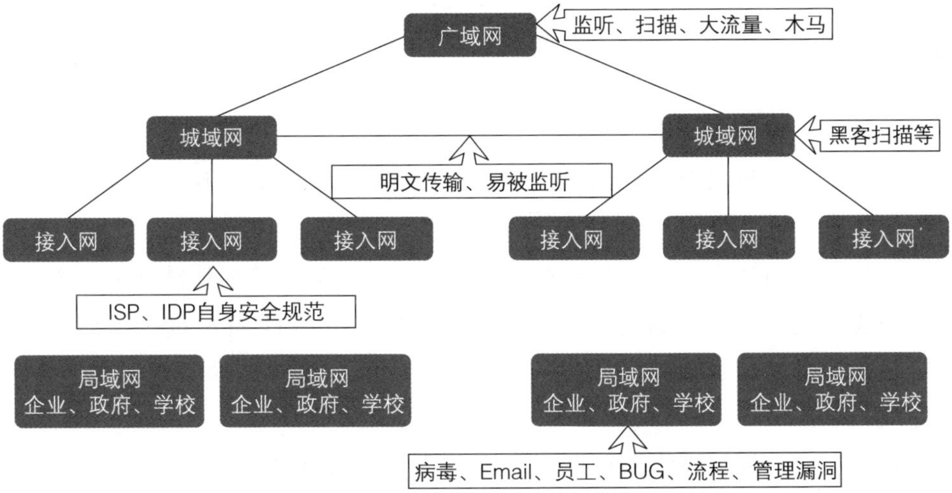

图 7－59　常见网络安全问题示意

现在企业中遇到的外部网络攻击及造成的业务及社会影响主要有如下几种：

表 7－6　常规网络攻击行为

序号	网络攻击行为	企业业务影响内容	社会影响范围
1	大流量 DDOS	业务中断 权限被盗用 信息被窃取 数据被篡改 通信被监控 被设置欺诈陷阱	监管方压力 社会舆论压力 法律追债压力运营成本压力 现金流流失
2	CC/慢速攻击		
3	SQL 注入攻击		
4	KSS 攻击		
5	暴力破解攻击		
6	安装木马后门		
7	网络钓鱼攻击		

企业如果针对以上七种外部网络攻击做好防范措施，基本上可以规避社会上流行的绝大多数网络入侵，同时再做好企业内部的网络安全防护，那么企业的安全性将会迈上一个新的台阶。

集团企业的核心网络作为业务网络的一个重要组成部分，为核心业务系统服务器和存储设备提供了安全可靠的接入平台。网络建设应围绕以下目标：

高可用——网络作为数据中心的基础设施，网络的高可用直接影响到业务系统的可用性。网络层的高可用至少包括高可靠、高安全和先进性三个方面。

易扩展——集团业务目前已向多元化发展，未来的业务范围会更多更广，业务系统频繁调整与扩展在所难免。因此，数据中心网络平台必须能够适应业务系统的频繁调整，同时在性能上应至少满足未来5—10年的业务发展。对于网络设备的选择和协议的部署，应遵循业界标准，保证良好的互通性和互操作性，支持业务的快速部署。

易管理——数据中心是IT技术最为密集的地方，数据中心的设备繁多，各种协议和应用部署越来越复杂，对运维人员的要求也越来越高，单独依赖运维人员个人的技术能力和业务能力是无法保证业务运行的持续性的。因此，数据中心需要提供完善的运维管理平台，对数据中心IT资源进行全局掌控，减少日常运维的人为故障。同时，一旦出现故障，能够借助工具直观、快速地定位。

基于当前中等规模集团企业业务现状，按照数据大集中及网络安全的管控原则，进行企业内外网网络规划，如图7－60所示：

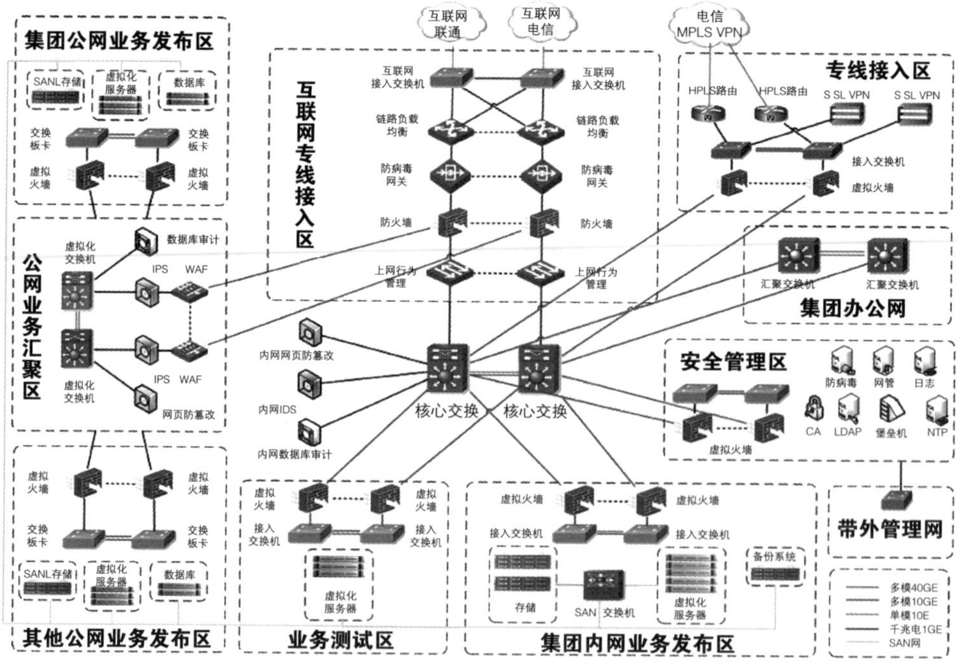

图7－60　集团网络规划示意

■ 安全风险防范

为了迎接未来大数据、云计算的安全挑战，企业的核心业务在快速发展，对办公网络环境及业务系统的稳定性、安全性和高可用要求越来越高，通过部署如下安全设备，可以适当解决相关安全威胁的问题：

部署抗 DDOS 的安全设备

在路由器的出口外，部署抗 DDOS 的安全设备，可以防护各类基于网络层、传输层及应用层的拒绝服务攻击，如 SYN Flood、UDP Flood、UDP DNS Query Flood、（M）Stream Flood、ICMP Flood、HTTP Get Flood 以及连接耗尽等常见的攻击行为。

部署带宽控制设备

在路由器的后面部署带宽控制设备，可以颗粒度的带宽控制，确保该单位的相关业务应用正常运行。

部署负载均衡设备

在带宽控制设备之后部署负载均衡设备，可以确保两条外网专线的带宽分发保证，还可以解决反向代理的问题。

部署下一代防火墙

在负载均衡设备之后部署下一代防火墙，因为下一代防火墙可以解决应用层、网络层、传输层等安全控制的问题，同时它还可以集成入侵防御、恶意病毒等模块。加上本安全防护方案，需要使用相关的功能模块，如入侵防御、恶意病毒等功能模块。如果设备影响性能，建议单独购买入侵防御系统和防病毒网关。

部署数据库审计系统

在服务器区部署数据库审计系统，内部的开发人员、系统管理员等访问、操作、删除数据库系统的都可以进行审计与记录。它还可以根据设置的规则，智能地判断出违规操作数据库的行为，并对违规行为进行记录、报警。

另外，企业内部办公的安全防范也是重中之重，通过采取以下措施，可以适当解决相关安全威胁的问题，具体如下：

部署网络版杀毒软件

前面的下一代防火墙中含有恶意防范的模块，在横向可以解决网络层面的病毒防范。同时，在终端与服务器上都需要安装杀毒软件。在终端及服务器上统一部署网络版的杀毒软件，病毒更新及清除，可以统一在网络版的服务端进行相关操作。

部署漏洞扫描安全评估系统

在内网中部署漏洞扫描安全评估系统，可以及时掌握内网服务器、终端等漏洞情况，能够快速地制定安全防御措施。

部署统一补丁管理服务器

在内网部署统一补丁管理服务器，可以对漏洞进行扫描。安全评估系统扫描出的相关漏洞，通过补丁管理服务器进行统一更新，确保操作系统的安全、稳定运行。

部署 PKI/CA 数字证书管理系统

根据相关的应用系统防范要求，一方面，可以满足如针对国家信息安全等级保护“等保安全”中，两种身份鉴别方式的要求；另一方面，可以提高应用系统或其他系统的安全身份鉴别的防御能力。

部署安全管理中心系统

在内网中部署安全管理中心系统，对服务器、网络设备、安全设备等采集各个设备的资源监控、日志告警，具备事件关联功能，提供报表和告警，方便统一安全监控与管理。

部署桌面管理系统

在内网中部署桌面管理系统，用于对办公局域网计算机设备行为管理和相关数据统计，并能进行终端的行为管理，及时更新补丁，减少潜在的安全隐患，起到减少安全隐患、预防安全事件发生的作用。

部署 IT 集中运行监控系统

在内网中部署 IT 集中运行监控系统，主要是为了监控服务器主机、数据库、中间件、网络设备、虚拟化平台的以下信息：性能监控、日志收集、故障监控。当监控到某台设备无法响应监控系统的访问时，将告警信息通知相关管理员，管理员再联系维护人员进行处理，起到尽早发现并处置故障的作用。

在外网区内部署一套运维审计系统

通过该系统可以统一对服务器或网络、安全设备的运维人员进行精细化的管理。同时，通过该系统，对运维人员的所有操作都可以进行记录和录屏，可以满足合规的相关要求。

部署网络准入控制系统

无论内部用户还是运维人员，连接网络都要通过网络准入系统允许才能连接内部的网络。之后，运维人员才能登陆运维审计系统，对相关的服务器或网络设备进行操作。

部署远程接入办公平台

在服务区部署远程接入办公平台，该系统作为移动办公接入用，主要用于员工在外网通过 VPN 方式接入访问相关的业务系统，同时根据不同用户设置不同权限。

近几年，由于 SaaS（Software as a Service 软件即服务）的出现，软件行业正在经历一场深刻的变革。SaaS 是通过 Internet 交付软件的模式，用户不用购置信息系统，而是向 SaaS 服务提供商租用信息系统，并通过 Web 浏览器登录、操作该信息系统，完成企业的生产、经营与管理行为。众多传统软件开发商在看到 SaaS 低成本、跨地区使用等方面的巨大优势后，逐渐认识到这种软件模式是未来软件发展的趋势，纷纷涉足 SaaS 领域，国内的 SaaS 软件也雨后春笋般地出现。

由于 SaaS 软件通过互联网交付使用，其鲜明的互联网特性使得信息安全问题成为横在中小企业面前的一道巨大障碍，如果说用户对于服务中断尚可容忍，对于数据的丢失及泄露却没有任何耐心。因此，数据的安全性在 SaaS 软件中是最为重要的。

数据风险

用户将系统、业务和数据迁移到 SaaS 云中，对于数据的担心油然而生，主要有以下几点：

①数据传输风险：用户在使用 SaaS 软件的过程中，企业数据会在浏览器客户端和服务器端传输，如何保证传输过程中数据的安全性？

②数据访问风险：用户在数据的使用方面存在不确定性，在任何时候、任何地点的数据访问是否安全？是否存在被监听的风险？

③数据存储风险：数据的存储位置、应用程序和数据的部署方式等，用户数据在存储、使用、恢复等方面是否具有安全保障？

④数据隐私风险：存放在 SaaS 平台的客户数据，如何在没有客户许可的情况下不被其他人窥探及恶意透漏，这也是用户最为关注的数据隐私问题。

数据安全保障

多租户、弹性负载、虚拟架构衍生出复杂的管理方式，这对数据安全提出了新的挑战。作为云安全保障的主要目标之一，数据安全是每一个 SaaS 平台必须做到的。

数据传输保障

SaaS 平台较为常用的数字证书，安全性受到业界的广泛认可，通过安装服务器证书，确保用户输入用户名和密码的服务器是用户要访问的服务器；通过 HTTPS（加密传输协议），实现数据加密传输、身份认证，确保多层数据和参数传送的加密处理；针对数据库中所有涉及用户机密部分，全部采用密文保存，确保用户数据的安全。SaaS 平台用户需使用高强度的密码策略，建议用户采用数字、大小写字母、特殊字符组成高强度密码。

数据访问保障

SaaS 平台提供商具有专业的安全团队，普遍把安全当成头等大事。其在人才、设备、工具上的投入极大，通过与专业的安全公司合作及部署安全相关的软硬件工具等，提供平台的高安全性，确保用户在任何时候、任何地点访问企业数据，不被第三方以技术手段监听或非法获取。

数据安全隔离策略

SaaS 平台提供商除了及时升级系统补丁、加固系统安全外，还有一项重要工作就是将数据与应用进行完全隔离。Web 服务器、应用服务器、接口服务器、数据库服务器等分别承担不同使命，通过技术手段将其进行完全隔离，减少了单点攻击的漏洞，保障不同应用数据之间的安全。

各租户之间的企业数据相互隔离，完全杜绝了企业间数据的渗透。同时，通过提供数据备份策略、灾难恢复机制、安全保障策略、异地数据托管机制等，最大限度地减少计划内和计划外停机时间来实现灾难异地恢复，解决数据恢复及数据安全问题。

数据隐私保障

企业用户最为担心的就是自己的核心数据被 SaaS 平台非法使用，这个问题其实不是技术问题，而是商业模式问题。如果一个 SaaS 平台的业务模式不是通过提供优质服务等来拓展业务获取客户进而实现盈利，而是采用获取用户数据的方式非法获利，其必定不会长远，在行业内无立足之地。用户在租用 SaaS 云平台的时候，可以签订用户数据保密协议，以目前知名的 SaaS 服务如 office365、263 企业邮箱、Salesforce 等，都有类似数据隐私风险，但它们运用企业的诚信做担保，确保了用户数据的隐私安全。

八、“智慧经营”为地产企业开辟了一条出路

世界向更加智慧化、物联化、感知化的方向发展，数字革命已经在全世界范围内全面推开。数据正在以爆炸性的方式增长，数字化转型升级、云计算、大数据、人工智能等的出现带动各行各业不断创新管理方式。通过信息技术、数字化手段和工具对企业内部流程、业务管理模式进行改造甚至重塑，同时把企业员工、客户、合作伙伴、供应商等广泛连接，构建更加开放、简单、高效、智慧的管理体系，将是企业在“数字浪潮”下的唯一出路。

“当新技术的压路机向你碾压过来时，如果你不能成为压路机的一部分，那么你就只能成为路的一部分。”

步入“后地产”时代，地产行业的机遇与挑战并存。一方面，行业增长放缓，下行压力下会释放更多的风险；另一方面，产业链重构、跨行业整合、各类新技术应用对产业链“供需链接点”的挖掘等创造了很多新的机会。对于敏锐的地产企业来说，这是实现跨越式发展的好机会，尤其是对中小型地产企业，借助当下机遇不仅可以实现规模的扩张，还能实现弯道超车突破“寡头”封锁，实现行业竞争力和竞争格局的重构。

在机遇与风险并存下，地产企业面临的首要挑战是如何快速提升自身的运营管理能力，无论是在企业整体管理层面还是在项目运营层面做好迎接各类挑战的准备。传统的管理流程化、规范化、标准化已成为企业管理提升的“标准管理工作”，单纯依靠传统的管理优化对于企业整体运营能力的提升已趋于极限。随着信息技术的快速发展，信息化系统应用也正在由分散、独立向集成、整合发展；完整的“一体化”信息系统解决方案在大大提升管理效率的同时，也增加了单个企业的信息系统建设和运维成本，并且随着信息系

统的不断扩充、升级，系统带来的边际效益也趋于零。

借助于云计算、大数据等新技术的应用，“智慧经营”为企业开辟了一条出路。未来，商业智能、数据可视化可以成为企业管理层的“千里眼”和“智囊团”，更加高效、准确地辅助决策。依托功能更加完整、强大的云平台，企业各个业务系统将不再“厚重”，业务管理由“地面”飞上“云端”，以更低的成本获取传统信息化带来的效率提升。同时，可以以“平台”为踏板挺进更大范围的数字生态系统，共享“生态圈”发展带来的红利。

第三部分
经营智慧化，地产企业该怎么做

智慧经营为地产企业描绘了一幅充满想象和希望的蓝图，但回答如何实现智慧经营却是一个难题。传统的战略性思维虽然在当前经济环境下略有局限，但依然为企业提供了一个相对“安全可靠”的思路。明确战略日标、选择“合适”的管控模式，围绕战略进行业务规划、流程组织，借助信息化思维对业务流程进行重塑已成为各地产企业提升运行效率的常规手段及实现“智慧经营”的基础。但真正能够帮助企业实现“后地产时代”快速突围的方式是选择优秀的战略合作平台，挺进“数字化、智慧化”生态系统，并通过协同共享，借助生态系统的整体竞争优势，参与行业竞争。

九、战略为纲、管控为魂、流程为本

当今商业社会，成为“战略思想家”是商业领袖或企业管理者所必须面对的课题，战略决定了企业在未来一段时期内的发展目标，同时也是日常经营决策的重要依据。企业制定什么样的战略，就会产生什么样的行为。在战略指导下进行业务的组织安排，确定统一的行动方案，构建并持续优化流程体系，才能在日趋激烈和复杂的竞争环境下获得生存和发展的机会。

1 战略预见并选择未来

1946 年 5 月 7 日，两个日本人为了梦想走在一起，他们决定要做点什么。当时，他们没有成型的产品，也没有雄厚的技术储备，更缺乏充足的资金，他们只有一个梦想，并且把这个梦想写进了公司《创立宗旨书》里：“充分发挥勤勉认真的技术人员的技能，建立一个自由豁达、轻松愉快的理想工厂。”后来，这个梦想被很多国家翻译为“用科技愉悦人类”。到 1958 年，这个公司正式更名为“SONY”，直到现在，索尼一直实践着这个理想。

1965 年，美国管理学家安索夫在《企业战略论》中最早提出了“企业战略”的概念，其含义逐步演变为泛指统领性的、全局性的谋略、方案和对策，包含了对企业运营所有商业元素和关系的客观性、前瞻性思考。随着市场竞争日渐激烈，企业战略规划已经成为企业家考虑的最重要工作。

“哈佛商学院的一份研究报告指出，大多数企业高管无法用一句话讲清楚自己公司的战略。这往往意味着你的战略不够清晰明确，更糟糕的是，这很可能说明你的企业根本从未有过战略。”

一直到20多年前，"战略"一词在国内还远没有现在这么普及，随着中国经济的发展，西方管理思想的引入和实践，现在"战略"已经成为中国企业界、学术界甚至政府都经常提及的一个词。大多数企业已经深刻体会到"企业战略"的重要性，没有战略的成功，就没有企业的成功，甚至在企业甄选CEO和董事时，也将其战略眼光与思维作为一个必不可少的参考要素。战略能预见并选择未来，在此基础上创新、聚焦，进行差异化的取舍，明确企业的核心竞争力，并通过有步骤地投入实现核心竞争力的提升，在面对竞争时成功取得突破。

> "企业制定什么样的战略，就会产生什么样的行为。不能被执行的战略是空想，没有长远目标的行为是盲动。没有建立起战略契约的组织，无法确定统一的行动方案。"
>
> "坏战略制造同质化，好战略创造差异化。"

影响一个企业战略及成功的因素很多，但决定性的因素则只需四、五项，这些因素构成了企业的核心竞争力。核心竞争力最终决定组织的本质，形成组织独特的身份和战略个性，并且随着行业发展、市场竞争程度、企业发展成长阶段不同而不同。源于西方的企业发展战略理论，无论是迈克尔·波特（Michael Porter）的五力模型，布鲁斯·亨德森（Bruce Henderson）的波士顿矩阵，CK普拉哈拉德（C. K. Prahalad）和加里·哈默尔（Gary Hamel）所提倡的核心竞争力理论，还是营销"定位"理论，都是传统制定战略规划的经典方法论。这些理论的关键假设是行业、企业、竞争对手均为静态的，每一个企业都处于某一个相对固定而有清晰界定的行业范围，行业的边界和它的竞争对手是不变的。这些理论支配了西方CEO的思想近30年，曾被奉为"管理圣经"，至今还拥有巨大的影响力。

根据《哈佛商业评论》的研究显示，从2005年起各类大师经典被提及的频率开始递减。现阶段，随着移动互联、大数据、人工智能等新兴技术的迅速发展和应用，传统行业价值链和竞争态势被不断重构；消费者行为和其价值倾向也发生着快速迁移，倒逼企业需要更加快速的创新尝试和迭代更新；商业逻辑重构，轻资产模式、共享经济、基于互联网的平台战略等迅速改变着行业结构；数字化的快速渗透也使得行业边界越来越模糊，这些构成了各行各业在进行战略思考时需要关注的重要因素，使得现在比以往更难找到正确的企业战略。同时，管理者面对的也不再是简单的经济人、社会人或者决策人，而是整个社会关系的总和，传统的管理理论开始体现出其局限性，需要对其更深层次的原因进行思考。

> “预测本就不易，预测未来更是难上加难。”
>
> ——尼尔斯·波尔
>
> “关于未来，我们只知道两件事：一是未来不可知，二是未来与今天所存在的东西不同，未来与今天所能预测到的东西也不同。”

地产企业如何理解或制定战略？

地产行业受国家宏观经济政策影响较大，还受到政府土地政策、税收政策，对地产交易采取的相关政策等的影响；由于地产产业链上下游相关行业较多，且联系紧密、关联度高，因此“复杂性”和“波动性”也成为地产企业制定战略和快速修正时所重点考虑的情景因素。同时，任何企业和行业都有其生命周期，在不同的周期、不同的阶段要考虑采取不同的战略。这使得“战略”对于地产企业来说更难把握，因此许多地产企业也倾向于不在战略规划方面投入更多的精力。但战略性的思考对于地产企业进行业务规划、区域布局、创新等进而实现企业的持续增长，依然具有极强的指导意义，在快速多变的行业环境中，战略光芒仍然指引方向。

> “可持续发展不仅将成为企业战略不可分割的一部分，而且将是未来50年企业发展的核心战略。”

战略梳理或规划包括企业内外部环境分析、战略方案评价选择、战略目标制定、目标分解及实施策略、保障体系和执行计划六个环节和步骤：

内部环境分析：主要分析企业在价值链管理各个环节存在的优势和劣势，准确评估企业业务现状、资源能力和竞争优势。对于地产企业，土地、资本、运营、创新是其重点分析因素。土地是决定各企业间业绩和成长能力差异的主要因素；资本是决定规模的主要因素；产品运营能力是企业的基本能力，在行业内逐步趋同，决定了企业能否参与常规竞争；创新是战略补充的重要部分，是未来实现利润改善、规模增长的突破点。

外部环境分析：包括宏观环境及政策研究分析、行业分析、目标区域研究、消费者研究及竞争分析等内容。针对地产行业，宏观环境及政策分析尤为重要，通过分析确定影响企业和行业发展的关键因素，并预测这些因素未来的变化，是企业战略管理者制定战略的基础。

战略方案评价选择：在内外部环境分析的基础上，通常需要提出多个可供选择的战略方案，因为战略涉及因素非常多，而且有些因素的影响往往不是那么明显，所以形成多种评价方案是战略选择的前提。

战略目标制定：通常情况下，企业战略目标与企业的使命和愿景一致，是对企业发展方向的具体描述，一般情况下是定量的，同时会包括该战略目标的阶段性划分和阶段性目标的描述。在战略描述中，对于业务组合、商业模式及核心竞争力的描述是最主要的内容。

目标分解及实施策略：在明确战略目标的基础上，将目标进行分解，具体化为各业务、各职能的具体实施策略，才能使得企业总体战略目标真正落实。其中业务目标、财务目标、组织能力目标及相应的实施策略是最基础的组成部分。对于业务目标的描述通常包括业务模式、区域目标、产品方向、资源整合策略等；对于财务目标的描述通常包括相应的财务条件假设、资源支持假设、财务测算等；对于组织能力目标的描述通常包括组织管控模式、专项职能规划、风险管理措施等内容。

保障体系及执行计划：战略的贯彻实施需要相应的组织结构、资源匹配，建立内部支持系统，甚至企业文化与战略的匹配等。

虽然在战略管理方面有各种各样经典的方法论、分析工具，但事实上每个战略的制定都会经过无数的碰撞和验证，最终回归到战略的本质，即明确企业要做什么，怎么去做。借用阿里巴巴“总参谋长”曾鸣的说法，战略规划需要“七分靠打拼、二分靠想象、一分拼运气”。

围绕战略展开目标管理

企业只有明确的战略是不够的，还应包括如何达成这个战略目标的决策。1954 年，彼得·德鲁克在其著作《管理的实践》中提出“目标管理”的概念，强调“企业的使命和任务，必须转化为目标”。企业年度经营目标要符合企业长远战略规划的要求，要从战略目标中来，并保证年度经营目标与战略规划之间的相关性。

目标管理是一套完整的管理体系，包括目标的制定、分解、实施，依据目标进行考核激励等，年度经营目标的层层分解形成各个组织层级的工作目标，企业的一切经营行为将以战略为整体方向，围绕年度经营目标开展。SMART 原则是目标管理中的经典方法论，采用 SMART 分析方法，可使目标制定得更加严谨、合理和科学。

目标制定是目标管理的首要环节，包含了企业在经营活动中的全部管理

图 9－1　目标管理经典 SMART 原则

工作。通常根据目标的性质不同，可以将目标分成定量目标和定性目标两大类。例如，地产企业定量目标可包括新增土地储备规模、销售规模、利润规模、资本回报率等；定性指标包括产品标准化、产品创新研发、项目质量、客户满意度等。在制定目标时，需从企业内外部环境两大类因素进行思考。

在目标确立后，要在保证目标实现的前提下对目标和措施进行分解。分解过程包括纵向落实到各部门甚至具体人，横向分解至管理层，并在时序上明确阶段性目标。

企业目标管理的实施需要比较完善的组织体系支持，各部门、各层级在横向纵向上进行合理高效的组织和协同，使得整体机制有效运转。

目标管理的考核要伴随目标实施而进行，通过贯穿于实施全过程中的检查，随时掌握目标实施情况，并针对问题采取适当的应对措施，最终保障企业目标的实现。

2　选择适当的管控模式

在“后地产”时代，跨地域经营、多元化发展已成为众多地产企业发展扩张的必然选择。“智慧经营”趋势下对企业“集团化”后的管理又提出了更高的要求，并且随着企业规模的不断扩大、业务战线的不断拉长，运营效率低下、成本居高不下、资金压力增大等问题更加凸显，如何适时调整企业的管控模式进行有效管控和资源整合已成为企业管理者无法绕开的重要话题。

在进行管控模式设计时，必须围绕企业的战略规划和现阶段经营目标，通过对下属企业或部门采用合理的层级式的管理控制、资源协调分配、经营风险控制等方式，使得企业组织架构和业务流程达到最佳运作效率，最终达到提高组织总体效能的目的。

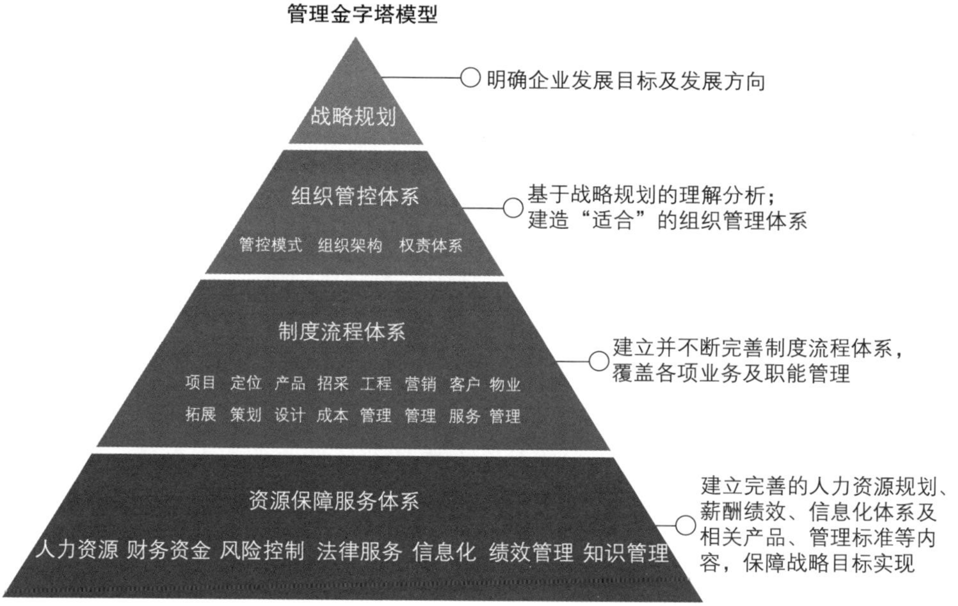

图 9－2 管理金字塔模型

组织架构和授权管控体系构成管控模式设计的两大核心内容。

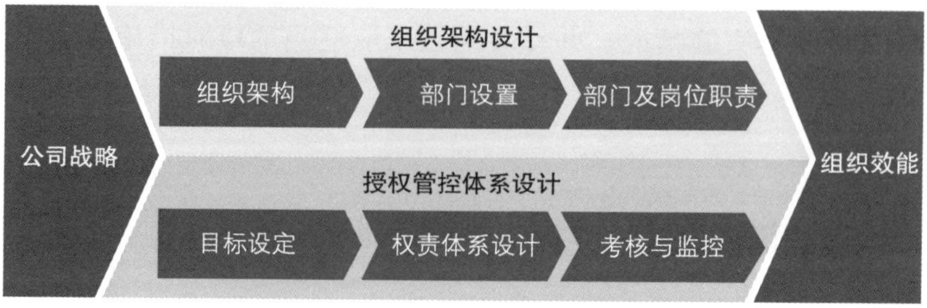

图 9－3 企业管控模式设计框架

20 世纪 80 年代，美国学者古尔德等人在其著作《战略与风格》中根据不同集团型企业在管控文化方面的偏好提出了集团管控“三分法”，即集团管控可以概括为财务型、战略型和运营控制型。三种管控模式各有特点，并无优劣之分，分别适用于不同类型业务单元的控制，需要综合考虑集团总体战略、下属公司的管理现状及经营风险、集团的风险控制能力等因素。对于集团型企业，不同管控模式下集团总部与下属公司之间的集分权程度、对下属公司运营管理的介入深度、总部对下属企业的控制要点及控制程度都有所不同，但总体上遵循“战略上集权，战术上分权”的原则。企业需要根据自身所处的发展阶段和管理现状、管理能力，选择合适的集团管控模式。

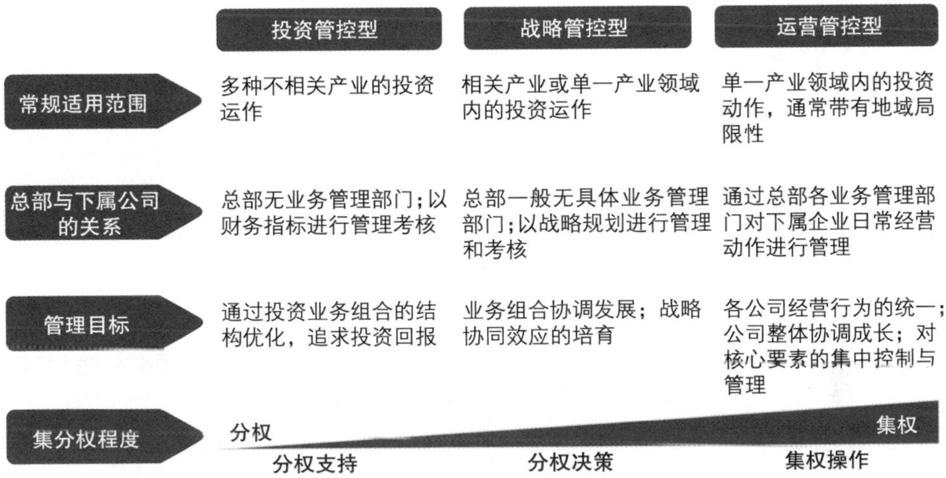

图 9－4　集团管控“三分法”

管控模式不是一成不变的，需要根据企业的发展方向、产业构成、发展规模、区域布局、项目规模、产品业态等的变化而变化，而且这种变化必须是有计划的变化。同一企业在不同发展阶段，需要根据自身业务构成、重点业务、下属公司与总部关联度等因素，适时选择或调整管控模式。

针对地产企业，在快速发展的过程中，不少地产企业都经历过多轮组织架构的调整、管控模式的变化、集权和分权间的徘徊。相对于其他行业，地产企业似乎更乐于也更频繁地在组织管控方面进行研究和变革。一方面，由于地产行业的快速变化和企业的迅速成长；另一方面，由于组织管控对企业的重要性，组织管控直接决定了企业业务运营状况及风险控制状况，尤其是对于发展到一定规模，进行异地扩张的地产企业，组织管控将变得十分重要。

国内地产企业大致可分为如下的四种发展阶段，不同发展阶段决定了企业所适用的管控模式、组织架构。虽然地产企业的组织架构、管控模式千差万别，但基本上都符合集团管控“三分法”，并体现出“轻集团、重项目”，从粗放到精细化管控的总体趋势。

	机会主导	产品主导	管理主导	资本主导
业务布局	机会主义导向，通常为单一城市布局	零星分布在几大区域，通常布局5个城市以内，其中1~2个城市占有率较高	布局5~20个城市，在同一区域通常会有多个城市，核心城市占有率较高	布局20多个城市，且在空间距离上较近，在区域内市场占有率较高
产品构成	极少主动选择产品及业态	形成1~2个竞争力较强的主力产品，并寻求产品复制，适量开发商业物业	产品线较为丰富，开始规模化复制并研发新产品，适量增加经营性物业	开始进行产品线重构，经营性物业比重明显增加
销售规模	通常<50亿/年	约50~200亿/年	约200~500亿/年	500亿以上/年
管控模式	›通常无总部，以项目公司方式 ›职能制项目管理方式	›偏运营操作型 ›总部偏集权 ›项目多采取弱矩阵方式	›偏战略管控型 ›总部属分权决策型 ›按区域或事业部模式进行项目管理	›战略管控向财务管控过渡 ›总部属分权决策型 ›区域或城市公司成为项目运营管理的主体

图 9－5　地产企业发展阶段划分

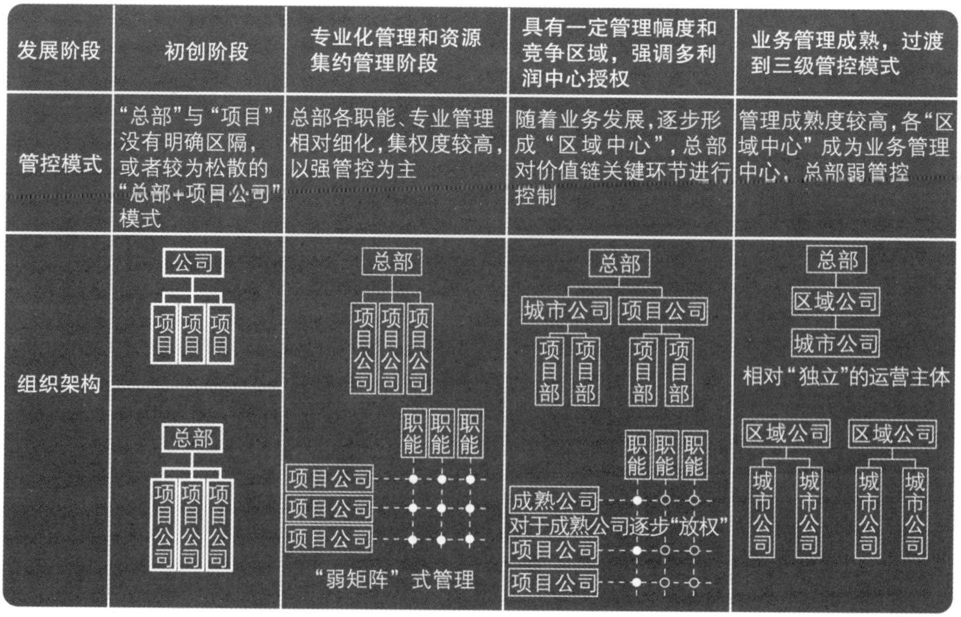

图 9－6　企业管控模式随发展阶段的演化

同一地产企业在不同发展阶段，其管控模式及组织架构也存在类似的演进规律。

在项目管理层面，根据公司战略定位、总部各专业对于项目的管理深度、项目规模、区域布局，以及总部与项目部、项目公司的分工协作及人力资源匹配情况，具体又可划分为职能型、矩阵型、项目公司型三种管理模式。随着企业管理水平的提升及规模化发展的诉求，项目管理逐步由职能型向项目公司型过渡。

	职能管理型	矩阵管理型	项目公司管理型
管控模式	开发 → 设计 → 成本 → 招采 → 营销 项目部（工程管理）	设计 / 成本 / 招采 / 营销 项目部 项目部 项目部	项目公司 设计 / 成本 / 招采 / 营销
适用范围	›项目数量较少，且分布于特定区域 ›公司高层介入项目协调工作	›项目数量较多，项目非全国性或大范围分布 ›专业人员需集约共用	›跨多个区域经营或客户需求变化较大的多项目经营 ›强调项目产品满足客户需求程度
职责分工	›项目部只负责施工现场管理	›职能部门提供资源支持与监督 ›项目部为具体执行的责任主体	›项目公司为项目开发工作的全权责任主体
优点	›管理简单	›对项目环境反应迅速，便于实现专业化的积累和提升	›项目灵活度较高，对环境反应灵敏，产品责任明晰
缺点	›对环境反应慢，高层协调量大	›员工职能“双重定位”，需良好的内部协同合作的环境	›不利于相关知识积累和专业化的发展，同时不利于项目执行风险控制

图 9－7 项目管理模式划分

其中，矩阵管理型根据项目管理范畴及对职能部门专业人员的调动程度和工作对接方式，又可细分为弱矩阵、平衡矩阵、强矩阵。以平衡矩阵模式为例，公司职能部门人员采用部门负责人与项目总的“双重”管理，纵向上以各职能部门的技术管控要求为主，横向上接受项目总的管理，承担项目开发、运营等具体工作，并监控指导项目营建过程。在绩效考核上，由人员编制所在部门和项目部分权重考核。

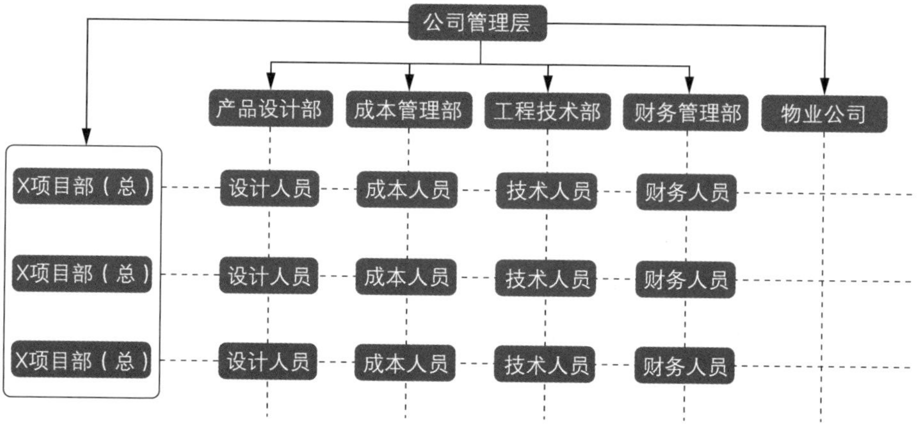

图9－8 平衡矩阵管理型示意

权责体系的设计是企业整体管控体系设计中的难点和重点，建立明晰的权责体系是集团管控设计的核心问题，关系到集团管控能否合理实施。授权本质上是一个合理分摊责任、传导压力、权力让渡和利益分配的过程，授权的合理性需要"责、权、利"的匹配。各家企业在进行合理授权时都会十分慎重，通常可以依据企业授权的形态和程度，分为"指令下达"型和"充分信任"型授权。

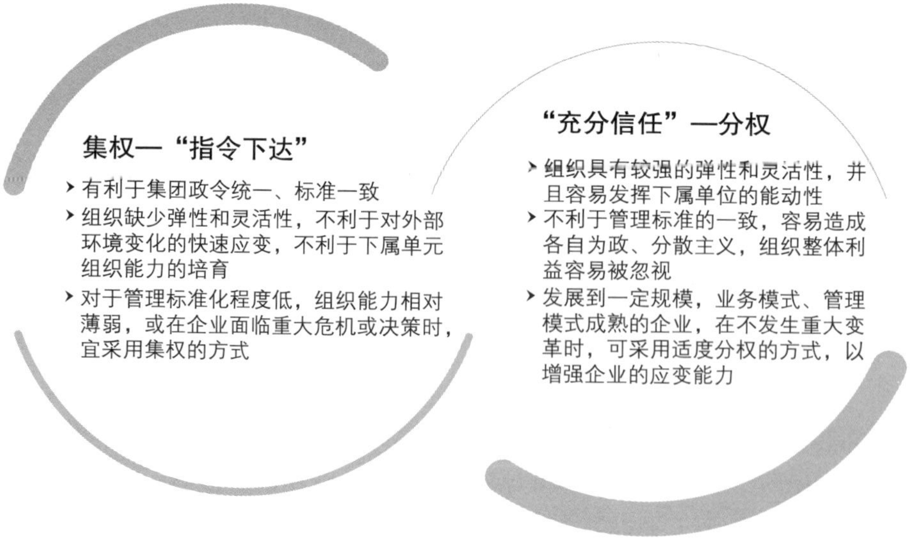

图9－9 集—分权优劣势对比

现阶段随着企业组织越来越庞大、市场竞争越来越激烈，为了应对千头万绪的事务和不断变化的管理情景，“扁平化”逐渐成为企业组织形态的流行形势。在这种大背景下，管理者必须通过授权来提高组织绩效，授权已成为现代管理活动中不可缺少的重要部分。

选择集权或分权并没有标准化的原则，集分权的优劣势也不能一概而论，需要结合企业的业务发展需求、管控模式、组织架构、总部与下属公司的定位、下属公司发展规模、管理标准化程度、组织能力、人员结构、信息化等管理技术手段甚至企业文化、传统的管理习惯等进行综合考量。在具体设计上需结合地产价值链分析按照横向开发阶段、纵向管控方式的原则勾画项目管控地图，其最终的目的是保障企业的运营效率达到一个稳定而令人满意的状态。

例如，对于某集团型地产公司在投资管控型、战略管控型、运营管控型中选择运营管控型，其管控地图通常可以表现为如下形式：

	项目拓展	项目策划	设计管理	成本管理	采购管理	工程管理	营销管理	客服管理
总部主导并决策	➢投资战略 ➢融资方案 ➢重大项目内部立项 ➢重大项目可报告股权收购与并购	➢项目初步定位报告	➢设计研发 ➢可研设计参与	➢成本库管理 ➢下达目标成本 ➢合同标准化 ➢成本估算	➢采购标准 ➢战略采购 ➢集中采购 ➢供方库管理	➢工程技术标准 ➢工程巡检 ➢关键节点监控	➢营销风险检查 ➢监控营销方案执行 ➢名单位销售情况汇总分析	➢客户满意度调查 ➢重大客户投诉处理
下属公司主导 总部决策	➢所在区域项目内部立项 ➢项目可研报告	➢市场调研 ➢市场定位报告 ➢开发纲要 ➢项目运营目标 ➢策划公司选择	➢概念/方案设计任务书 ➢概念设计成果方案设计成果 ➢设计单位选择 ➢景观、示范区的概念、方案设计成果 ➢设计变更（按权限）	➢成本概算 ➢成本预算 ➢合约规划 ➢责任成本 ➢超目标成本审核 ➢合同结算、付款（按权限）	➢采购策划 ➢下属公司权限内主导采购项 ➢招标过程	➢重大技术方案、设计成果评审 ➢超成本工程结算审批 ➢过程中单项结算（权限内）	➢营销总案 ➢推广方案 ➢价格方案（总经理） ➢开盘方案 ➢营销供方选择 ➢营销费用预算	➢客户活动方案
下属公司主导并决策			➢扩初、施工图设计任务书及成果 ➢景观、示范区、精装施工图成果 ➢专项设计单位招标 ➢设计变更	➢权限内动态成本管理 ➢合同结算、付款（权限内）	➢下属公司权限内主导采购项 ➢入围单位确认 ➢合同签订 ➢供方管理	➢工程结算（权限内）	➢营销供方选择（权限内）	➢一般客户投诉处理 ➢本地客户信息收集 ➢客户会管理
过程备案				➢成本月报	➢采购月报	➢工程月报	➢销售报表及阶段营销总结	➢客户投诉月报 ➢客户信息采集表

图 9－10　某地产企业管控地图示意

在确定集团管控模式及项目管理模式的基础上，围绕地产开发价值链确定各环节管控重点，遵循“预算先行、分级渐进”的原则，按照“先明确总部与下属单元管理边界，再明确各大职能模块的边界划分，最后明确各部门在业务活动中的边界划分”的步骤进行。

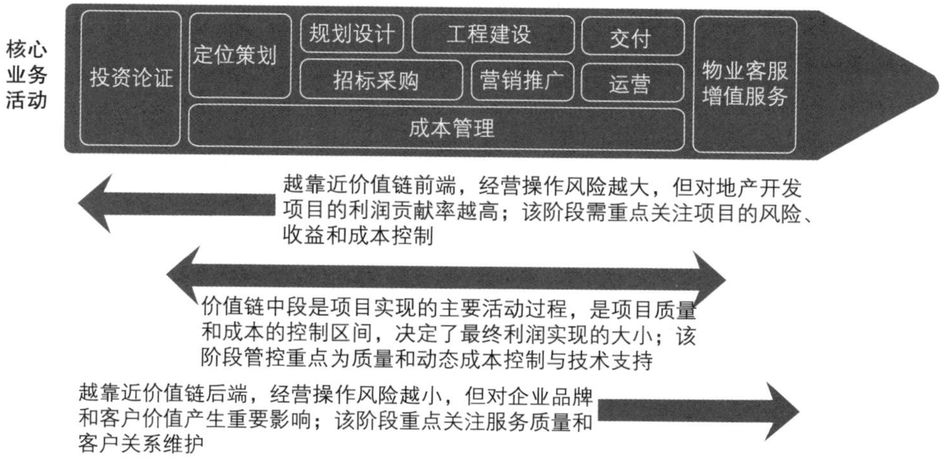

图9－11　围绕价值链核心业务活动确定管控重点

明确企业管控模式，合理划分总部与下属公司管控界面，围绕房地产开发价值链细分关键业务活动形成初步管控地图；再基于单元边界进行职能细分，明确不同单元部门之间的边界；最后根据关键业务活动细分，划分不同岗位之间的业务活动边界，形成适配企业当前发展阶段的授权体系。

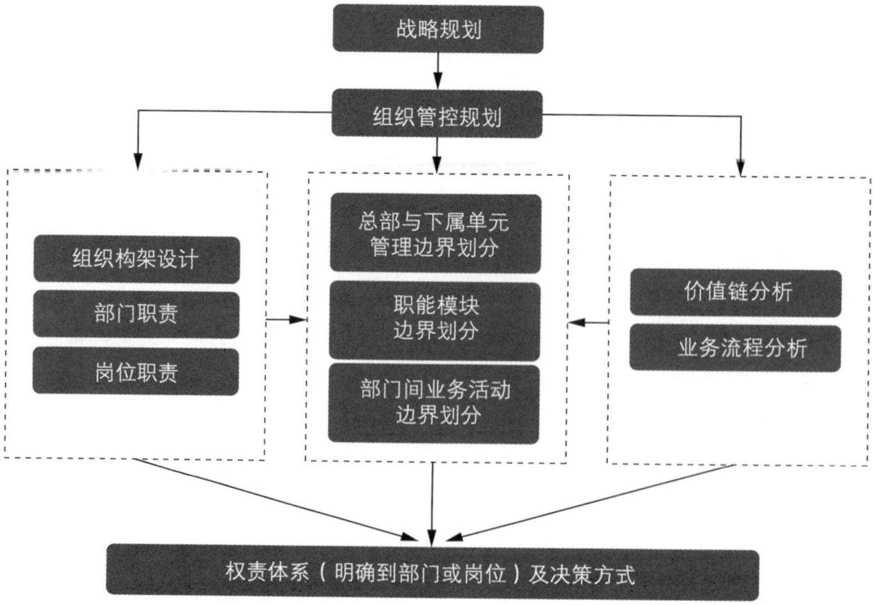

图9－12　集团管控模式设计总体思路

在授权管理中，权责表是一个较为高效的管理工具。权责表可以明确划分集团总部与下属各公司在房地产开发经营管理中的权责关系、关键权限分配，明确各单位的重要权限划分，加强协作，提高运营管理效率。权责手册中主要体现主责、审核、审批等关键权责，集团总部与下属公司根据相应的权责开展工作。

权责表的表达形式说明：

关键事项：以地产开发业务及管理事项为依据进行提炼，仅包含关键业务事项。

表达形式：■表示对该事项进行组织的主责部门，体现为该事项的组织、经办、发起、提案等主导权责；①②③④⑤⑥⑦⑧⑨⑩表示对输出成果/文件的审核顺序，相同数字表示并行审核；★表示审批或最终确定；▲表示报备或抄送。

序号	关键事项	区域公司/城市公司							集团总部																		
		设计	营销	成本	工程	财务	人力行政	总经理	投资发展部	创新业务部	设计管理部	计划运营部	营销管理部	品质监管部	成本管理部	商业管理部	财务管理部	财务核算部	人力行政部	品牌文化部	法律事务部	信息流程部	战略创新部	审计监察部	分管领导	总裁	董事长
1	产品研究及产品标准化管理																										
1.1	公司产品标准体系建设										■														①	★	
1.2	产品线与产品组合规划										■														①	★	
1.3	设计缺陷和问题总结分析										■/★	▲		▲											▲		
1.4	各阶段设计专业评审标准（概念设计、方案设计、深化方案、施工图设计）										■														★		
2	设计计划及预算																										
2.1	项目设计计划										■	①													★		
2.2	设计费用预算	■				①		②			③						④								★		
3	概念规划设计																										
3.1	规划条件复核	■						②	③		①/★		▲														
3.2	规划条件上报	■						①			②	▲	▲												★		
3.3	规划方案批复	■						①			②	▲	▲		▲										★		
3.4	市政条件调查表报备	■		①	①			②			★	▲			▲												
3.5	初勘/详勘报告报备	■			①			②			★	▲			▲												
3.6	概念规划方案评审										■	①	①	①	①										★		
3.7	总图及指标移交	▲						▲			■				①										★		
4	方案设计																										
4.1	主体建筑方案设计任务书										■	▲	①	①	①										★		
4.2	主体建筑方案设计成果	▲	▲	▲				▲			■	①	①	①	①										②	★	
4.3	夜景照明、导向标识方案设计成果	▲	▲	▲				▲			■/★	▲	▲														
4.4	弱电智能化方案	■		①				②			★	▲			①												
4.5	竖向设计方案	■			①			②			★	③															
4.6	小市政专项方案	■			①			②			★	③															
4.7	基坑支护、降水、基础、结构方案	■		①	①			②			★	③			③												
4.8	空调采暖及冷热源、供电方案	■		①	①			②			★	③			③												
4.9	建筑深化方案	■	①	①	①			②			★																

图9-13 权责手册示意

权限用语定义与说明：

①主责：对某一事项的组织、经办、提案等主导性质的职责；

②审核：对某一事项进行管理性或专业性断定的职责，往往具有返回发起部门的建议权；

③审批：对某一事项进行终止性质的判定决策；

④备案：对某一事项过程中或结果性的成果文件备份、了解的职责。

权责表的表达形式不限于以上所示意的方式，不同企业可根据自身的管理要求和工作习惯，设置适合公司业务开展的权责表的表达方式。

3 围绕地产开发核心价值链组织流程

传统的价值链模型最早是由战略管理大师迈克尔·波特在1985年的著作《竞争优势》中提出的，他认为企业从投产经营到产品产出及售后服务所经历的一系列活动和环节中，既有各项投入，又同时显示出价值的增加，从而使这一系列环节构成一条活动链条。基于价值链，价值创造的过程可以分解为一系列相互不同但又相互关联的经营活动，每一项经营管理活动都构成该价值链上的一环。而价值链上各环节相互联系又相互影响，某一个环节的经营好坏可以影响到其他环节的成本和效益。某个环节在多大程度上影响其他环节的价值活动，与其在价值链上的位置和其相互间的关联程度有很大关系。

随着传统行业价值链不断地被“解构—重构”，原有价值链模型变得越来越复杂，逐步由“产品价值链”向“融合价值链”、“生态圈”演进，新的价值创造机遇被释放，价值创造活动变得更为丰富，有学者已经将产业链甚至生态圈的竞争视为未来企业的核心竞争力。事实上，通过重构价值链寻求发展机遇已经成为企业在转型关口或危机面前重点考虑的“战略性”选择。同时，行业领袖在享受价值链重构增值时，也进一步加强了对整个价值链的掌控。

在互联网及信息技术应用的重塑下，原有传统价值链模型的价值创造活动由单独的在物质空间进行转变为在物质空间和虚拟空间同时进行，大大扩展了原有价值链的宽度，形成了“融合价值链”及“平台模式”，将原有企业在产品层面的竞争过渡到商业模式的竞争。价值链上的“供需链接点”成为寻找盈利的契机，每一个价值增值环节都可以从信息流、数据流中进行深入挖掘，每个环节都可能会构成一种新的产品或服务，融合价值链实现了价

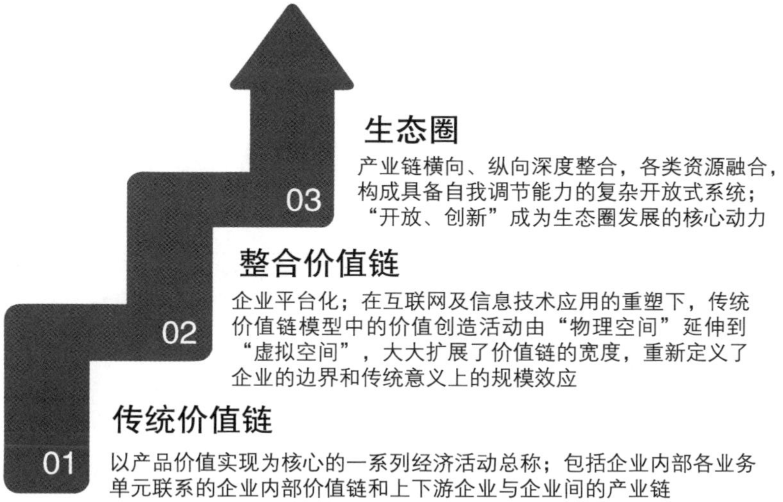

图 9－14　价值链发展模型

值活动的共享，重新定义了企业的边界和传统意义上的规模经济，使得中小企业也可能获得竞争优势。

因此，对价值链的深入理解和管理非常重要，一方面，价值链是一个企业在执行其战略时最重要的一部分；另一方面，企业所有的管理活动都需要围绕价值链开展，包括业务流程体系的规划和组织，并在此基础上将流程改善做到极致，才能促进企业价值最大化，实现价值链增值，也能为企业的转型升级创造最为有利的条件。

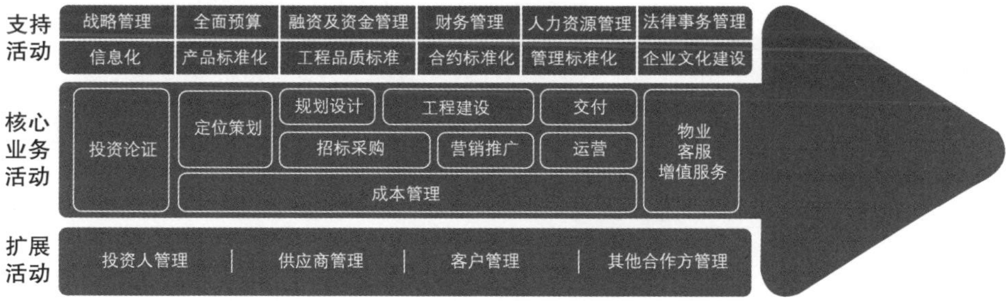

图 9－15　地产开发核心价值链模型

在对地产开发核心价值链理解、分析的基础上，遵循“结构化、层次性、逻辑性”的原则进行流程体系的设计。流程的组织和设计需要管理层在具体运营层面加以关注，强调流程的响应速度，通过流程流转、决策机制的设计，让业务一线能够迅速捕捉转瞬即逝的机会窗口，紧跟甚至引导客户需求的变化。

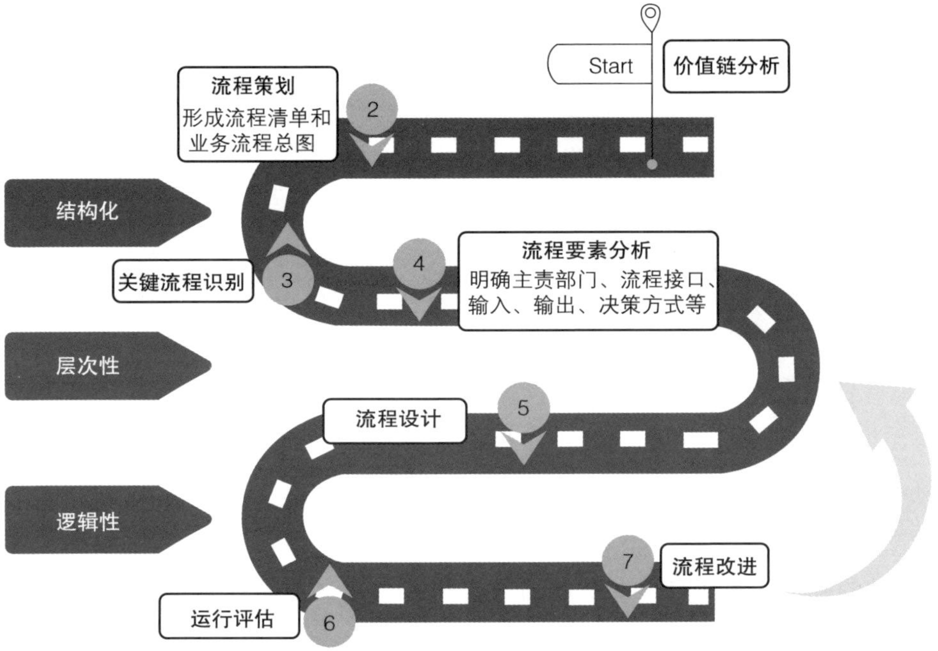

图 9－16 流程设计一般思路

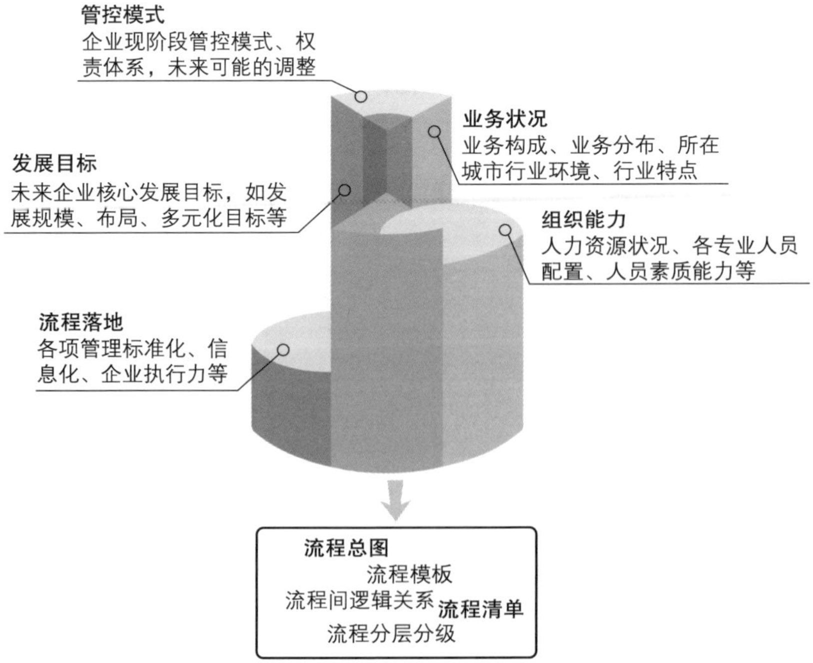

图 9－17 流程策划示意

流程策划是流程体系设计的最重要环节，是对流程体系的整体性思考。流程策划环节需关注企业当前的发展阶段、组织管理能力、未来发展目标、人力资源状况、管控模式的调整、流程落地支持等因素。

在流程策划的基础上，围绕地产开发价值链进行拆解，形成流程总图。在拆解的过程中通常分为三个步骤：第一是进行基本活动的模块化分解；第二是进行事项和组织、部门或人员的匹配；第三是进行组织和环节间的连接。

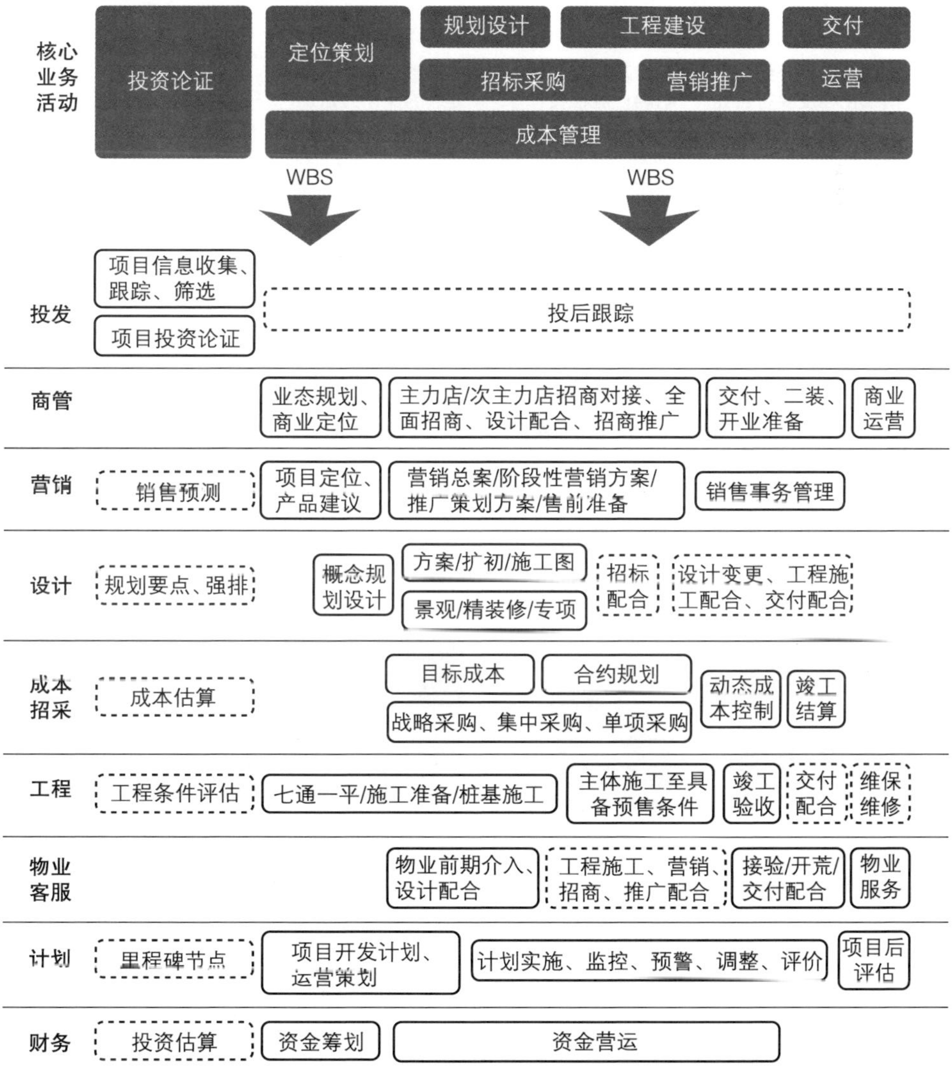

图 9-18 价值链分解示意

在具体流程内容设计时，围绕流程整体绩效、效率及质量的提升，在流程要素分析的基础上，遵循“适配性、明确性、操作性、闭环性”原则进行流程内容的描述。

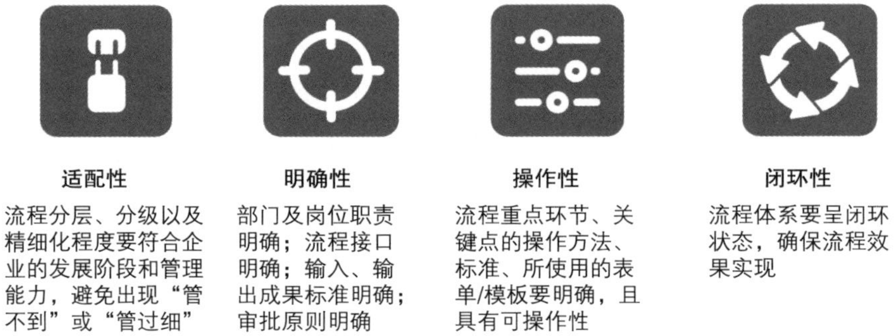

图9－19　流程描述原则

整个流程体系设计过程中，流程的“颗粒度”即流程的细致程度是在进行流程内容描述、绘制流程图时最让人纠结和犹豫的部分，也是最难把握的部分。很多时候企业都希望能够一步到位，一次性画出最细致、最完美的流程图，但事实上这是不可能完成的，也是一种不可取的思维。任何完善的流程体系，都是要经过简单到复杂的过程，难以一蹴而就。企业管理体系大厦的建设也是从“轮廓”到“细部”的过程，对于经营活动及流程的分解核心在于逻辑，而不在于层次，在于将静态的组织分工变为动态的组织协同。

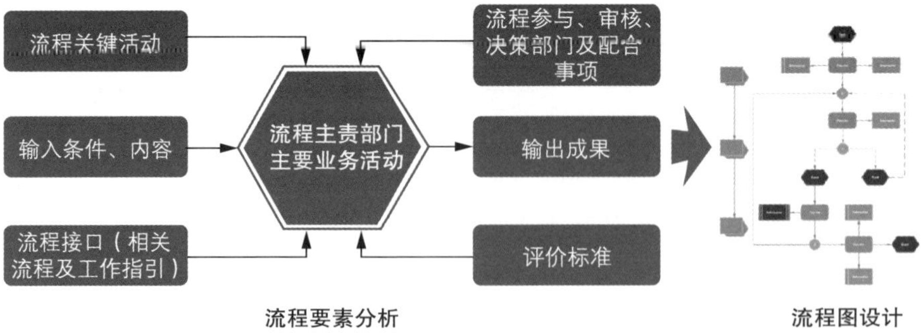

图9－20　流程要素分析示意

十、信息化重塑业务流程

业务流程是企业管理体系建设中的重要组成部分，而对业务流程中各类信息和数据的梳理是进行流程定义的前提，业务流程的集成和打通本质上也是实现信息和数据的贯通。借助信息化管理思维和相关工具，进行流程改造、创新成为企业增强应变能力，提高经营管理效率的重要方式。而随着大数据袭来，在意识到数据具有的稀缺性和差异性后，数据将成为企业独一无二的资源和竞争优势，企业业务流程的管理将更依赖于数据，基于数据进行的流程体系设计、业务管理，甚至辅助决策能力对于企业走向成功将越来越关键。

1 一体化规划，数字化运营

在进行战略规划时，越来越多的企业意识到要将信息化或数据战略作为其重要的组成部分，而如何将信息和数据转化为企业的核心竞争力是信息化战略思考的核心。现阶段“数字化”这个词的含义也发生着改变，几年前它几乎是IT的同义词，现在公司的数字化战略实际上驱动着各个部门的发展方向和目标，从产品规划、设计、制造、营销到人力资源管理、财务管理等各个方面。在进行业务流程体系规划设计时，信息/数据也是必不可少的考虑因素，信息/数据的产生、流转、使用全过程规划的重要性不亚于业务活动的组织和规划。

John Handerson 在1994年提出了“战略一致性模型”，作为信息化战略规划的思考框架，其核心理念是保持业务战略与信息化规划的动态一致性。随着信息化技术手段在企业管理中的深度介入，信息化已远非单纯的管理工具，已经开始影响并改善着企业的运营管理系统，数据也已成为企业的无形资产，并开始重塑和创造价值。

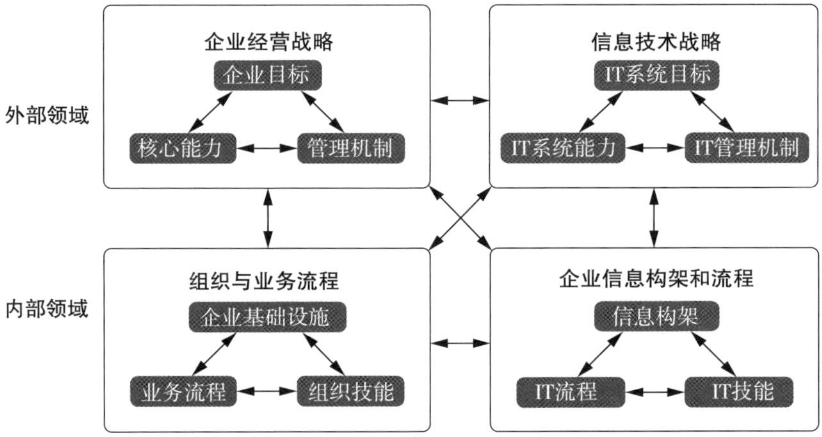

图 10－1　战略一致性模型

阿里在持续多年的跟踪研究后提出，在互联网对各类传统行业的改造步伐中，数据将成为其中的核心基础。未来，阿里要把“一切业务数据化，一切数据业务化”。

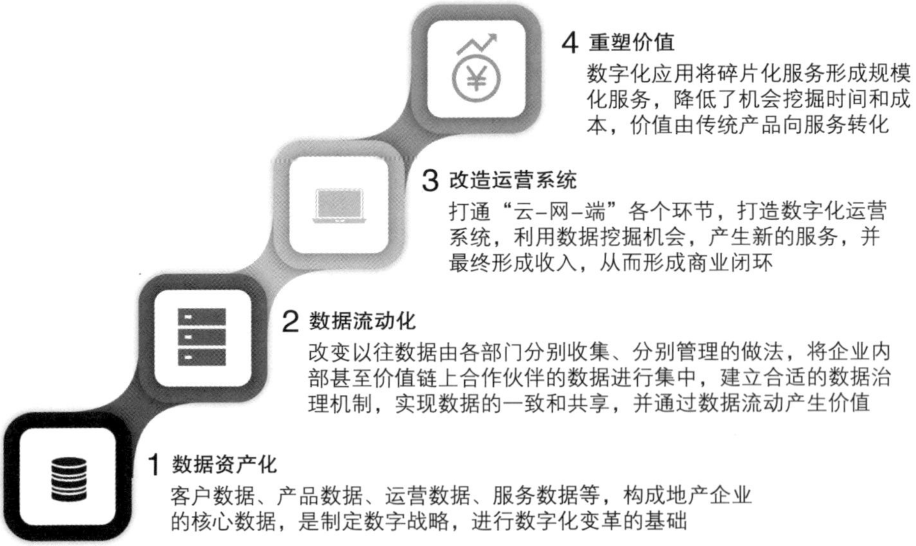

图 10－2　企业数字化转型步骤

阿里的理解和判断不仅仅适用于IT变革浪潮下的互联网企业，同样也适用于地产企业。懂业务才真正懂数据，围绕产品、客户、供应商将各类业务对象和业务活动进行抽象，形成相应的数据及模型，并融于业务流程才能发挥数据的最大价值，同时也可以通过数据感知并帮助企业发现机会。但在大多数地产企业中，数字和信息仍然未能得到充分重视，一方面，因为企业管理思维短期内难以快速转变；另一方面，高效的“数字运营”需要高水平的组织、规则和全企业范围内的无障碍交流。

“IT本身并不能够促进企业的任何优势，它只是企业运行的必要条件，关键是工厂的应用如何与企业战略组织流程和管理控制系统的融合。”

在地产行业内，万科较早地意识到信息化对企业的重要性，并进行了诸多尝试，利用信息化提升企业的运营效率。2016年，万科提出了“沃土计划”，作为万科的头号计划。“沃土计划”被认为是万科内部的信息化革命，目标是通过打通底层数据，治疗万科内部的大公司病，提升管理效率、提高利润水平，并最终让万科为未来的万亿市值平台的搭建做好准备。“沃土计划”的一大逻辑是通过信息化手段、数据的分析共享，让万科的传统业务之间、创新业务之间彼此产生真正的关联，实现客户交叉销售。如果这个计划得以实施，万科将会发生根本性的变革，万科将会被“拆掉”，变成一个更简单、更扁平的组织构架，更加突出业务导向，让万科体系更加开放和具备对行业周期的抵抗能力。

波士顿咨询（BCG）和麻省理工学院（MIT）曾经合作完成过一个历时两年的项目，其研究重点是数字化组织的设计，以此来了解各类公司成功适应数字化经济的秘诀。它们的研究指出企业想要实现数字化运营，需要在运营模式方面做如下改变：第一，重新设计业务模式，例如重新定位产品、客户，非核心业务剥离等；第二，所有转型都发生在企业内部工作系统上，例如重新设计组织构架、绩效激励机制，在技术领域重新设计核心业务应用程序、数据库、企业智能化工具及技术基础设施。

而在实际进行“数字化”的业务设计时，却并没有所谓的“止确的设计”，但通常需要做到：首先，建立一个前瞻性的战略，将数字技术、信息技术作为战略实现的重要因素；其次，评估企业在运营管理中的缺口，确认在组织、岗位角色、流程、管理方式及工具等方面必要的改变；最后，指派一个团队负责设计并监督实施。

2 统一管理语言及数据口径

“我们信赖上帝，除了上帝，任何人都必须用数据说话”。

现阶段，数据已逐步成为企业的核心资产，甚至是“战略资产”。一方面，数据在流程及信息化管理中处于最核心的位置；另一方面，数据的准确、有效也是提升管理效率，提高决策质量，进行整体资源配置，有效内控的基础，因此，任何一家企业都需要对数据给予足够的重视。

对于地产企业，高效的数据管理将更为重要。地产项目开发周期长，涉及专业、环节、内外部业务往来较多且复杂，数据来源及流转多；另外，随着进入“后地产”时代，地产企业纷纷转型、创新、变革，催生出更多的业务，也带来大量数据增长。而开放式的网络环境也带来了更多品类的数据、更快的数据流动；等等。种种复杂、多变及未知的环境带来了指数级的数据增长，同时也大大增加了数据管理的难度。

数据采集不全面、数据定义及名称不统一、数据统计口径不一致等一系列“数据乱象”往往是地产企业在数据管理方面常见的问题。缺乏统一的管理语言和数据口径将会导致大家在同一问题上缺乏相同的判断标准，这通常也是许多企业内部部门或专业间沟通不畅的主要原因之一。

数据定义及名称不统一主要体现在项目命名、项目分期和产品分类三个方面。其中，项目名称通常会有地块名、推广案名、曾用名、备案名，对外营销习惯用名等，投资拓展、设计、成本、工程专业通常倾向于用地块名区分项目，而与营销专业习惯用名不一致，导致在进行数据统计整理前，各专业需先统一名称。

在企业内部，不同专业基于各自管理要求所划分的项目分期、标段及组团，如项目公司根据项目整体开发运营策略及开发节奏将项目分为几个不同的开发分期，工程专业按照总包合同工程范围将项目划分为几个标段，营销专业根据营销策略及推售节奏将项目分为几个组团，不同专业部门按照各自业务管理维度进行日常数据的管理和维护。

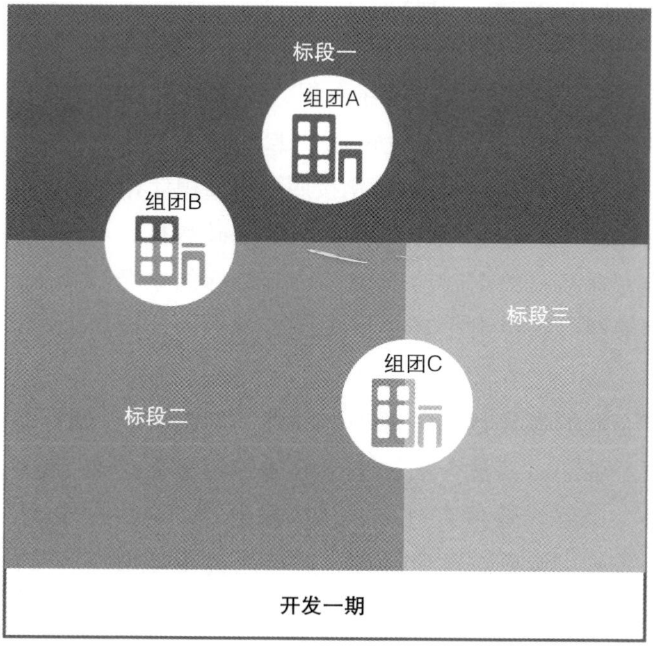

图 10－3 项目开发标段、组团划分示意

如图 10－3 所示，项目开发分期同时包含工程标段和营销组团，一个标段可包含多个组团，一个组团也可跨越多个标段。当企业需要整合、归集不同业务部门提供的以标段或组团为单位的各类经营数据时，就需要做大量的拆分工作，并且由于企业内部数据拆分原则不完全合理等因素，导致数据分析结果缺乏客观性、可靠性，进而影响公司高层的经营决策。

在产品分类方面，不同专业通常会考虑不同的因素。例如，设计/成本通常按照业态或建筑用途可以分为住宅（含别墅、回迁房、保障房、廉租房等）、商业、配套设施等；按照楼高可以分为超高层（>100m），高层（18 层以上，且高度<100m），中高层（12—18 层），小高层（7—11 层），多层（6 层以下），别墅（又分为独栋、联排、叠拼、双拼）；按照产品配置可分为毛坯、精装等；营销专业按照经营要求可分为可售、不可售等。

当以产品类型为单位整合、分析经营数据时，各个业务部门所提供的各产品类型的相关数据其实际代表的对象范围并不完全一致，从而导致经营分析结果并不十分可靠。如果依据这个分析结果做出相关决策，无疑会带来经营风险。

除了项目名称、分期、产品分类等数据定义不统一，在数据统计口径方面也存在面积口径上的不一致，导致运营、成本、营销数据对不上等问题。

房地产开发过程中涉及很多面积类指标，诸如建筑面积（地上/地下）、可售面积、套内面积、在建面积、库存面积、竣工面积、结算面积等面积指标。其中，行业内差异性较大的两个指标为“建筑面积”和“可售面积”，成本按照建筑面积核算项目开发成本，而营销按照可售面积计算销售收入。

面积指标作为计算企业核心经营数据的基础数据，不同业务条线在内部整理、归集本专业经营数据时应明确本专业指标的来源和用途，在跨部门的数据交流时能够精准提供下个环节所需经营数据，确保企业核心经营指标的准确性。

由于地产企业的各类数据来源于各专业，如没有统一的部门进行协调和管理的情况下，各部门通常会依据本专业的管理侧重点和管理习惯形成相关的数据和报表，最终导致报表过多，且数据内容、格式未能统一，后期进行整理、核对、校验以及整合非常烦琐，并且可能出现数据收集统计不全的情况，难以实现数据的价值呈现。尤其当企业信息化水平较低时，更加难以实现数据的全面采集、及时更新和存储，而通常承担数据管理职能的计划运营部门在此种情况下也被戏称为“表哥表姐”，大量报表的统计整合工作挤占了真正进行业务分析辅助决策的职能，导致计划运营部门的职能被大大削弱。

此外，在数据管理方面，还会出现数据录入、维护、分析处理、存储等环节主责部门不明确，上报不及时、不一致，没有明确的流转机制，数据流转不畅等问题。在数据管理方面，需要整体性的规划和整合方法，必须在统一管理对象、统一数据口径、明确管理原则三个方面进行综合考虑，在此基础上，才能真正开展对流程的重塑和优化。

> 基于数据和事实的理性分析与决策，本质上是一种批判性思维，这是一种客观的、公正的、态度谦逊的和不带成见的思维方式。而批判性思维恰恰是创造性思维的出发点。

统一管理对象

在地产企业，不同专业、不同管理部门所定义的具体“管理对象”颗粒度存在一定差异。例如，“项目”通常被作为一个整体，是集团总部对于项目公司进行考量的分析对象和维度，项目之下的“分期”则通常会作为成本、利润等分析的维度，而具体的成本核算甚至要细化到楼栋维度。因此，统一管理对象是进行项目投资收益测算、成本管理及核算、利润测算并最终进行统一比较分析的基础。

定义主数据

对于地产企业的管理对象，需从项目运营管理、客户及供方、内部职能管理三个维度进行划分和定义。在数据划分和定义的过程中，将最核心、最需要共享的数据进行提取、整理和丰富，共同构成“主数据”体系，并且要保证在企业范围内的一致性、完整性、相关性和精确性。同时，主数据管理也可以作为企业的数据标准，通过强化各业务及系统共性数据实体和相关模型的管理，避免出现在业务概念上的不一致，降低数据孤岛、应用孤岛出现的概率，从根本上保证各业务及系统之间能够实现业务互动与数据共享，从而提高企业的运营效率。

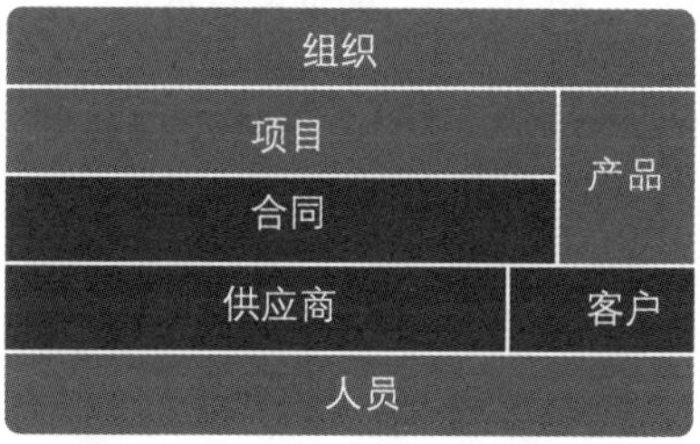

图 10－4 “主数据”核心构成

（1）组织及人员主数据

在组织维度，通常包括组织机构及人员、标准岗位、角色、数据权限、功能权限五项主数据规划内容：

组织机构设置：作为 ERP 系统最重要的基础数据，应统一管理。根据集团及各业务单元定位、管控模式确定组织管理构架，系统设置中通常分为集团、公司、部门、项目、分期五类，且每类下面具有不同的分支设置要求。

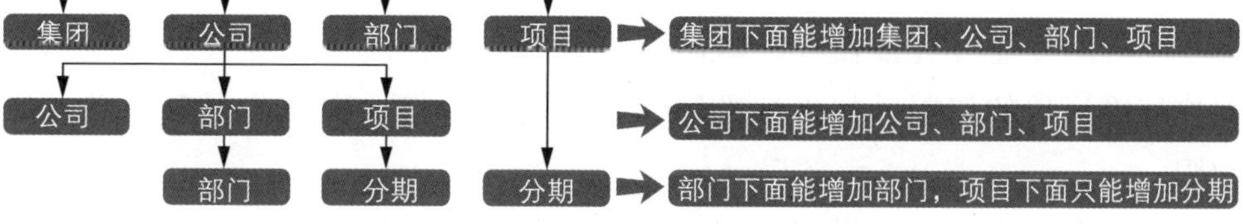

图 10－5 组织机构设置示意

人员：人员设置首先要落位在组织机构上；其次要关联岗位，实现人员的岗位落位。

标准岗位：依据集团岗位序列划分标准，规范不同分公司的岗位，建立一套统一的标准岗位，然后分配到各个组织结构中，形成实际的组织机构岗位。

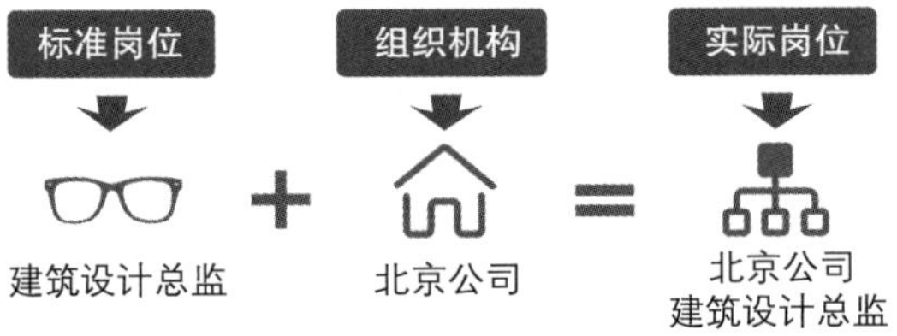

图 10－6　岗位设置示意

组织机构、人员、标准岗位、岗位之间的关联关系：组织机构与标准岗位相互关联，是部门/项目实际岗位设置的基础；基于组织机构设置实际岗位，并与标准岗位绑定，而人员必须落入岗位中，岗位与人员相互关联、相互影响。

角色管理：将多个岗位或者用户合并在一个组下，进行授权管理以及流程配置，角色设置的前提需要用户和岗位。

将人员或者岗位合并在一起，成为一个组，改组就是角色。针对每一个岗位或者人员设置管辖岗位，该管辖范围用于在流程中确定岗位或者人员参与不同业务的审批流程。

功能权限：指对"标准岗位""岗位""人员""角色"进行菜单和按钮的使用权限的授权。

①对标准岗位进行直接授权，即标准岗位自身的权限。除此外，标准岗位没有其他权限来源。

②对角色进行直接授权，即角色自身的权限。除此外，角色没有其他权限来源。

③对岗位进行直接授权，即岗位自身的权限，同时岗位会自动继承自对应标准岗位的权限。如果标准岗位没有进行授权，则岗位只有其自身的权限。

④对人员进行直接授权，即人员自身的权限，如果人员落位在某个岗位上，则具有该岗位的所有权限，即包括岗位自身的权限和继承自标准岗

位、角色的权限，如果落位在多个岗位上，则具有多个岗位的权限的合集。

数据权限：是指对“标准岗位”“岗位”“人员”“角色”进行数据查询的授权。授权后，根据授权项的控制权限，约束人员的数据查询范围，与功能权限授权方式一致。数据权限点分为：“本分期”“本项目”“本部门”“本大部门”“本公司”“全局”“指定”。

（2）项目主数据

如前文所述，房地产开发涉及多业务条线，而各业务条线会基于各自管理要求划分项目分期、标段及组团，导致企业在整合、归集不同业务部门数据时，因数据统计口径的不统一需要做大量的数据拆分工作，且难以保证数据的客观准确。于是，需要企业自上而下统一、规范项目管理范畴及项目基础资料的输入，并由统一部门进行项目及分期管理。

尽管项目公司将项目从工程角度划分为不同的开发分期、标段；从营销角度划分为多个组团，但均应在公司级统一的项目信息基础上进行划分，以保证不同专业条线统一的数据基础。项目主数据是系统运行的基础，只有确保主数据的准确性和严谨性，才能保证系统正常有效运行，才能产生反映企业运营情况的有效、客观数据，为企业经营决策提供数据支持。

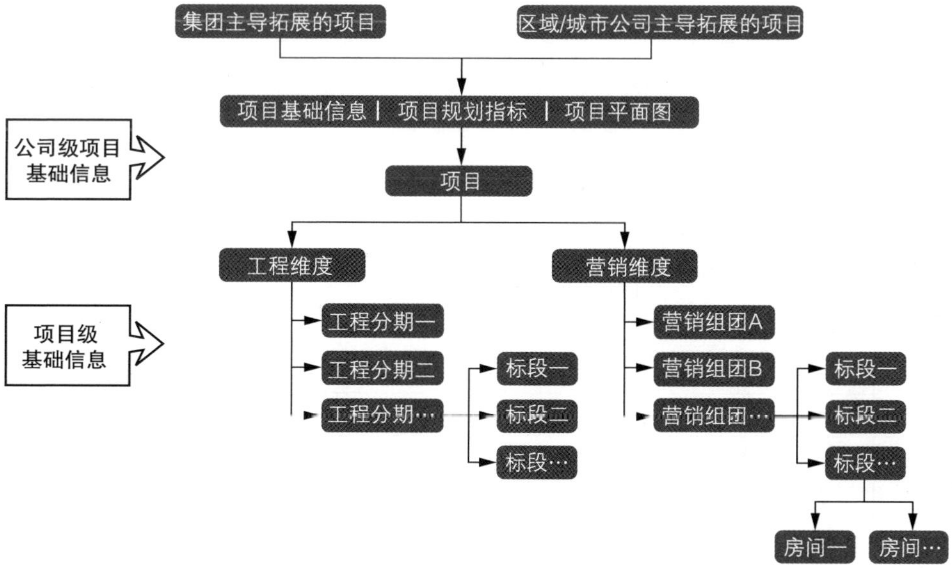

图 10－7　项目主数据管理思路

（3）产品主数据

虽然企业内部各专业出于不同因素考虑，在产品分类方面会存在口径不统一的情况，但企业一般会根据自身管理的精细度，或根据特有的管理习惯统一产品分类标准。不同企业的产品具体分类会存在一定差异，但通常包括：

表 10－1　产品常规分类

产品分类			说明
居住类产品	普通住宅	超高层	>100m
		高层	18 层以上，<100m
		中高层	12—18 层
		小高层	7—11 层
		多层	6 层以下
	别墅	独栋别墅	低于 3 层且整栋楼属于一户，没有共用分户墙的住宅建筑，独门独院
		双拼别墅	两个单元的别墅并联形成的单栋建筑
		联排别墅	通常由几栋小于 3 层的单户别墅并联组成的建筑，相邻户共用分户墙
		叠拼别墅	通常地上 4－5 层，垂直方向上有两户的住宅单元
	政策性住房	廉租房	按政府政策要求建造并处置的住宅单元
		回迁房	
		保障房	
		共有产权房	政府和业主按照一定比例分别持有房屋产权
商业类产品	综合/零售类	集中商业	面积较大、产权集中，如大型商场、文化娱乐建筑、独立产权会所等
		商铺	面积较小、产权分散，通常用于出租或出售，如底商、社区商业等
	商务类	SOHO	兼做居住、办公的业态类型，其产权通常为 40 年（商业）或 50 年（办公）
		酒店	
		写字楼	办公建筑，50 年产权
	产业类	产业园	
车库	可售车库		可办理产权能够出售的车库
	不可售车库		人防车库、地上车位

续表

产品分类		说明
公共类产品	会所	
	学校	
	幼儿园	
	物业用房	
	设备用房	
	活动中心	
	市政公用	
	游泳池	

（4）供应商主数据

供应商主数据主要包括供应商名称、供应商基础信息资料（企业性质、注册年份、注册资本、注册地址、主营范围、企业资质等级、银行账号信息等）、供应商类别、服务及产品详细分类、合作项目、合作金额、供应商等级等。通过规范供应商基础数据，打通企业内部与外部供应商的管理接口，便于供应商数据的归集和管理，并提升信息沟通及传递效率。

（5）客户主数据

客户主数据主要包括客户档案、客户房产单元、房产销售合同、客户服务主要问题分类等。基于客户档案及分类信息提供精准客户服务，通过与客户日常接触，细分并关注不同类型客户的敏感点，以便有针对性地进行客户关怀或服务以及产品规划。

统一数据口径

在统一管理对象的基础上，建立相应的数据和指标库，并明确各项数据/指标的分类标准、命名标准、定义、统计口径/计算公式及安全级别等，并确保对于某项数据的定义在全企业范围内具有一致性、规范性和完整性。

对指标计算口径容易产生差异的，首先，明确标段、组团等划分原则以及形成时间点；其次，明确建立好“产品类型”、“分期”和“项目”之间的层级关系及经营数据归集原则，保证核心经营数据从产品类型向项目汇集时的准确度。

明确管理规则

数据产生及审核：数据建立期初应在企业内部明确各项数据、指标录入、维护、审核的主责部门及岗位，本着“谁产生、谁负责”的原则固定数据来源、保证数据质量。为了保证数据的严谨性，对应业务部门相关责任人负责审核数据归集形式的规范性以及数据的准确性。

数据维护：集中管理数据维护工作，主要包括但不限于对主数据定义及关键属性的调整、业务系统日常数据填报问题的解决、数据查看/提取/修改/销毁的权限设定，指定相关责任人负责对应系统业务数据维护，保证企业日常经营活动的正常运转。

数据流转及报表制作：实现一线业务数据录入、减少数据流转的中间环节，实现企业内部信息的高效流转和共享，对应业务部门整理、分析专业数据根据公司管理要求形成经营报表，作为企业对外披露文件或内部经营决策基础文件。

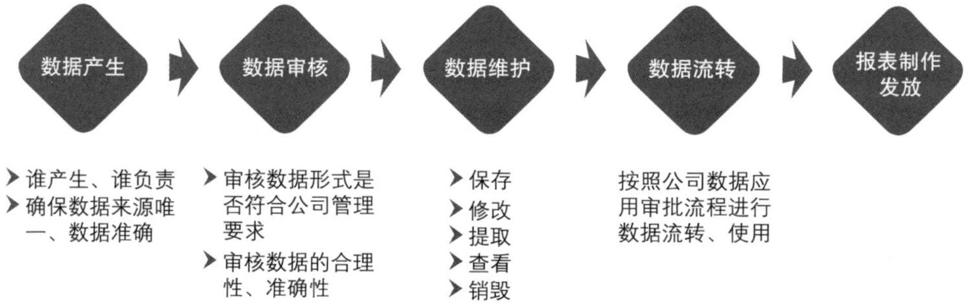

图 10－8　数据流转步骤

通过对管理对象、数据口径、管理规则的明确，保证数据能够及时、准确，使得各专业不会因为数据定义、统计口径等不一致而花费大量时间进行重新整理、核对，降低各专业的沟通成本，提升工作协同效率。

3　业务流程场景化

“场景化思维”最早源于移动互联网企业，移动互联网把用户体验提到了空前高度，产品设计围绕用户实际使用情况及消费习惯开展。时下在移动互联网领域最典型的基于场景化的业务模式即为移动支付，其与消费场景深度融合，通过构建碎片化的场景化金融生态，满足客户在消费场景中的支付需求。移动支付依托于海量交易数据和人工智能，简化传统的支付业务流程，丰富移动支付的应用场景。

在行业间跨界融合下，传统行业的企业也逐步开始“引用”场景化思维，并将其从客户研究、产品设计延伸至企业内部管理，借助场景化思维，企业开始思考如何改变固有的管理模式和管理体系，通过业务流程的重新组织、优化，提升整体运营的管理效率。为了实现业务流程场景化，企业需要有效洞察和感知业务场景，对业务场景进行数据收集、处理、分析，提炼业务特征、基础数据，并围绕场景进行流程分析、组织和规划。

云选房——线上开盘选房模式

移动互联网的快速发展，搜索、网购和微信已经深入到生活的各个角落，就连买房这样的大额投资活动在网上完成也不再新鲜。线下看房，线上选房，网上付款，互联网正成为许多客户投资置业的新渠道。云选房模式将线下开盘业务流程转移到线上进行，并通过在线抢房模式营造紧张激烈的购房氛围，促进项目销售，提高客户转化率。

云选房颠覆了传统的开盘模式，具有线下开盘无可比拟的优势：

（1）线上选房过程公开透明，可即时查看房源户型、面积、朝向、价格、销售状态等信息；

（2）简化开盘业务流程，无须排号、排队等待即时选房；

（3）打破空间局限，无须前往开盘现场即可选房；

（4）线上抢房模式有助于营建紧张激烈的选房氛围，促进客户成交；

（5）节省开盘物料、案场销售及物业服务人员投入等销售费用支出；

（6）云选房系统可重复使用；

（7）移动终端选房操作灵活、简单。

国内大型地产企业如碧桂园、万科、鑫苑等公司纷纷试水云端选房模式，其中碧桂园张家界峰林海项目采用微信开盘模式，客户只需在微信端绑定手机号即可秒杀选房，21 秒选完 301 套房源。万科翡翠公园项目采用其自主开发的“e 选房”在线购房系统，简化传统购房流程，提高购房效率，节省交易时间。

选房效果尤为一鸣惊人的项目当属鑫苑集团旗下的某大盘项目，客户通过移动端在任何地点即可完成意向房源的选择，免去传统购房现场排号选房的复杂程序，降低销售案场人员投入，提升客户购房效率。客户在线下办理完成认购手续后方可获得线上选房资格，集中选房之前，在移动终端通过微信进行选房身份核验，并提前收藏意向房源。正式开盘当日，客户选房成功后，按照认购确认书规定时间完成后续款项的缴纳并签订商品房买卖合同。

采用云端开盘模式对选房系统的稳定性和可操作性提出较高要求，同时

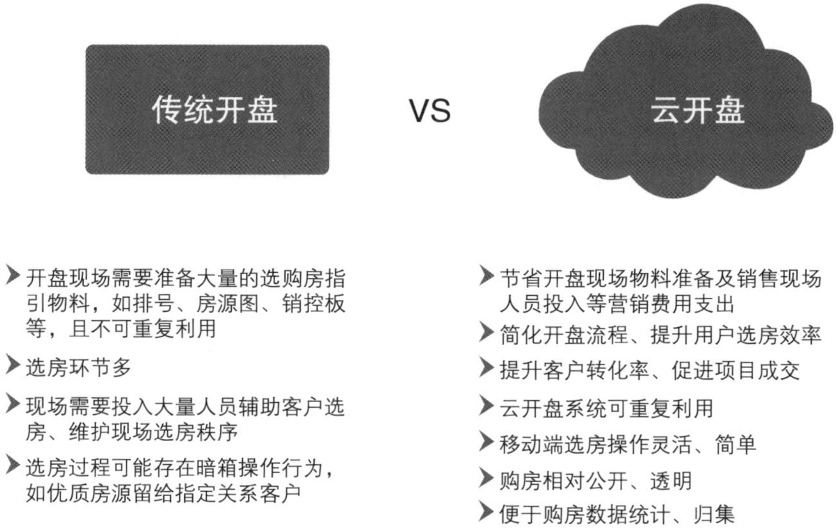

图 10 –9　传统开盘与云开盘优劣势对比

移动终端选房流程操作简单，选房指引简洁明了。为了保证云端开盘活动的正常进行，项目内部在选房前需多次模拟演练，力求选房软件正常使用，要求所有工作人员对选房流程、操作方法、后续手续办理都清晰明了，能够全程协助客户选房操作并办理相关手续。

业务流程场景化借助人工智能、移动互联网、大数据平台等技术打造基于各种业务场景的智慧型应用，有效连接客户、外部合作方、企业，实现多方互联互通及业务高效协同。同时，业务场景化使经营环节可以用数据说话，促使企业的信息化系统实现由传统的功能性系统向基于数据的场景化服务转变和提升，促进企业业务的动态改进。

4　数据分享、协同应用

随着企业各项业务数据化的实现，企业需要处理的信息和数据正以前所未有的渠道和规模涌现。对于大量的数据，由于理解上的偏差，各种各样复杂的情况就会出现，信息沟通不畅和缺乏双向反馈往往是最常见的现象。同时，随着企业发展到一定阶段后，各部门产生的数据自行存储与使用，难以与其他部门共通共享，形成一个个缺乏关联的数据孤岛，不同部门站在自己的角度定义数据，使得相同数据被赋予不同含义，加大了跨部门数据合作的沟通成本。企业各部门之间相对独立，数据各自保管存储，对数据的认知角度也截然不同，最终导致数据之间难以互通，形成孤岛。因此，集团化的企业更容易产生数据孤岛的现象。

有效地收集所需数据，并做出正确合理的决策成为企业管理者首要的任务。数据要同源共享，并且保证跨流程/跨系统的信息一致、准确、及时和有效才能真正保证各项流程的运行效率。而成功的"数据共享"需要建立相应的策略和文化，共享需自上而下或从某些特定的功能开始，把企业中每个层面、每个人都包括进来。实现数据在企业范围内的"共享"有多种形式，比较典型的有共享服务和信息化战略两种方式。

保洁（P&G）是一家180年历史的全球消费品公司，其净利润率常年比行业平均数要高出不少，其业界领先的业绩来源于全球商业服务（GBS），这也是保洁公司组织结构的四大支柱之一。由CIO领导的GBS融合了业务流程和信息技术为全球超过300个保洁品牌提供共享服务和解决方案。其服务内容覆盖了旅游服务、办公室迁移需求计划系统、工资、员工培训及新产品可视化等。共享服务在帮助保洁规模发展的同时，显著降低了新产品和服务的上市时间。

另外一种方式是在企业层面重新进行信息化规划，找到业务与业务、各分散系统之间及业务与系统之间的协同效应，并将特定业务部门所开发的应用移动到其他普通应用需求的部门，这种方式相较于共享服务更为常见。例如，奥地利石油公司OMV，在其零售业务中重新部署了用于勘探的全球信息系统，来提高供应链整体绩效，最终通过"数字共享"节约了10%～15%的运营成本，并减少了25%的周转时间。

地产企业拥有大量高质量的数据，涵盖客户、供应商、施工方、其他合作方。从某种意义上讲，地产企业所拥有的这些数据构成其一笔不小的虚拟财产。通过这些数据的充分挖掘、深入分析，并在企业内部协同共享，进而进行市场预测、智能化辅助决策等，可以使数据真正转化为生产力和企业的资产，增强竞争优势。同时，借助于各类信息化、数字化技术与工具，将其运用于客户需求、产品和服务、内部管理、生态系统及工作方式等，真正推动企业实现"数字化运营"。

客户需求：关于客户的全部数据都可以实现快速获取及内部共享，将客户需求作为产品和服务设计的核心，并可以通过社交媒体、客户互动等方式更为广泛地获取客户数据。

产品和服务：数字化运营提供了对于市场和客户的快速反应，能够以更低的成本、更快的速度、更广的范围、更大规模的数据获取能力和灵活性为企业提供更多的机会。

内部管理：提供更扁平化、更具协作性的工作环境，指导管理层设定并组织实现目标，并在公司战略目标的大背景下帮助员工专注于自己的目标和期望。

生态系统：对于“生态系统”的响应、设计也是企业数字化的一个重要方面，融入生态圈分享系统红利将会是企业更为彻底的转型。

工作方式：数字化可以推动业务流程的持续优化，提高员工的协作性，建立诸如信任、责任、发展、创新等企业文化，推动企业的快速前进。

十一、多边开放式平台，全产业链跨组织合作

以前地产企业只注重自身的竞争优势，在“后地产”时代的竞争态势下，越来越多的地产企业认识到单打独斗总是势单力薄的，利益相关方形成生态系统的竞争优势更为重要，在各个方面的相互联合才能“人多力量大”。同时，随着地产开发模式更加注重专业化细分和产业链横向协作，地产企业原有的内部管理闭环也不可避免地向外延伸，贯穿全产业链的跨组织合作将成为常态。

因此，越来越多的企业开始加入“平台革命”，向生态系统迈进，并挺进更为复杂的数字生态系统。

根据阿里的持续跟踪和研究，信息文明和数字生态系统也在经历着新的变化和演进，由“硬件＋软件”的IT时代向以“云计算＋大数据”为表征的DT时代发展，意味着信息文明快步走向成熟期。DT时代的技术基础并不是单一的某种技术，而是以云计算和大数据技术为核心的技术群落，这一组新的技术群落包括云（计算）、大（数据）、智（智能化）、物（物联网）、移（移动互联网）等，它们共同驱动了DT新世界的到来。云的扩散，也只是DT时代快速展开的一部分，“云＋网＋端”的信息文明新型基础设施的发展进程可能比人们想象的更快。

“大平台＋小前端”将成为DT时代商业组织的一种常规结构。

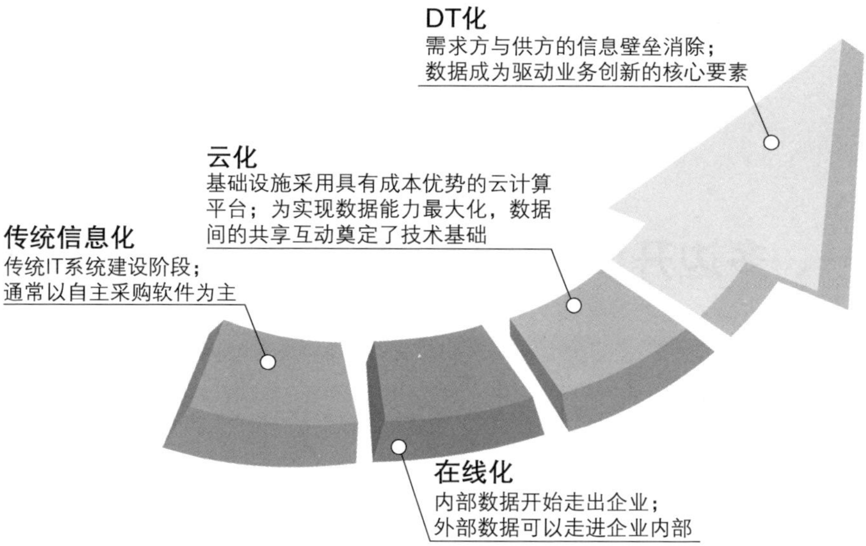

图 11－1　数字生态演化

图 11－2　“大平台＋小前端”示意

在行业整体竞争态势及信息文明演进的共同推动下，几乎所有行业都在经历着商业模式的深刻变革，过去所讲的行业边界概念在数据层面已经变得越来越没有意义，行业边界几乎没有特别清晰的界定。随着产业价值链的不断重构、延伸、衍生，进行多边化的资源整合，多边经济成为一种日益重要的商业模式类型。在此模式下，企业的价值理念需逐步转向“生态圈共荣”理念。

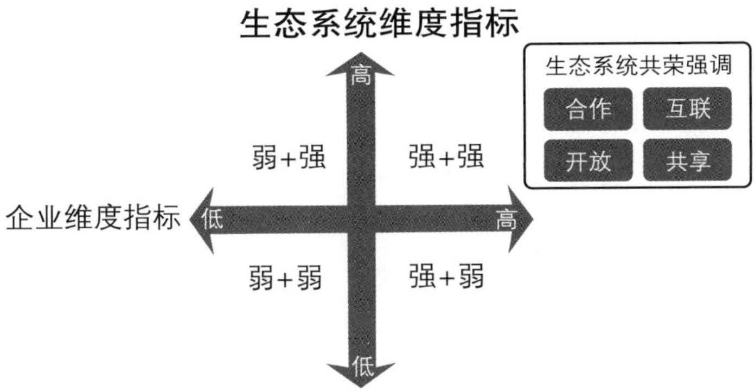

图11－3 企业价值理念转向生态圈共赢

此外，随着信息技术、数字生态的崛起，通过数据的共享进而获得更大范围数据资源，甚至是免费获取更多的数据也已成为可能，“分享才能共享、共赢”，未来的数字生态系统将会是个共生共赢的商业结构。

在这些商业模式的变化下，“多边化平台”成为该模式的核心资源，逐渐承担起“基石”的作用。平台上的企业、合作方可借助平台吸引更广泛的用户群体，并进行高效配对，同时也可通过平台提供的交易渠道降低交易成本；客户可通过平台提供的多元化服务实现自己的价值主张。多边化的平台实现了各方的资源互补、利益共享，从而形成良性的互动循环，并形成一个整体在市场上参与产业竞争。相对于单个企业或传统的战略联盟，“平台化”的生态系统具有远高于单个机构的竞争优势，甚至它们不只局限于单个生态系统，而是在多个生态系统网络中展开运作。

多边化的平台模式也引领传统企业由客户主导的互联网平台模式进入由企业主导的产业互联网化时代。企业以创新的平台化模式对各产业的生产、交易、融资、流通等各个环节进行改造与交融，形成以互联互通为经营管理平台的新产业生态，依托移动互联网、物联网、云计算与大数据等信息技术，形成产业互联的智慧经营场景，实现客户、供应商和企业或供应商与供应商，以及企业与企业之间的互联互通和价值重构。

“后地产”时代的企业经营逻辑与运营模式逐步向互联网化与平台化方向转变，更加注重开放合作，企业内部模块化，外部去边界化，内外部高度融合形成多边化的产业生态圈。多边化的产业互联模式重塑企业协同方式，使企业内部协作向全产业链协同发展：在企业内部，产业互联网可以实现多组织协同管控，基于云平台的智慧办公应用；在企业外部，连接产业链的上下游资源，形成产业链关联企业的联动，实现产业链生态数据共享，促进产业生态圈的发展。

根据迈克尔·波特的管理逻辑，每个企业都处在产业链中的某一个环节，一个企业要赢得和维持竞争优势不仅取决于其内部价值链，而且还取决于一个更大的价值系统（即产业价值链）中，也就是一个企业的价值链同其上下游供应商、客户之间的连接和协同。波特的“价值链”理论揭示出，企业与企业之间的竞争不只是某个环节的竞争，而是整个价值链甚至是产业价值链的竞争，企业内部价值链和产业价值链的综合竞争力决定企业的整体竞争力。DT时代以“云计算+大数据”为核心的技术群落，为产业价值链整合提供了技术手段，同时多边化的平台模式促使企业经营由内部价值链向产业价值链整合方向发展，形成产业价值链的资源优势。

根据埃森哲的一份调查显示，超过1/4的企业高管表示，数字生态系统正在改变企业创造价值的方式，管理者应充分利用新型合作关系，建立数字伙伴网络。

选择合适的平台，找到正确的数字合作伙伴，圈定自己的战略联盟并开展有价值的合作，在未来的商业竞争中显得愈发重要。埃森哲在其近期发布的《生态智联打造新型价值链》报告中，对企业提出以下建议：

（1）找到适合自己的“平台”跳板，果断进入

有了平台，你才能挺进复杂的数字生态系统。然而，并非所有企业都一定要成为平台提供方。有些企业天生拥有这样的基因，而大多数公司则可以依托现有平台进入新的生态系统，这样既省钱又快捷。

（2）光有平台也不够，传统价值链需要被重塑

在传统企业向新型数字平台聚拢的过程中，平台也会对企业的思维模式发出挑战，企业必须放弃过去建立强大客户关系的传统接触方式，包括自有APP、网站，尝试和客户连接的多元化形式，由此推动价值链转型。

（3）“对手”一词已过时，伙伴多才是真实力

无论是消费型企业，还是互联医疗、地产等领域的公司，都在通过联盟，向数字生态系统迁移。埃森哲认为，企业不仅要找到进军崭新行业的切入点，还要少谈“对手”，广交朋友，扩大自己的商业价值版图。

目前，在地产领域很难找到真正能够串联企业内外部业务场景，从传统的资源管控到开放共享，支持企业进行智慧经营转型的平台。因此，很多企

业不得不投入大量的资源自建或购买分散的解决方案，同时后续还需要寻找合适的人才并进行持续的运维投入。

随着云服务时代的到来，其特有的“灵活配置、低成本、无须依赖专业人员”等优势将会成为顺应企业信息化新时代需求的趋势，也将是解决当前企业信息化建设痛点的唯一方式。加之公有云的安全性、可靠性得到企业的进一步认可，将会吸引更多的企业采取云服务的模式。此外，当今的云服务已经不仅仅是信息技术本身的演进，而是整个经济形态的变革，“企业上云”也成为快速实现数字化转型的捷径。

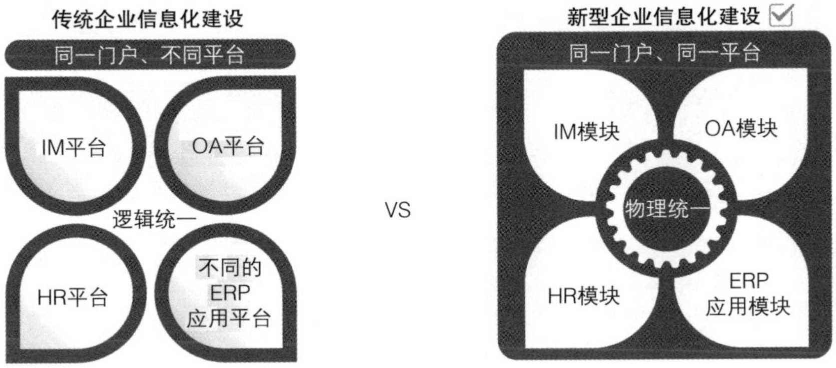

图 11－4 “物理统一”的平台将是未来企业信息化建设趋势

随之而来，软件开发商的产品及运营模式也发生着改变，由产品集成型软件开发模式向服务型运营模式转型。

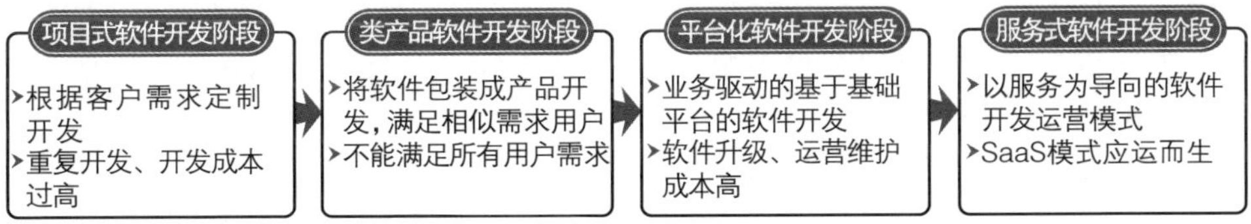

图 11－5 软件开发模式演化

传统的产品集成型项目利润持续走低，企业需要谋求新的发展方向，创新盈利模式。我国行业信息化建设正从大规模基础硬件平台建设、应用系统建设，逐步向推广应用、运营服务转型，收取服务费的商业模式正在逐渐取代传统软件产品的销售模式，服务市场需求规模巨大，为具有本土服务优势的国内软件企业带来发展契机。

SaaS（Software as a Service）是一种基于互联网的软件部署、运营和使用、销售的新模式。SaaS 提供商为企业搭建信息化所需要的所有网络基础设施及软件、硬件运作平台，并负责所有前期的实施、后期的维护等一系列服务。企业无须购买软硬件、建设机房、招聘 IT 人员，即可通过互联网租赁信息系统，就像打开自来水龙头就能用水一样，企业根据实际需要，向 SaaS 提供商租赁软件服务。SaaS 云服务模式目前已成为软件产业的一个重要力量，推动软件向服务转型已成为科技发展的重要趋势。

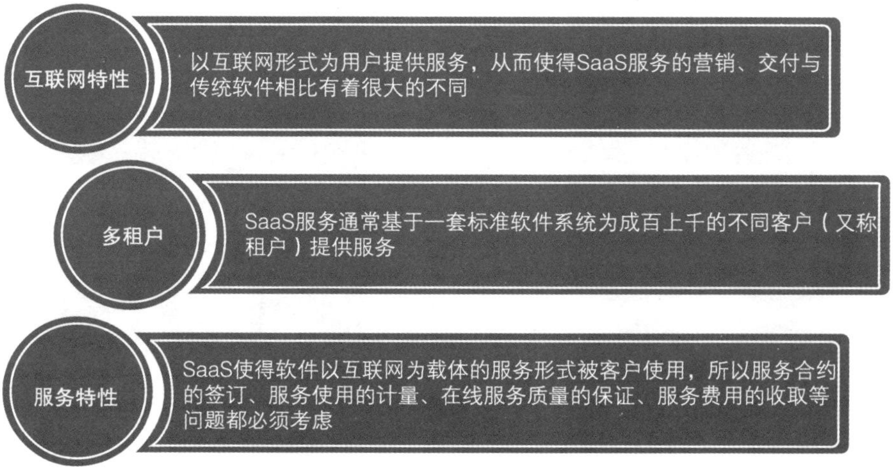

图 11－6　SaaS 云平台特点

SaaS 云服务模式的平台架构

SaaS 云服务模式的应用功能与系统结构由以下体系组成：第一层是基础设施层（IaaS），提供计算、存储、服务器、带宽等云基础设施服务，这是所有系统运行与应用功能开发的基础；第二层是系统平台层（PaaS），是为云系统开发提供接口和软件运行环境的服务层，这是云计算系统管理、系统集成、资源分配及第三方应用功能集成的综合管理平台；第三层是各种应用软件功能模块（SaaS），是云服务的应用功能层，能够提供在线的软件服务，包括管理信息系统（MIS）、企业资源计划（ERP）、客户关系管理（CRM）、网上办公（OA）、供应链管理（SCM）等各类功能模块，并为用户提供强大的交流协同平台；第四层是客户端访问层，采用云服务零客户端方式，包括电脑 PC、手机及其他各种终端。SaaS 模式通过在线租用、按需付费、协同管理，大幅提升了各类企业、行业部署与运用信息技术的效率，在各企业内部将有广阔的应用空间。

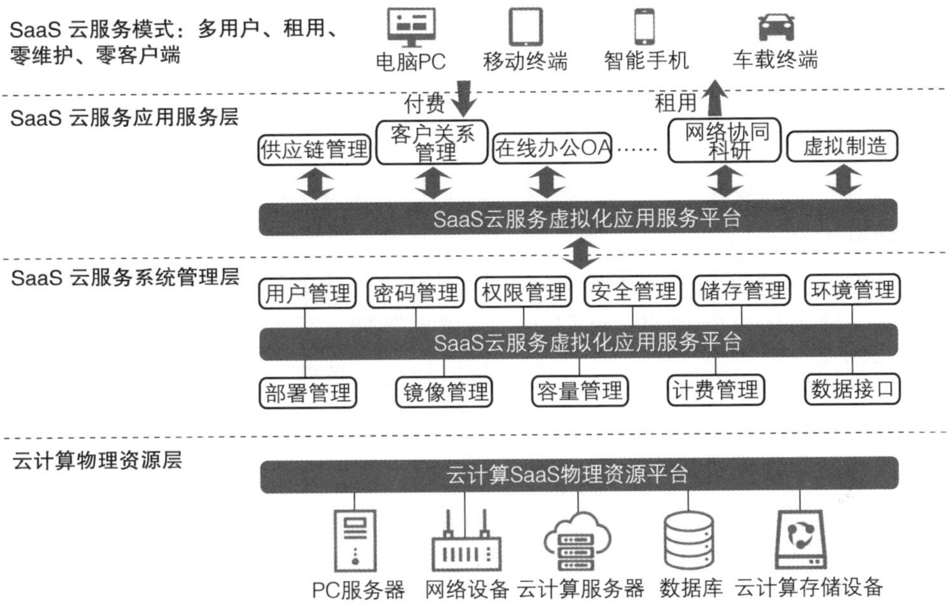

图 11－7　SaaS 云平台架构示意

表 11－1　SaaS 云平台多租户数据存储方案

方案	优点	缺点
独立数据库	为不同的租户提供独立的数据库，有助于简化数据模型的扩展设计，满足不同租户的独特需求	增大了数据库的安装数量，同时增加了维护成本和购置成本
共享数据库，隔离数据架构	安全性要求较高的租户提供了一定程度的逻辑数据隔离，并不是完全隔离，每个数据库可以支持更多的租房数量	如果出现故障，数据恢复比较困难，因为恢复数据库将牵扯到其他租户的数据。如果需要跨租户统计数据，存在一定困难
共享数据库，共享数据架构	维护和购置成本最低，允许每个数据库支持的租户数量最多，共享程度最高	隔离级别最低，安全性最低，需要在设计开发时加大对安全的开发量，数据备份和恢复最困难

SaaS 云平台服务模式核心优势

随着企业用户人力成本的上升、移动终端设备的兴起以及共享经济和信息化手段对企业经营的影响，企业信息化软、硬件部署方式也在逐渐发生着变化。为了更好地满足企业信息化建设发展的要求，巨洲云推出自主研发的 SaaS 云服务平台，助力企业通过小杠杆撬动企业内部业务管理提升并实现数据共享。

巨洲云 SaaS 云平台模式是将软件存放于云基础设施，企业通过注册并登录账号来获取所需软件服务。采用 SaaS 云模式，企业不需要额外购买服务器等硬件设备，也不用配备 IT 方面的专业技术人员，可按需定制软件应用服务，强大的系统运维团队让您无后顾之忧、专心企业经营。在服务费用方面，企业只需根据软件使用规模和使用时间支付相对低廉的月费或年费，就可以获得 SaaS 服务，不会占用企业过多的营运资金，企业内部也不用投入大量时间和人力进行信息系统的维护和更新，云平台可以提供行业领先的技术方案和产品解决方案。

巨洲云 SaaS 平台在承载业务系统应用服务的功能之外也兼具数据管理平台功能，涵盖从投资拿地、计划运营、成本管理、采购管理、营销管理、工程管理到项目交付的房地产开发全生命周期的业务管理系统，各业务系统初始化时根据企业管理要求先明确一套标准的主数据体系，打通各业务系统接口，便于各业务模块数据归集、管理。

巨洲云 SaaS 平台服务模式有效解决了地产企业多样繁杂的数据类型和数据来源问题，打破数据采集壁垒，通过多触点数据采集、多业态数据整合等方式进行数据归集、分析，通过数据挖掘实现价值创造并影响决策，实现用数据管理业务、管控风险。

巨洲云平台系统架构遵循了可配置、可扩展、可定制等特性的开放架构，具有部署灵活、可伸缩、高性能、投入低、部署时间短等特点，满足用户个性定制功能需求，并能快速适配企业业务需求，已成为企业信息化解决方案的创新方式。对比传统软件开发模式，云服务模式具有显著优势：

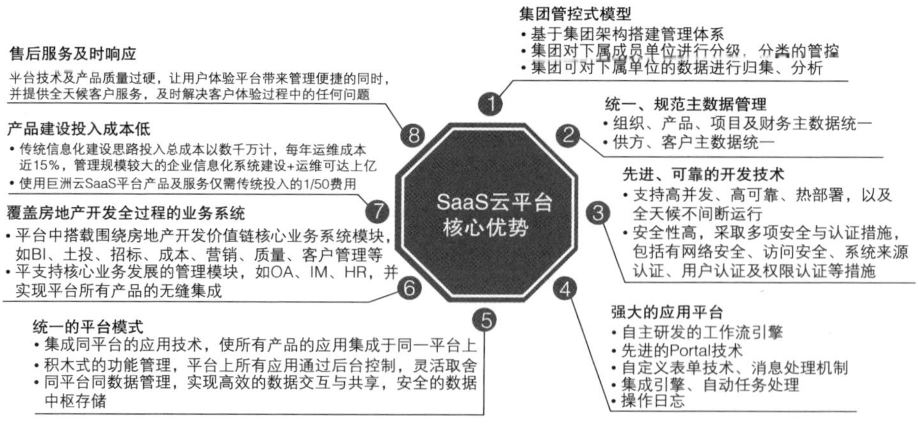

图 11-8　SaaS 云平台核心优势

针对部分客户对于共享模式的 SaaS 平台服务可能有企业数据泄露的顾

虑，不敢轻易尝试。巨洲云 SaaS 平台作为行业领先的软件服务模式，在数据安全保障方面采取网络安全、访问安全、系统来源认证、用户认证及权限认证多项安全与认证措施，使企业的数据安全比自身单独部署服务器存储数据更有保障，让客户对数据安全存储没有后顾之忧。

巨洲云 SaaS 平台采取双重集群部署，在性能的监控和技术投入上往往要远高于企业自身的投入水平，确保系统运行更加稳定高效，为企业高效运营提供强大的系统支撑。巨洲云采用 SaaS 云服务模式能够打破时间与空间的限制，通过平台强大的聚合能力，实现企业之间的协同互动与数据资源共享等服务，如成本数据、供应商资源、工程数据、客服数据等，无限放大数据本身的价值，通过大数据的整合分析更精准地指导企业运营。

未来，竞争优势将不再掌握在某一企业手中，而是取决于其所选生态系统的实力，以及该生态系统中平台的能力。构建开放、共享的多边合作模式，选择合适的平台作为战略合作，由平台实现企业、用户间的广泛连接，企业助推生态系统的发展并分享生态效率提升带来的红利，实现共生共赢。

十二、思维变革助推技术革新、落地

在电影《让子弹飞》里有个“马拉火车”的情景，画面一出就引起影院内哄堂大笑，但“马拉火车”的确在中国的铁路历史上出现过，而且是以两种不同的方式出现。

中国第一条自办铁路是李鸿章在唐山修建的唐胥铁路，李鸿章在这条铁路倡议和修建的过程中并非一帆风顺，期间发生了不少坎坷与争论，在现在看来有一定的讽刺意味，但在当时却是人们在认识新事物、新技术理念上的冲突。在李鸿章提出倡议时，不仅老百姓不了解，即使一些政府官员也无法意识到铁路的重要性和便利性，坚决反对修建。在铁路建成后，轰鸣的火车带着黑烟而过，而且只能沿着铁轨前进，不能随时停留和拐弯，一点也不比马车方便，因此清政府就以“机车直驶、震动东陵，且喷出黑烟、有伤禾稼”的理由下令停止使用机车，改用驴马拖着火车走。因此，就出现了非常滑稽的一幕：几匹马拖拽着长长的火车在铁轨上艰难行驶。直到李鸿章邀请了一批官员亲自试乘之后，火车才获准正式行驶。

另一个故事发生在20世纪初。1903年，哈尔滨至长春的铁路通车，位于哈尔滨西南约30公里的双城堡迅速发展成为粮食集散和贸易重镇，但从双城堡火车站到双城堡市还有几公里的距离，仅靠几十辆马车远满足不了旅客及货运的需求，便有人提出了效仿哈尔滨的有轨电车，修建一条由畜力牵引的轻便铁路。1913年，铁路建成，马拉火车正式开始运行，一直到1943年才停止运行。

同样的“马拉火车”却体现出了两类完全不同的思维和理念，一个是固守传统，并以传统的方式评价新生事物和技术，最终导致新技术难以提高效率，反而成为某种限制；另一个是以开放式的姿态迎接和使用新技术，并能进行适应性的调整改进，促进新技术的应用。

在100多年后的今天，新商业模式、新技术手段不断涌现，人们的生活方式、生产方式、社会关系、社会交往方式、社会结构及思维方式等都发生了革命性的变化，甚至在科技领域，“颠覆”一词已被用滥。陈旧的管理思维和模式，渐渐拖累了企业的创新与新策略的执行，推动内部管理向“智慧化”方向发展，甚至以更加开放的思维去进行变革转型已成为企业应对社会、经济环境快速变化的方式。

> “技术创新越缓慢的组织越容易僵化。因此，必须加大创新的力度。”

持续的变革让企业获得持续的生长能力，在变革转型过程中遇到的最大挑战通常不是战略，也不是来自于具体的业务，而是企业固有的思维惯性的抗拒。“抗拒”是对破坏预期的行为的一种不可避免的正常反应，人们总是希望能实现原有的预期。

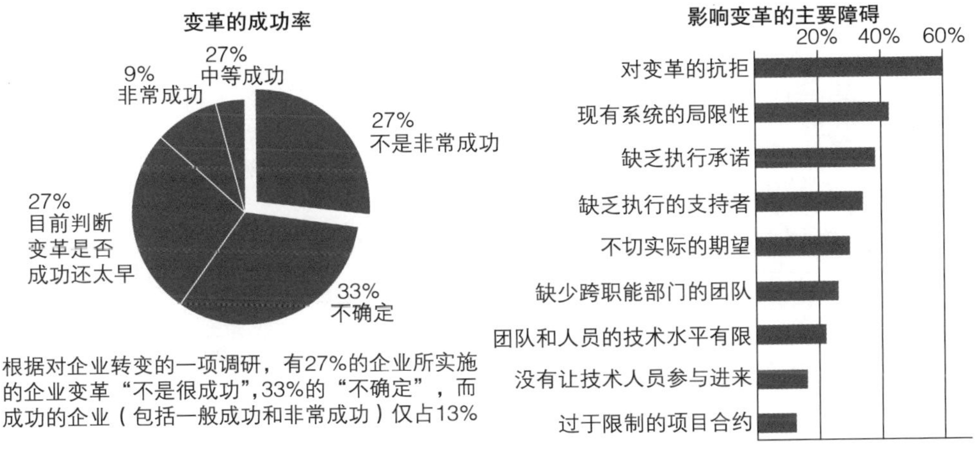

图12－1 影响企业变革成功的主要因素

对变革的抗拒总是存在着：人们更希望能实现原有的预期，如果他们的预期遭到破坏就会抗拒变革。因此，企业在进行技术革新时应引导员工以积极的态度面对变革，打破传统惯性思维，转换思维视角，以新的思维角度、新的思维层面、新的思维方向接受新事物的挑战。如果思维变革成功，技术革新便已完成了一半。

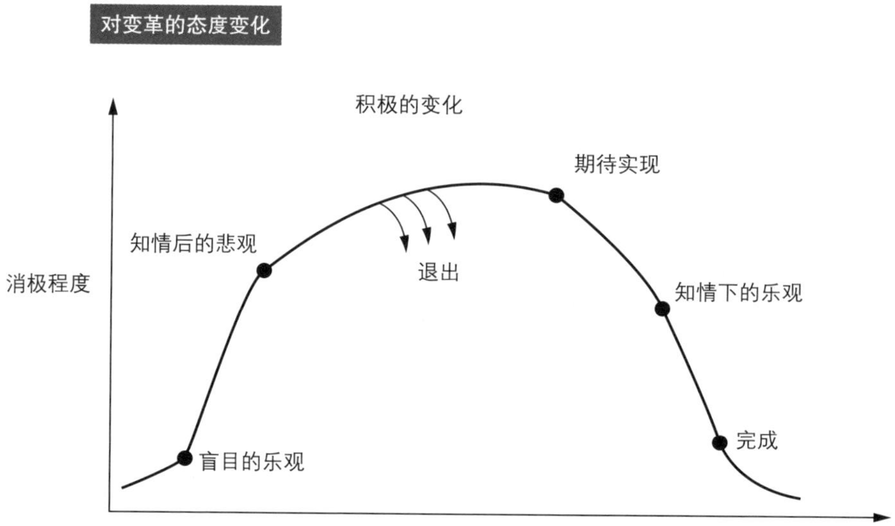

图 12-2　员工对企业变革的态度变化

此外，员工思维变化与企业管理变革脱节，也是影响变革成功的重要因素。

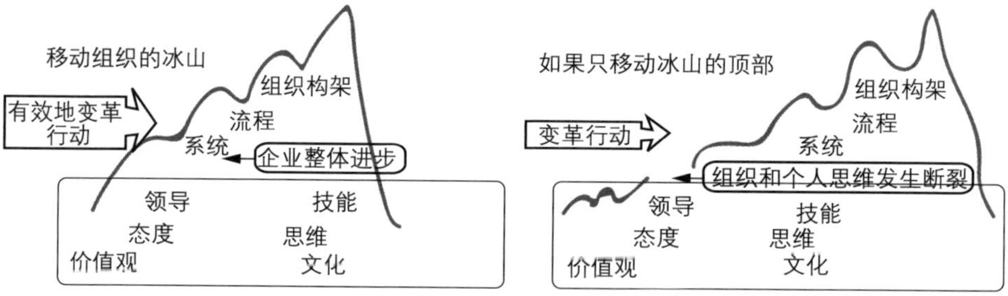

图 12-3　有效的组织变革

在企业变革的过程中，不仅需要员工具备胜任能力，更需要重点关注员工思维转变，确保员工怀有朝着公司既定目标奋斗的自主意愿，并通过相应措施重塑和强化员工思维模式，以确保企业能够快速适应内部外经营环境变化，并积极拥抱不确定性。

> “作为变革领导者，关键是要改变组织整体的态度。组织的全体人员都应该将变革看作机遇而不是威胁。”

作为全球大型家电第一品牌的海尔集团，目前已从传统家电产品制造企业转型为开放的创业平台。在海尔共享式创业平台上聚集了2246个创业项目，平台上有4316家创业创新孵化资源，1333家风险投资机构，118家孵化器空间，120亿元创投基金，15个创业创新孵化基地，为创客提供了丰富的创业资源。海尔平台上有200多个创业小微、3800多个节点小微和122万家微店正在努力实践着资本和人力的社会化，已有超过100个小微年营收过亿元，有52个小微引入风投，18个小微估值过亿。

海尔作为企业管理先驱，始终在主动寻求变革，不断尝试管理模式和管理方法的创新。从20世纪90年代的自主管理班组、2001年提出的市场链SBU模式、2005年提出的“人单合一”业务模式，到2014年提出的“企业平台化、用户个性化、员工创客化”等一系列革新举措。海尔在推进“人单合一”双赢模式的过程中，坚持以去中心化、去中介化、去“隔热墙”的管理思想，打破传统层级制管理体系，推行网络化节点组织，实现组织扁平化。

海尔转型的成功很大程度上依赖于员工思维模式的转变以及相应的配套机制，通过改变员工思维模式推动管理变革。从观念上，由原来的传统科层制企业的执行力文化，转型为创业平台的创客文化，要求员工由听从上级和领导指令的传统思维模式解放出来，转变为以用户为中心、满足用户需求的自主经营行为。日常工作从大企业机制下的派工派活，到变成创业小微、创客，围绕创业目标，自主工作，由传统的企业付薪制转变为用户付薪制，也就是为用户创造价值的多少决定了创客的薪酬。

很多成熟的具有一定规模的企业习惯肯定和保持已有的成功经验，缺乏创新的动力和对未来的想法；另外一些企业更勇于思考如何从内部改变自己，跳出思维习惯和经验判断未来，这种更深刻的“自我变革”在一些成功的互联网企业内较为常见。

阿里巴巴在2008年就提出了“新商业文明”，并意识到未来的组织需要超越传统公司的运作方式，并在随后的七、八年内进行了众多的尝试。从最开始的内部建设共享平台，到“赛马”创新机制，再到用自己开发的基于网络的内部协同软件替换掉传统的ERP，阿里不断地进行组织模式的创新。现阶段，阿里又围绕“赋能”为创意者提供更高效的创新环境和工具。

而Google在成立之初就与传统的企业在管理理念和运营方式方面存在很大差异，可谓独树一帜。两位创始人秉持对互联网的重要性和搜索的力量坚信不疑，在管理方面为员工提供更大的自由空间，并通过沟通使得大家在大方向上保持一致。随后在激烈的市场竞争、快速进步的科技浪潮中，Google不断进行尝试和思考，通过聚集顶尖的“创意精英”，营造合适的氛围和支持环境，充分发挥员工的创造力，快速感知客户编号进而创造相应的产品和服务。这意味着传统公司管理理念不适用于Google，其组织逻辑要不断地发生适应性的变化。

对于地产企业，大多数企业刚刚由粗放式管理向精细化管理过渡，尚未尝试甚至意识到通过内部管理变革推动企业的发展；同时，由于地产行业的特点，新技术应用、创新的动力远不如互联网行业。在“后地产”时代新环境、新竞争态势下，地产企业不得不转变思维，勇于尝试和探索，打破惯有思维以更开放的姿态迎接各类新技术的应用，以推动企业的持续发展。

思维方式的深层次变革，需要具备前瞻性、突破性、开放性、整合性、多维度、创新性，同时还需要具备极大的勇气。而在当今这样一个数字化的世界，用户、信息、产品及服务变化很快，数据流动性更强，因此“开放”成为企业进行变革的“核心关键词”，特别是在向数字化运营的转变过程中。在“生态圈”层面的开放包括：开放标准，与行业共享数据结构、标准，管理语言标准等；开放数据，共同推进数据、信息在产业链甚至生态圈中的流动、分享；开放能力，包括企业的产品能力、技术能力、管理能力等，推动生态圈提高效率；开放用户，借助“平台”为客户提供不断的产品、服务及其他价值，并分享平台的客户价值。

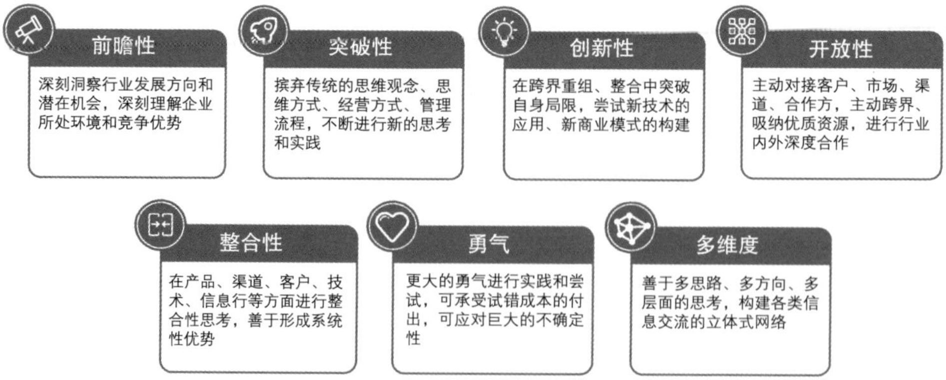

图 12－4　思维方式的深层次变革

除了具备变革的决心外，员工思维的转变是变革及新技术应用落地的关键。

企业高层率先垂范，以身作则：高层领导要积极参与变革，用实际行动引领员工理念和行为的转变，并向企业各个层级中积极的变革领导者充分授权，自上而下带动整个企业的变革参与热度。根据 IBM 组织变革管理一文中所统计，在影响企业成功变革的重要因素中，高层支持、企业文化、中层对变革的责任感、员工参与等软性因素的影响明显高于项目团队技能、高效培训、绩效考核等硬性因素，尤其是“高层管理者的支持”这一软性因素占比最高，可以看出企业高层的榜样示范和有效支持是推动企业变革成功的关键。

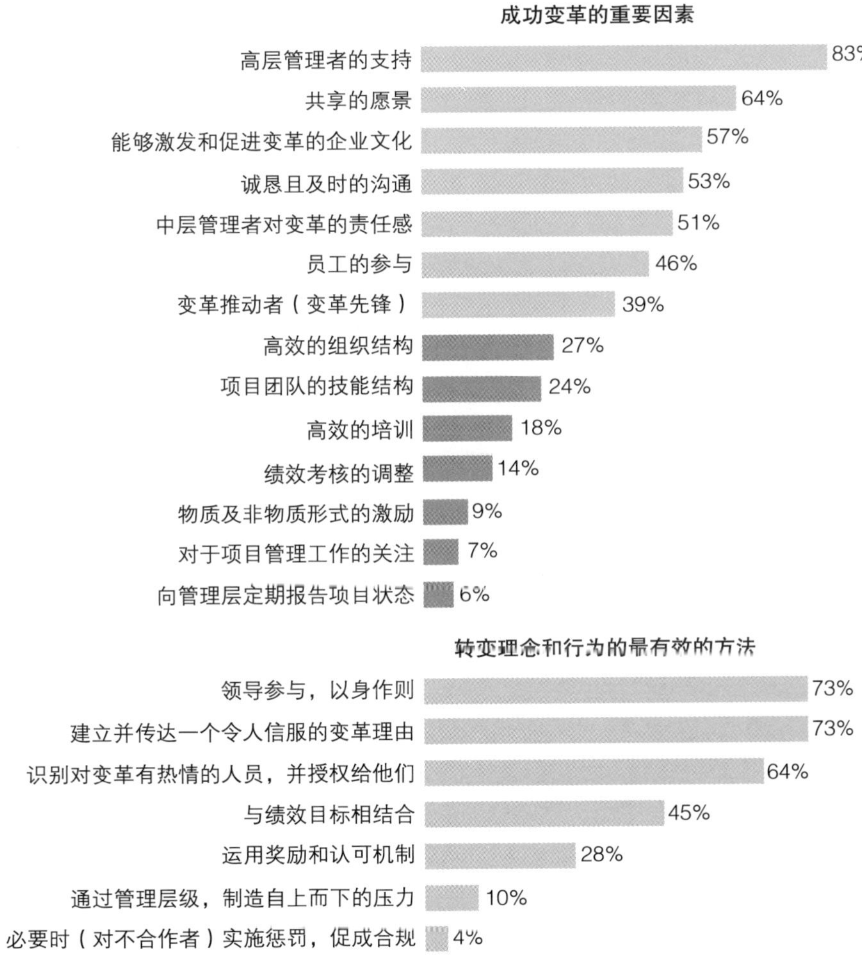

图 12－5　成功变革的重要因素

系统培训先行：在对企业各种情况进行充分调研的前提下，制订系统培训计划和相关配套措施，并进行充分宣贯、辅导支持，确保相关业务系统的业务逻辑和操作技能被员工充分了解和掌握，以推动变革成果高效落地。

制度流程配套：配套适配的制度、流程体系，让员工在全面的管理制度和标准的业务流程下实现自我驱动和管理，有助于化解企业变革过程中制度流程不完善所产生的阻力。

绩效考核激励：以绩效考核为抓手，将变革预期完成目标与绩效考核相挂钩，通过设定合理的绩效考核目标，分析考核目标的执行情况，并结合员工的意见反馈，倒逼企业变革措施的改进和提升，是推动员工改变意愿和行为的有效工具。

第四部分

科技助力，地产企业机会伊始

房地产市场调控力度持续加大，在限购、限贷、限售、限价等政策的重拳出击下，房地产过热的市场表现被有效遏制，房子愈加回归居住属性。在这种形势下，制定合理的发展战略、谋求新的利润增长点对于地产企业未来发展至关重要。在遵循房地产市场逻辑、响应国家方针政策、肩负社会责任的同时，有效利用新兴科技，助力企业转型、创新、谋求更进一步发展，实现旧格局与新机遇之间的转换，占领未来行业发展先机成为企业管理层思考的重要问题。在利润增长与业务创新的冲击下，诸多大型地产企业试水了互联网、金融、零售、农业等方向，转型“服务商”，并取得了一定的成功，可预见的是新兴科技在企业转型发展中将会扮演越来越重要的角色，通过全产业链的整合、智能化应用、经营大数据分析等为地产企业打开新的发展窗口。

十三、地产下半场属于全产业链整合、共享

移动互联网、各种社交媒体及其他新技术手段的应用使得地产企业可以实现与生态链各环节进行更加方便、快捷的连接，原来的围绕“产品”价值实现模式正在向围绕“客户”提供多维度服务进行价值创造转变。地产企业的价值链不断延伸，企业的内部管理必将向整个产业链开放，跨组织经营将成为常态，整合、共享将成为新商业模式的核心内容。

1 地产服务领域创新

地产服务领域是各传统地产企业进行创新试点、掘金存量市场的突破点，同时也是其他非地产类企业介入地产生态链的主要领域。目前，在互联网家装、地产经纪交易、共享办公、长租公寓等领域已形成诸多相对成熟的运营模式。

■ 互联网家装

家装行业为典型的房地产下游行业，行业集中度低，规模家装企业相对较少，是典型的“大行业小公司”竞争格局。家装行业产业链条长，涉及环节多，标准化程度低，进入门槛低，随着行业的快速发展，进入者增多，行业盈利水平不断缩水，同时又由于缺乏创新，逐渐陷入发展困局。价格不透明、装修质量差、个性化需求无法满足、维权成本高等多种痛点，催生了传统家装行业进行变革的需求。

2014 年，主打低价模式的互联网装修公司陆续出现，以一系列营销举措吸引关注，“互联网家装”概念开始走红。2015 年，国家提倡的“互联网 +”战

略为家装行业发展提供了良好的政策机遇，互联网家装企业如雨后春笋般迎来爆发式发展，家装模式层出不穷，逐步形成平台型、垂直型模式以及综合类电商平台为主导的市场格局，优化并整合产业链资源，向一站式整体家装方向发展，有效缩短传统家装行业服务链条，提升价格透明度，增强用户体验。

平台模式

平台模式借助互联网思维和互联网工具，通过去中介化、去渠道化，整合并优化传统家装产业链资源，包括但不限于设计师、建材供应商、软装供应商、装修公司等，形成服务型家装平台，根据用户个性需求输出相关定制服务，颠覆传统装修用户体验。

互联网家装平台在加强线上营销推广的同时，也注重线下渠道的拓展，通过线上线下高效联动，将部分线上流量导入线下体验，让线下门店发挥强大的转单能力，并把线下的体验反馈至线上，据此优化平台服务内容及水平。

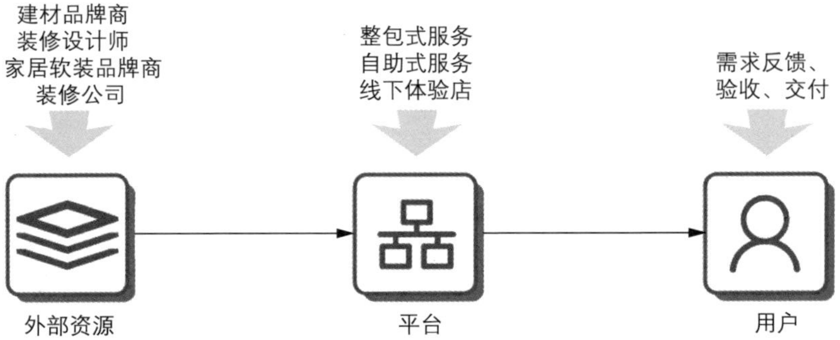

图 13－1　互联网家装平台运营模式

（1）美国 Houzz：连接设计师与用户的家装平台

Houzz 成立于 2009 年，是一个室内外设计爱好者的交流社区和图片库，平台上有 25000 名设计师上传了超过 20 万张精装修照片，并按房间类型、设计风格及地理位置进行分类，便于用户精准查询，当用户对某个设计产品有意向时可在线下单。平台对于业主免费，向有需求的服务商和设计师收取广告及推介费。目前，Houzz 已经在柏林、伦敦、悉尼、日本、新加坡都开设了分部，有 35% 的流量来自于这些国家和地区。月活跃用户高达 4000 万人，有 1000 万张图片的图片库，100 万名左右的设计师。

（2）土巴兔家装平台：连接 B 端和 C 端

土巴兔平台是一个连接 B 端和 C 端的互联网家装平台，涵盖设计、施工、监理及装修材料和软装饰品采购等功能，实现整个家装产业链的贯通。目前已开启家装 3.0 模式。

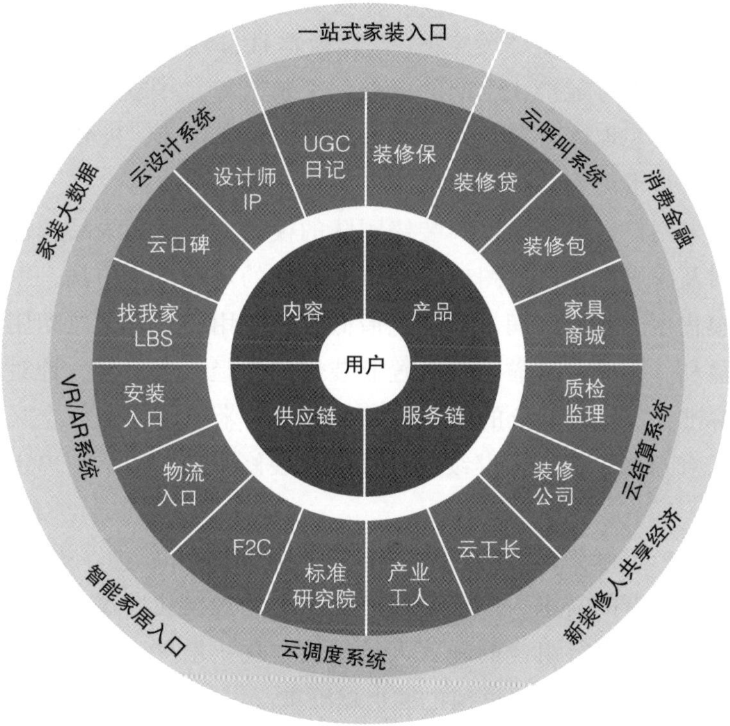

图 13－2 土巴兔平台架构

用户可通过网站 PC 端和移动端查看实景装修效果图，根据自身装修需求及预算在平台发布招标信息。土巴兔平台根据用户需求向其推荐三家装修公司，装修公司免费上门实地勘察、测量并了解客户诉求，分别提供设计方案供客户选择。用户确定装修方案后与装修公司签约，并与土巴兔签订《装修保协议》以进行资金托管、有效约束施工效果，首期支付给装修公司工程款的 20%，另外的 20% 托管在土巴兔，其余款项待装修分项验收合格后分阶段支付。工程竣工 30 天后，业主对装修工程验收合格且满意后才可将托管在土巴兔 20% 的尾款支付给装修单位。

为了有效解决传统家装质量难以把控的诟病，土巴兔专门成立监理队伍，对施工过程中的水电、泥木、油漆、竣工四个阶段进行验收，从专业角度提出整改意见并跟进整改问题关闭、再验收，确保装修过程工程质量得到有效控制。土巴兔通过用户流量的积累以及市场渗透能力在互联网家装市场占有率方面表现突出。

垂直型模式

（1）小米爱空间：以单方整包低价占领市场

2015 年初，小米投资“爱空间”，作为垂直自营的家装厂商，采用标准化整包模式，提供可定价、定期的标准化家装服务，并通过线上实现交易和全程监控，线下实现体验和交付。小米以“低价、快速、极致”的模式迅速打入互联网家装市场。

爱空间采用自行组建和培训装修团队的模式，并由一线品牌供应商处直供装修建材及家居产品，试图通过超低毛利率的定价打开市场，以产品标准化实现规模化生产获取利润，并且凭借低价积累用户，力求拉动用户后续长尾消费来盈利。初成立时瞄准首次置业装修的年轻人用户群，针对目标用户痛点推出标准化、短时低价的家装服务，以“小米家装”的概念吸引消费者关注。2016 年开始，爱空间继续深耕标准化装修产品，调整用户定位和装修产品价位。

采用整包模式可节省用户选择设计、材料的时间和精力，提升装修效率，迎合市场主流人群的需求，推动装修产品服务的规模化发展。然而随着业务规模的不断扩大，自行组建的施工人员规模也逐步增加，人力成本投入逐渐上涨，导致企业管理本身的负担也越来越沉重。

（2）海尔有住网：装配式家装

海尔家居“有住网”成立于 2014 年，是海尔旗下的互联网家装平台。目前，有住网主要有两大系列产品：一类是面对个人用户的精装产品的“百变加”；一类为国内顶级地产开发商提供的商业装修解决方案“Idea Home”，提供线上预约装修、选材、制定装修方案、签订合同、可视化施工到软装购买等为一体的一站式在线装修解决方案。前端模式与“爱空间”类似，差异之处在于装修网页嵌入在线商城模块，直接打通海尔家电、定制家具等产品端口，致力于打造装配式家装和推广智能家居。

“百变加”标准化家装产品：

具有性价比高、设计方案标准化、产品快速迭代、用户参与度高等特点，为了保证用户体验，装修施工人员均为公司自有人员，不分包、不外包。参照 Uber、滴滴等派单模式，先由工人在派单平台上注册个人信息，公司拆解标准化的工序给工人进行派单或抢单，再由工人进行标准化施工。优势在于：节省工头人工成本投入，将该部分成本作为激励分发给工人。工人能够获得比市场价格高10% ~20%的工费，从而提高员工忠诚度。

Idea Home针对地产开发商提供标准化精装产品：

Idea Home采取C2B2F的模式，通过与地产商进行资源合作，直接获取购买毛坯楼盘的用户数据，并通过大数据分析，为有装修需求的用户提供针对其户型的标准化精装解决方案，包括空间改造、精装、收纳三部分。进而通过对全产业链的垂直整合，将工厂产品直供到消费者手中，完成一个整体生态的构建。

在产品方面，Idea Home已完成主材、家具、家电、软装配饰等全线家居产品的垂直整合，实现功能类、品质类产品升级，借助垂直整合全线产品体系，打造“智慧生活场景”。产品功能模块分为功能、品质、收纳、智能、电器、互联、生活等。其中，功能类产品包括水电点位、淋浴隔断、阳台过门石、阳台墙砖、瓷砖踢脚线等；品质类产品包括墙面壁纸、橱柜下拉架、反光灯槽、地板升级、洁具升级、地砖升级、照明模块等；收纳类产品包括浴室柜、玄关柜、衣柜、阳台柜等；智能安全体系包括中央控制路由、智能门锁、视频监控、智能开关插座、空气盒子、智能物业、智能医疗等；电器包括海尔系列产品，烟机灶具、热水器、洗衣机、消毒柜、电烤箱、洗碗机等。

去中介模式

过去很多业主进行家装大多通过自由市场寻找非正规的施工队伍，俗称“马路游击队”。但实际上水平良莠不齐的游击队呈现出订单不稳定、施工没有专业图纸、价格不透明、工程质量无法保障等问题，客户服务及体验较差，用户个性需求无法满足，因此只有收编游击队成立正规军才能真正地满足业主的需求。

另外，由于家装行业低频高价、一次性试错成本高的特点，对装修品质提出更高的管理要求。因此，互联网家装企业推出工长模式，运用互联网技术，建立完善的管理制度，培养出一批精干高效的正规军，才能满足用户的真正需求。

2013年，新浪家居工长俱乐部成立，逐渐发展成为“抢工长”平台。“抢工长”平台通过对工长资源进行整合，对其进行准入、培训、监督、评分，保证工长质量。工长可在平台上分享装修案例，用户根据工长口碑评价进行自主选择，并与工长、平台签订三方协议。同时用户可在平台直接选择装修建材、监督装修进度。

根据家装行业相关市场调研信息发现，材料、装修质量及售后保障等因素是大多数业主在选择家装服务商时的最主要关注点，而且由于装修属于高价低频的消费类型，业主更倾向于为高质量的装修服务付费。同时，根据当前房地产市场客户群体特征，“80后”“90后”成为家装消费主体，该类群体心态开放、接受新生事物的能力较强，生活节奏较快，特别注重装修效率、时间精力等因素，促使一站式整体家装服务成为市场主流。

因此，地产企业在整合地产开发产业链下游资源、进军家装市场时，无论采取哪种运营模式，都应注重产品和服务质量的塑造，以客户需求为导向，不断完善和优化平台内容及服务体验，提升用户满意度，通过打造标准化装修服务，严格规定施工和服务具体流程，提升装修效率；同时，应充分考虑用户个性需求，通过定制化软装服务调和与标准化硬装的冲突。

在借助“互联网+”建立互联网家装平台突破地域限制、提高市场渗透率、提升服务质量时，需要建立规范、严格的平台准入机制及市场评价机制，确保供应商的服务质量及水准，以优质服务驱动用户流量的积累。

■ 房地产经纪、交易平台

房地产经纪、交易是房地产产业和现代服务业的重要组成部分，近年来随着市场行情及地产行业本身的快速变化，房地产经纪行业也面临着深度调整。此外，以互联网特别是移动互联、大数据为代表的科技对房地产经纪行业的影响不断深化，移动互联改变了人们寻找房源的方式，大数据成为房地产经纪企业管理的基础，相关搜索行为、交易数据等成为交易决策的核心，依托互联网或技术驱动的经纪平台应运而生。

Compass——技术驱动的房地产经纪平台

Compass于2012年成立于纽约，是一个更好满足居民住房需求的房地产经纪平台。其通过自主开发的算法和大数据分析技术，并搭建基于位置的房产信息平台，为用户提供房屋地址及图片信息，用户可以在平台上直接搜索经过鉴定核实的房产信息，并可以在线预约看房，为房产经纪人和用户提供更加高效、透明及智能的房产交易体验，促进交易达成。

Compass核心竞争力还在于其基于大数据平台的代理端技术，该项技术免费提供给房产经纪人计算房产价值、制订投资回报计划、预测房产行情等，以提升房产中介销售的效率和业绩，实现共赢，未来该项数据体系将成为Compass的另一个盈利点。

Compass运营模式是与房产中介机构合作，双方以佣金合作为基础，用户通过平台搜索经过鉴定核实的房产信息，交易完成后可抽取最高15%的佣金。目前，Compass的主力市场为美国纽约和华盛顿两大城市，于2016年9月获得了7500万美元的融资，估值超过10亿美元，成功挺进独角兽俱乐部，并正在通过兼并和收购大公司来实现模式复制，将业务拓展至洛杉矶、芝加哥和西雅图等其他城市。Compass作为房产经纪平台，仅聚焦于房产信息提供及经纪人投资回报计划、房产行情预测分析，业务模式较为单一，控风险能力不足。

Opendoor——房地产交易服务平台

Opendoor创立于2014年，总部位于旧金山，通过简化房屋交易程序，为用户提供在线房产交易平台，实行先从卖方买入房产，然后再以高价出售的盈利模式。房屋出售者在平台输入房屋地址，平台会根据相同区域的历史价格并结合自创的定价模型和算法技术，计算出房屋报价。如果卖方接受报价，平台会派人实地考察房屋状况及性能后进行收购，并向卖房者收取7%～12%的服务费用，用于支付房屋再次入市交易时的佣金、房屋维护成本及风险金。

Opendoor充分利用智能锁和监控设备为买家提供24小时全天候的房屋自助向导看房服务，省去传统中介带人看房的烦琐程序。买家通过平台购买房产还可享受房屋检查、保修等增值服务，若30天内不满意还可提出退款申请。Opendoor主要聚焦于二手房市场交易，以现金收购房源，对其进行简单修整后再加价出售，即以房产“转手”模式赚取差价及收取佣金为主要经营收益，这种自持房源的重资产运营模式会占用大量资金，在市场经济环境不稳定时容易遭受损失。

Opendoor于2016年底获得了2.1亿美元的D轮融资，目前估值可能已经超过10亿美元。Opendoor计划利用该轮融资在2017年将其平台服务拓展到10个城市。

房多多——一二手房联动的线上交易模式

成立于2011年的移动互联网房产交易服务平台，以经纪人的利益需求为切入口，大举整合大中城市的线下中介机构，自建地推团队在全国各大片区推广其业务模式，直接与中介公司签订框架协议，不对经纪人进行管理。平台目前主营一手房、二手房联动业务，已推出经纪人APP、销售总监APP、客多多APP等多款应用软件，实现信息无缝对接。

一手房交易模式：房地产实际上扮演项目一级分销商的角色，通过自有地推团队与房地产开发商进行对接、获取充足的房源。通过平台将房源信息直接推送给经纪公司的经纪人，对经纪人实行信用评价体系以保证其服务质量。用户可通过房多多 PC 端和移动端提交个人购房意向，平台会自动匹配需求为用户推荐合适的经纪人。

二手房交易模式：跳过中介环节，采取“直买直卖”交易模式，业主直接在平台上发布个人售房信息，经房多多地推团队上门查验确保房源的真实性。买方可通过平台与卖方直接沟通、联系，让交易信息更直接、更透明，大幅提升平台效率，帮助用户节省交易时间和经济成本。

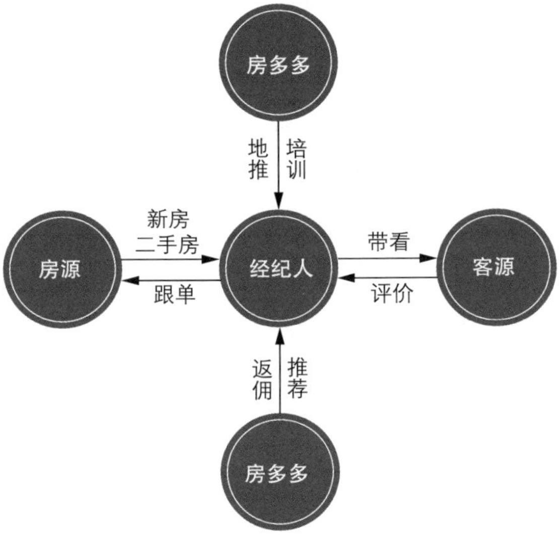

图 13－3　房多多业务模式

针对开发商，房多多开创了按效果付费模式，接受成交总量和成交占比双重考核；针对经纪人，房多多提供 7 天内结佣，切实保障经纪人的利益；购房者端，房多多是打通购房者与经纪人服务通道、开发商优惠通道、平台信息获取通道、移动互联融合通道的全新电商平台。

房多多借助移动互联网思维实行一、二手房联动的线上交易模式，通过整合线下房源及中介机构，与房地产开发商进行深度合作获取一手房源，并将房源直接推送给中介机构的经纪人，根据成交情况进行收益分成。业主可直接将个人房源信息放到平台上，并经房多多地推团队验证核实，买方和卖房可通过平台直接进行沟通、交易，省去房产中介的中间交易环节，直接受益于买卖双方，解决买卖双方的交易痛点。

支付宝——首推信用租房平台

假房源、乱收费、不诚信等乱象成为困扰租房市场多年的顽疾，阿里借助在技术、信用数据等方面的存量能力，切入租房领域试图改造租房产业，提升用户体验。2017 年 3 月，蘑菇租房与蚂蚁金服达成战略合作，成为首家进驻支付宝第三方应用“支付宝租房”频道的租房平台。在经过了 8 个月的试运行后，支付宝信用租房平台正式上线，首批开通上海、北京、深圳、杭州、南京、成都、西安、郑州八城，将主要布局一、二线城市，更小规模的城市不存在明确的租赁市场。与传统中介不同，信用租房平台借助金融产品实现了信用租房，即租房者可通过消费分期产品实现房租月付，芝麻分超过 650 分的用户还可免押金。

支付宝租房平台借助萝卜猎手、蘑菇租房及支付宝三方资源整合搭建，其中萝卜猎手负责诚信背调；蘑菇租房负责提供 SaaS 公寓管理系统，链接更多的品牌公寓方。萝卜猎手是一个基于互联网背景调查的大数据及企业服务平台；蘑菇租房是一个在线租房平台，同时为公寓运营商提供以“蘑菇伙伴” SaaS 管理系统为基础的行业解决方案。支付宝则通过其信用体系完成风险监控，提供 C 端入口，为 B 端房源供给方提供流量；同时为房源供给方和租房用户提供金融服务。

2017 年 8 月 9 日，在杭州市政府的主导下，阿里旗下的创新业务事业部、芝麻信用成立了“智慧住房租赁平台”。未来想把公共租赁住房、长租公寓、开发企业自持房源、中介代理房源、个人出租房源全部纳入平台管理。

租房平台为用户带来租房便捷的同时，也为平台合作方积累了客户流量，也提高了品牌知名度，降低了运营成本。为确保房源真实性，目前支付宝租房只对品牌公寓方开放，不介入个人房源。

■ 存量资产盘活、价值再造

随着城市化进程增速放缓，房地产行业由增量市场转向存量市场：从土地供应来看，建设用地供应节奏趋于放缓，一线城市土地供应的紧张程度更为突出；二手房市场的崛起，一线城市的二手房占比均已超越一手房，部分二线城市的二手房市场份额也逐年提升；从政策层面来看，近年国家一直鼓励地方盘活闲置土地、存量房市场，严格死守耕地红线，控制新增土地供应。并出台相关政策控制土地供应。据不完全统计，全国已有超过 50 个城市发布了有关住房租赁的政策措施。

在此背景下，如何把握存量盘活，将是地产行业未来的发力点所在。未来存量市场规模是非常大的，产生千亿级规模的企业并不是什么难事。租赁领域作为存量市场最为明显的市场机会，地产企业进军租赁领域已现趋势，除传统地产企业外，金融机构、互联网企业也加速涌入。据相关机构预测，未来 10 年将是住房租赁市场快速发展的阶段。存量资产改造的目的是最大限度地利用现有资源，由于涉及政府、开发商、投资者和使用者等诸多方面，物业改造项目有多种方向，例如闲置的工业厂房改造成办公空间，写字楼改造成长租公寓，老旧住宅区改造成旅游景点等。长租公寓属于资源和资金双密集型产业，产业链可简单分为上游房源资产、中间运营商和下游租客，在运营方式上一般分为重资产模式及轻资产模式两大类。

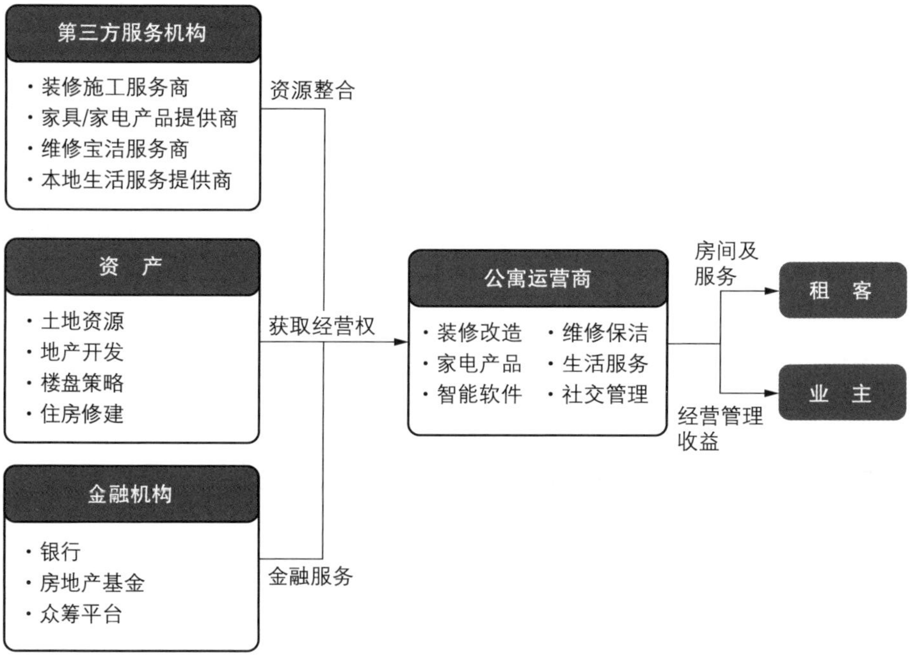

图 13－4　长租公寓运营模式

存量改造重资产模式：一般通过资产买入或股权并购老旧商业地产项目（商场、写字楼、酒店、旧厂房等）的方式获得标的。在成功买入后，通过变更物业用途、重新定位或优化功能规划等方式，对标的资产进行恰当改造，有效改善物业现金流（租金收入），提升物业整体价值。重资产模式对资金成本要求高，但持有人能够享受改造成熟物业的增值效益。相比之下，轻资产模式是通过改造升级实现对物业租金收益的提升，以此获益。

存量改造轻资产模式：通过租赁或合作的方式获得物业的使用权，进行专业改造并二次租赁的改造运营模式。例如，长租公寓、长租办公、联合办公等都是目前较为主流的存量改造轻资产模式。虽然这类模式对资金要求低，但对团队的运营管理及改造能力较为看重。根据某些机构的预测，到 2027 年我国租赁市场的规模将达到 5 万亿。

长租领域：房地产服务市场的下一个风口

虽然我国城镇化发展水平较高，但就业、医疗、教育等社会资源分布不平衡，导致大量人口流入核心城市谋求更好地发展，而核心城市较高的房价收入比限制一部分人的购房需求，大多寻求租赁的方式解决住房问题。根据权威机构数据统计，2015 年我国租赁人口已达到 1.6 亿左右，租赁市场交易总额已经超过 1 万亿元，而且随着房价长期调控机制和政府大力提倡的“租售并举”住房政策，越来越多的人通过租赁满足自身的住房需求。根据权威机构测算，到 2030 年我国租赁人口将接近 3 亿，租赁市场发展空间巨大。目前，国内有多家房地产借势“租售并举”政策东风，纷纷涉足长租公寓，如万科“泊寓”、龙湖“冠寓”、旭辉“领寓”等，攫取房地产后服务市场的最后一桶金。

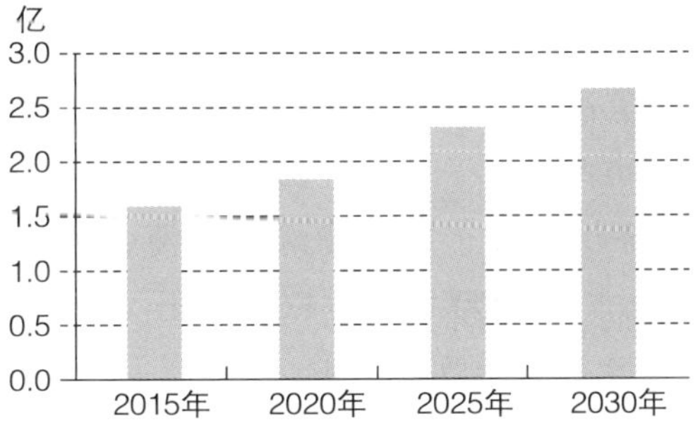

图 13－5　中国租赁人口预测

虽然我国租赁市场空间巨大，但是与美国、日本等成熟租赁市场相比较，我国租赁市场相对垄断、管理较为混乱，未形成规模发展，而美国由于 REITs 的成熟度较高，60% 的租赁房源都是由专业机构进行管理，管理相对规范，我国的长租公寓市场相比仍有较大的发展空间。

（1）国外长租公寓发展概况

美国由于工作机会增加、年轻人口增多等因素，租房市场升温，公寓和独立屋的房租均随之上涨。在美国，年轻人的租房需求较大。年轻人在生活和经济上还不太稳定，所以买房的意愿不大，一般选择租房。此外，流动性强的年轻人，以及年轻家庭，租房需求较高，带动了整个长租公寓市场的增长。美国典型的长租公寓品牌企业包括：EQR、AVB。

①EQR：美国第一家上市公寓 REITs

EQR（Equity Residential）成立于1969年，是一家总部位于美国芝加哥专注于经营和管理公寓的运营企业。其在1993年正式上市，成为美国第一家上市的公寓型REITs。EQR的发展历程经历了快速扩张到缩减规模精细化运营的过程，但EQR一直都是全美最大的公寓REITs的运营商之一，市场份额始终高居前列。截至2016年，EQR拥有物业数量减少至302个，分布在10个州和华盛顿地区，公寓房间数共计7.75万间，拥有数量排名第三。EQR市值约为244亿美元，在美国公寓型REITs排名第二，仅次于AVB（市值261亿美元）。

作为一个公寓运营企业，EQR收入主要是通过运营旗下公寓获得租金收入，而其盈利主要由两部分构成：一部分来自于公寓的租金收益；另一部分是出售公寓获得的资本利得。2016年，EQR年租金收入达24.25亿美元，总营业利润约8.56亿美元。

EQR主要通过大手笔收购来实现规模扩张，快速扩张的背后得益于美国资本市场多元化的融资渠道为它提供了良好的资金支持。作为一家公寓型REITs，EQR能够提供较高且稳定的收益率，旗下物业NOI口径的投资回报率持续稳定在7%以上，由此吸引了以养老金为代表的风险—收益偏好折中的资金，此类基金具有资金周期长、风险偏好低、投资风格稳健等特点。根据EQR公告统计，首次上市至2000年间，EQR共计发行股票43次，融资规模达32.19亿美元，资金主要用于收购物业。

②AVB：美国第一大公寓 REITs

AVB是目前全美第一大出租公寓REITs公司，成立于1978年，1994年3月上市。截至2015年底，公司已在全美11个州及哥伦比亚特区拥有259个社区的近75584套出租公寓，总市值超过200亿美元，其中，约70%的物业位于美国纽约、华盛顿、波士顿等发达城市。

AVB将旗下社区划分为三个品牌系列，其中，Avalon是主品牌，主要提供市区或郊区的高端公寓；AVA则主要在市区（或交通便利的近郊区）提供开间较小或合租型的公寓，服务于年轻人的租住需求；Eaves by Avalon则为那些对性价比敏感的客户提供位于郊区、价格便宜但居住环境舒适、服务设施完备的公寓。

多品牌定位下，AVB 追求全面的规模扩张。自 1994 年上市以来公司共经历了三轮大规模的扩张，截至 2015 年底其持有的公寓套数从 1993 年底的 2396 套增长到 75584 套，年均增长 17.0%；持有物业资产的原值从 1993 年底的 1.78 亿美元增长到 2015 年底的 171.51 亿美元；公司的营业收入从 1994 年的 3717 万美元增长到 2015 年的 18.56 亿美元，年均增长 20.5%。

但 2001 年以后，受 9·11 事件的影响，美国经济增速有所放缓，美联储启动了宽松的货币政策，并由此推动了物业资产价格的快速上涨，到 2003 年时出租公寓市场的资本化率已降至 6% 左右，2005 年进一步降至 5% 以下。2003 年，股票市场开始回暖，宽松货币政策下资本市场的估值大幅攀升。与此同时，土地价格也在快速上涨，使得 2007 年时公司在建项目的成本更高达 31.7 万美元/套。

（2）国内长租公寓发展概况

国内长租公寓主要着眼于青年群体的需求，对城市中大量存在的闲置、老旧物业进行柔化改造，通过优化房屋空间、格局、外观、公共空间，为目标群体提供满足居住需求的一体化居家住所。在一线城市房价进一步走高、购房门槛升级的形势下，居住需求无法被满足，房地产市场逐步进入存量房时代。资本近年来开始加码长租公寓市场。2014 年可以说是分水岭，涌现出越来越多的模式，既有像万科、龙湖、招商蛇口等品牌开发商，也有世联、链家的中介机构；更有依托“互联网 +”成长起来的长租公寓品牌，如 YOU +、魔方等，这些运营模式各有千秋。目前，排名前 30 的地产企业已经有 1/3 进入长租公寓领域。

表 13－1 地产开发企业介入长租领域

地产开发商系				
相关房企	万科	招商蛇口	龙湖	旭辉
公寓品牌	泊寓	壹间、壹栈、壹棠	冠寓	领寓国际
客户定位	城市青年白领	中高端租赁市场	20～35 岁年轻人	一、二线城市工作者
公寓类型	轻资产集中式 重资产集中式 轻重资产比例 55:45	重资产集中式 以自有物业改造为主，考虑收购存量资产	轻资产集中式 重资产集中式 起步期以轻资产租赁扩张为主	轻资产集中式 重资产集中式 轻重资产比例 70:30

续表

地产开发商系				
产品特点	主打中端中小户型产品，提供高性价比和加强社交属性的租赁社区	打造“壹间”“壹栈”“壹棠”三大产品线，精品公寓和“服务式公寓”两种产品类型	以“核桃”“松果”“豆豆”三大产品线，满足不同租住习惯、功能特色	针对外企高管、企业白领以及支付能力较为一般的社会新人三类群体设计了三大公寓品牌：博乐诗、柚米、菁社
出租率	所有门店出租率90%以上	—	开业即达到95%以上	单店全部盈利
运营城市及规模	截至9月底，已覆盖24个一二线城市，累计开业82个项目；累计获取房间超过7万间，开业约2.4万间	已布局深圳、北京、天津、武汉、重庆等城市，在运营的公寓面积超过60万平方米，房源1.3万套	根据公开数据，截至10月，已正式入驻重庆、成都、北上广深在内的14个城市，已达到9000间的供应量	旭辉领寓已布局北京、南京、无锡、苏州、上海、杭州、厦门、重庆、成都9座城市，已开业4家店面，房源已达到7000间

开发商类背景公寓管理公司可充分利用母公司手中的闲置自持，借助集团信用进行低成本融资，可谓在长租公寓领域占据先发优势。而以链家为代表的中介机构可延续其租赁中介业务，具有天然的客源和分散式房源获取优势，可将长租公寓作为其业务的变形方式投入市场。以 YOU+、魔方等为代表的创业类是目前长租公寓领域内数量最多的参与者，在资源（客户、房源）及资本端都不具备先天优势，但对于细分市场、经营思路和方式、商业模式的适应性等方面更加灵活，该类型企业有可能成为各个细分领域的领跑者。

①以万科泊寓为代表的业务协同模式

大型开发商在资金端、品牌端等很多层面有综合优势，进军长租公寓也有着天然优势。万科在长租公寓领域试水数年后，推出了长租公寓业务的统一品牌——“泊寓”。据公开资料显示，目前万科已在广州、厦门、合肥、上海和重庆等城市落地了10余个长租公寓项目，计划到2017年，拥有15万间租赁公寓。但长租公寓的租金收益率只有2%～3%，仅靠出租获取收益的盈利模式不容乐观。

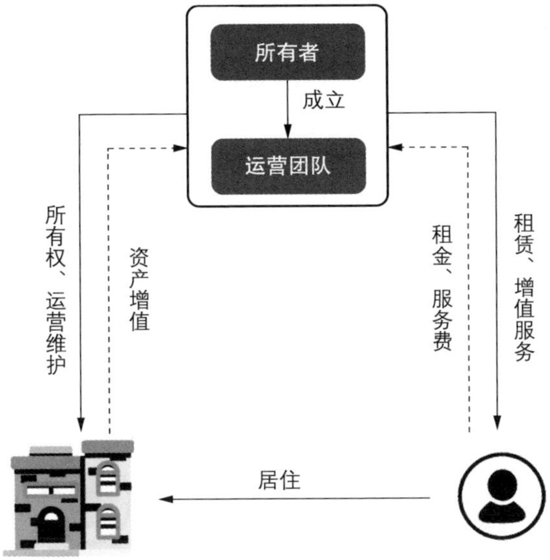

图 13－6 万科的“开发运营”模式

目前对于万科来说，切入长租公寓业务更多是基于业务协同的考虑，并不奢求长租公寓业务本身赚钱：一是获得地产潜在客户，在获取客户成本越来越高的情况下，未来真正稀缺的或许不是土地，而是客户。长租公寓所针对的恰恰又是最具成长性、有购房潜力的年轻白领客户，在发展长租公寓的同时，万科可以借此提前让客户体验到万科的产品和服务，发掘具有潜力的购房客户。二是拿地手段多元化，以往万科在获得城市旧改项目地块时，对于地块上不可拆除的旧物业往往会采取转让等方式解决，但有了长租公寓、养老、教育等新业务之后，未来就可以根据该类旧物业的实际情况改造为万科的长租公寓或者养老公寓项目等，拿地手段就更丰富了。

②以 YOU + 为代表的资产托管模式

依托互联网模式的 YOU + 、魔方致力于打造品牌公寓，主要分为集中式长租公寓和分散式长租公寓两种形式。所谓集中式长租公寓，是指品牌公寓运营方租下或者买下整栋楼（或者一栋楼的几层），对房间进行统一装修及服务改造，然后进行出租。而分散式长租公寓，指品牌公寓运营方在普通生活小区里分散拿下个人房东的房源，对房间进行装修后，以公寓品牌对外出租。

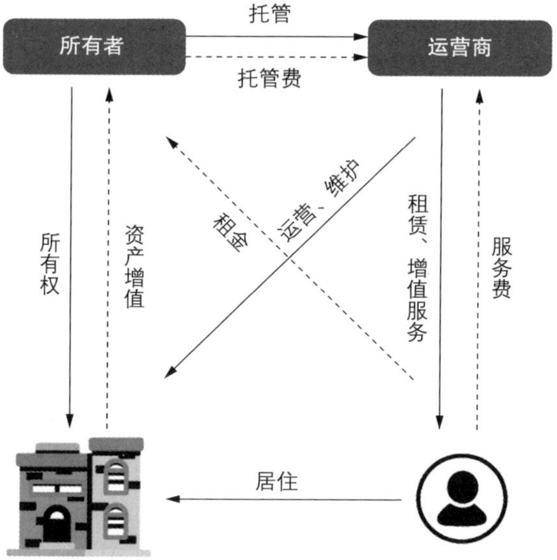

图 13-7　资产托管模式

YOU+前期运营采取社群经济模式，但受制于这种模式中社群基数少、变现难、规模扩张难等发展痛点，开始寻求新的突破口：资产托管。托管的主要对象是开发商，因为目前越来越多的开发商开始切入长租公寓市场，开发商善于资本与资源整合，但缺少精细化管理的基因，迫切需要找一个合适的代言人，那么毫无疑问就是上佳人选。YOU+可以利用自身的品牌优势和社群运营经验，成为内容提供者、运营商，去与拥有存量物业的公司或机构合作，实现从重资产到轻资产的过渡。

未来，YOU+的策略就是做运营，帮开发商招租、做产品，向开发商提供成熟的品牌体系、运营模式和管理团队，解除开发商后期烦琐公寓运营的后顾之忧，为开发商加速新楼盘销售、后期房屋增值保值、获取良好的租金收益、获得未来潜在销售客户等方面提供全方位的支持。

表 13-2　中美长租公寓模式比较

	美国	中国
操作手段	金融类操作手段，通过将兼并收购大量持有物业，改造后对外租赁，也可自建公寓和运营	房地产运营操作手段，通过自建或盘活存量资产进行装修改造后对外出租，以获取租金收益
发展阶段	高级阶段，利用 REITs 等金融手段，自持几十万套高品质品牌公寓房源	中级阶段，已打造房地产开发商端、“互联网+”端、房屋中介端等品牌公寓产品，如万科泊寓、龙湖冠寓、自如等

续表

	美国	中国
产品及服务质量	水平较高	中下水平，部分新兴公寓品牌产品及服务质量较高
融资成本	金融手段多元化，退出机制灵活	金融渠道，退出机制受市场及政策影响大
租金回报率	回报率较高，8% ~12%	回报率偏低，2% ~4%
出租渠道	大部分公寓通过房屋租赁平台对外出租	国内互联网公寓品牌快速发展，通过房屋中介销售仍占较大比重

目前，中国在长租公寓领域市场集中度低，品牌公寓的数量占整体租赁市场的比重在2%以内。结合美国、日本等发达国家的市场发展情况，有机构预测未来中国整体品牌公寓的市场占有率将会在10% ~15%，渗透空间巨大，但长租公寓领域属于资金和资源双密集的行业，如何对接资源、资本两端，整合产业链上下游以获取超额利润将会是各长租公寓企业思考的核心问题。同时，如何在保证产品质量的基础上做到快速周转，并且还有持续的运营能力，这些都对进入租赁领域的企业的研发、营销及服务能力提出了更高的考验。

共享办公：投资新热点

自从“双创”概念提出以来，作为服务创新创业载体的众创空间大规模兴起，2015 年 3 月国务院颁发《关于发展众创空间推进大众创新创业的指导意见》，自此众创空间的建设在全国掀起浪潮。同时，受益于自由职业群体的兴起并顺应移动化办公潮流，各种共享办公需求快速崛起。自 2015 年下半年开始，百家联合办公运营商开始在中国主流城市积极寻找写字楼或闲置资产开创联合办公空间，满足双创政策下小微企业的发展需求，这一理念也契合中国共享经济的发展趋势。

联合办公具有运营主体多元化、灵活的租赁空间和租期、孵化周期短、专业化服务能力强等特征，融入高科技元素，着力创建一个社交的、互动的、开放的工作环境，更能满足市场化、多样化的创新创业要求。通过对主流城市甲级写字楼 2016 年市场存量、2017 年及 2018 年供应盘点，写字楼市场现有库存和新增供应蔚为可观而需求相对有限。

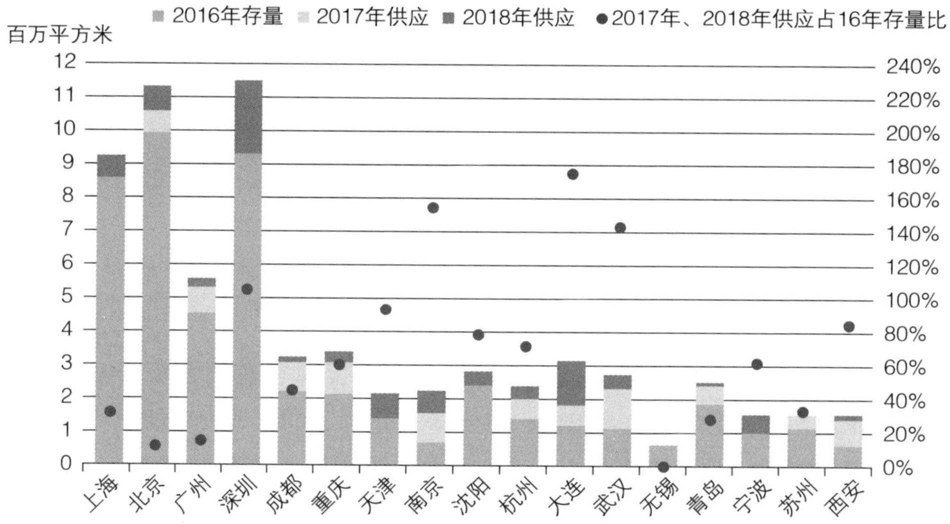

图 13-8 主流城市甲级写字楼存量及未来供应

由于重工业产能过剩，加之贸易和制造业增速放缓，办公空间新增需求主要来自金融、互联网、物流等服务业，这类型企业大多为初创企业，规模相对较小，对传统写字楼租赁承受能力不足，但对办公空间的渴求却极大。为了满足初创企业、个人的办公需求，租赁方式灵活的共享办公模式在一线城市如雨后春笋般涌现，并开始向二线城市扩张。据相关机构初步预估，2018 年写字楼市场总量的 40% 将通过共享办公模式，可以看出未来共享办公市场具有巨大的潜力和发展空间。目前，在共享空间领域有卓越表现的企业包括国外的 We Work，国内的 SOHO 3Q、优客工场等。

（1）We Work：借力空间孵化服务，形成平台竞争优势

We Work 是为个人或初创企业提供联合办公空间、社区和服务的平台，通过折扣价格承租整层写字楼，进行二次装修设计及包装后出租给个人或创业公司，并共享会议室、会客室、茶水间、休闲区等公共空间，满足用户的办公需求。目前，We Work 已经进入了全球 20 个国家，在 60 多个城市建立了 200 多个空间，但是在中国还只有 10 个办公空间。

We Work 在办公空间装修上注重风格的个性化，会根据当地的城市文化为每家店面设计不同的主题。同时，We Work 针对不同类别的人员（如自由职业者、初创公司、经常出差人员）推出不同的会员服务，主要分为初级会员、进阶会员及无限量会员，服务差异体现在办公区域的使用时间、会议室

租赁以及工作信件签收等方面。

We Work 除了常规的工位租金收入，其持续发展的核心在于由会员形成的社区平台和服务。We Work 会员可享受其他平台会员提供的商业服务，包括但不限于财务、广告策划、营销推广、法律服务等，整合会员服务资源，营建共创共享的生态环境。据 We Work 透漏，目前全球的办公空间里，50% 的会员会有生意上的往来。随后 We Work 又推出了 WeLive 的试点服务，为初创公司推出结合办公空间和生活住宿的打包服务，并希望通过变革年轻人联合居住的生活工作方式，以获取新的成功。

与现有写字楼的经营模式相比，We Work 模式的优势在于：首先，摒弃了传统写字楼由拿地、开发到招商的重资产运营模式，直接对现成产品进行改造升级，便可在较短时间内交付使用，通过获取租金方式使资金快速回笼；其次，由租面积转变到租工位；非标准产品到标准产品，打破了以楼层、面积、户型、使用率等为代表的写字楼的复杂性。采取创新的运营模式，We Work 成功发现和开辟了一个新的联合办公空间的巨大市场。目前，We Work 在经过多轮融资后估值已接近 200 亿美元。不同于传统企业的估值逻辑，We Work 凭借轻资产运营、高速增长、持续的营利性，通过品牌和增值服务来支撑其高估值。

（2）SOHO 3Q：办公空间提供商

SOHO 3Q 是 SOHO 中国基于空置物业于 2015 年 2 月推出的新型办公产品，最先于望京 SOHO 和 SOHO 复兴广场推出。该产品结合了当下较流行的 O2O 模式、联合办公等新模式，借助互联网“轻而快”的特征，在 SOHO 中国自持物业中快速复制，将闲置的自持办公楼层分割成多个独立的办公单元，出租给个人或初创企业，同时 3Q 还为用户提供会议室、免费 WiFi、休闲区、打印复印等配套服务，帮助用户实现拎包入驻。采用互联网 O2O 模式，用户可通过线上完成办公位的预定、签约、付款及续租等全部手续，线下进行服务体验。

与传统写字楼出租模式相比，SOHO 3Q 在出租时间上相对灵活，可短租（以周为单位）或长租，满足不同用户的需求。与 We Work 模式不同，SOHO 3Q 仅定位为办公空间提供商，它既不是众创空间也没有承载平台孵化器等功能。其与众创空间的差异如表 13－3 所示：

表 13－3　SOHO 与众创空间对比

共享办公类型	定位	客户端	服务端	盈利模式
SOHO 3Q	共享办公运营服务商	向有需求的个人或初创企业开放，可在线预约、付款及续租	满足用户需求的公共空间配置（会议室、WiFi、休闲间、复印等）	单纯租赁收入
众创空间	商业地产运营服务商	仅向创业团队提供场地及增值服务	场地提供，企业注册、法律、财务及融资等增值服务提供	租赁收入、增值服务、投资收益

SOHO 3Q 的运营亮点在于其以互联网思维为主导的众包营销，没有专职营销人员，采取类似住宅的全民营销模式，所有个人或企业均可在网站或客户端注册成为 3Q 销售员，在线上完成交易后众包销售员可计提租金金额 8% 的佣金。

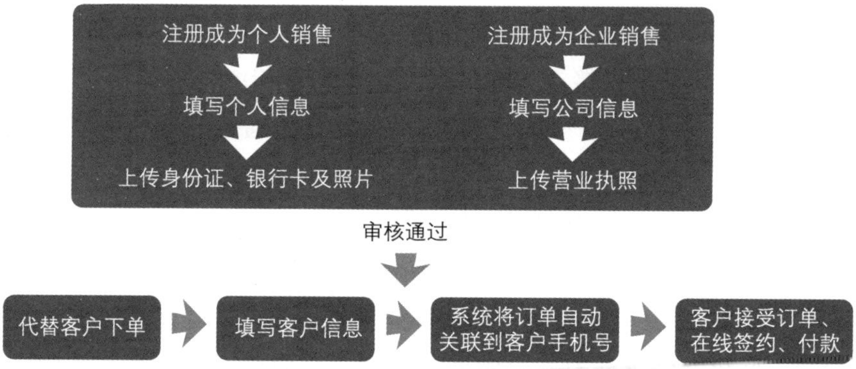

图 13－9　SOHO 3Q 全民营销

发展前期，SOHO 中国仅在自持物业上推行 SOHO 3Q，还是比较传统的拿地、开发、租赁等重资产运营模式。随着 SOHO 3Q 产品的成功复制，并对后期运营效果进行整体分析研究，SOHO 中国逐步调整其发展战略，由自持物业转向整合其他开发商闲置资产推行 3Q 共享办公模式，与其他开发商进行深度合作，通过轻资产运营模式实现运营服务商的转型。

（3）优客工场：效仿 We Work，提供增值服务

国内二、三线城市商用物业空置率居高不下，城市资源存在大量的闲置和浪费。优客工场学习国外 We Work 众创空间模式，采用整租合作模式开拓共享办公市场，有效盘活存量资产，确保资产的高效利用。优客工场目前已

在全球25座城市布局80多个共享办公空间，计划在2018年上半年突破150个，深耕国内一、二线城市，加速布局海外市场。其在成立两年时间里，完成了7轮融资，累计金额超过16亿元，估值超过90亿元，跻身独角兽行列。

优客工场面向个人创业者和中小型企业，除了提供办公空间，同时借力资本东风，与多家企业开展共享空间的深耕及合作，将联合办公空间和孵化功能结合在一起，为用户提供完善的办公配套服务、平台资源服务及创业导师实战指导创新服务，降低创业者的创业门槛及成本。

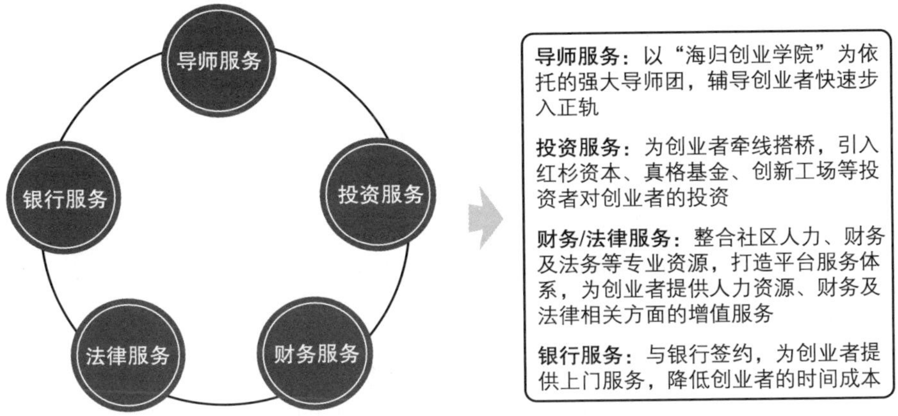

图13－10 优客工场服务模式

优客工场不定期举办不同主题活动，如举行线下活动分享、讲座，邀请名人大咖为创业者开展法律、公关、营销推广等专业培训，邀请知名投资机构与创业者面对面沟通交流，为入驻企业进一步对接市场、资本，提供前置性服务，通过举办一系列活动为创业者提供具有良好黏性的社交环境。这有助于打破自身与用户以及用户之间的隔阂，加强入驻企业之间的交往和互动。未来优客工场将逐步进行商业模式的转型升级，从“空间概念”到“社群思维”，借助于办公场景把人群聚集在一起，搭建实体社交网络。

共享空间是受政府大力支持的新型孵化平台，从中央到地方，政府对共享空间给予了一系列优惠政策，如简化工商注册程序、税收优惠、办公场地支持或补贴、宽带接入费用减免等扶助政策，通过优惠、补贴、减免等方式降低运营成本，支持共享空间以及在孵企业的发展。同时，伴随互联网高速发展带来的便利，共享经济商业模式在近几年受到了市场的追捧，共享办公也受到了市场的关注。归结国内外共享空间的发展模式，其主要有以下几种盈利方式：

一是租金收取：目前，国内不少众创空间以低廉的价格整租写字楼，或者通过盘活闲置用地，将其升级改造为可分割的空间，然后再租给个人或初创团队，共享办公设备、网络以及公共空间，赚取租金差价，这是比较常见的一种盈利方式。

二是获取平台收益：尽管当下不少众创空间都存在靠出租场地来维持运营的模式，但弱化载体，提高服务能力，解决初创人员的资金需求、政策扶持、法律咨询、品牌包装推广、公共服务等痛点，打造一个开放式的创业生态系统，整合会员资源形成平台服务，通过专业化服务，平台收取服务费，发展模式是众创空间未来发展的核心竞争优势。

三是创业团队的孵化投资回报：投融资对接是共享空间重要的增值服务项。针对初创企业资金短缺的痛点，聚集各类投资机构，在资本与项目之间牵线搭桥，为初创企业与创业者提供融资服务。同时，共享空间作为融资机构也可对初创企业进行投资，获取投资收益。

共享办公概念的引入及在国内的快速发展使得诸多企业看到了其中的机遇，轻资产运营和增值衍生服务是各类共享办公的特征，借助互联网、大数据及云计算等技术手段进行供需双方的快速匹配是大部分共享经济能够成功的关键因素。

2 全产业链开放共享、价值共创

■ 产业链上游：融资渠道多样化

房地产作为资金密集型行业，融资是地产企业生存和发展的关键，而传统的银行信贷对于开发商而言受贷款政策影响较大，且贷款门槛越来越高，比如对企业开发资质、企业注册资金、行内评级、抵押或担保、取得“四证”且要求按揭银行也选择该银行等条件。随着市场经济的成熟发展，房地产金融市场逐渐打破这种单一格局，建立多元化融资渠道，使地产企业可通过信托、基金、股权、REITs、众筹等多种手段在金融市场融资，保证地产开发资金供给充足，有效降低融资成本，提高企业盈利水平。而时下如火如荼的互联网金融模式又进一步拓宽了地产企业的融资渠道，实现融资多样化。类似于众筹的融资模式还有利于项目提前锁客、实现去化前置；重塑房地产开发价值链，开发商可根据客户需求提供定制化的产品和服务；借助互联网金融模式由外部引入投资，内部输出管理标准、品牌，实现轻资产转型，比如万达轻资产运营模式、绿地的平台模式。

2011 年以来，国家对房地产业的宏观调控日益收紧，通胀压力逐渐增大，逐步实行货币信贷紧缩政策，对房地产融资造成一定程度上的影响。房地产作为资金密集型企业，外部融资是其主要资金来源，而在当前严峻的资金形势下，房地产如何扩大融资渠道，快速获取更多的项目开发资金已上升到企业的战略高度。

房地产信托

在房地产融资成本持续提升，正常融资快速收紧、存量债务接连到期的背景下，信托正成为部分企业青睐的融资渠道。在市场资金充足的情况下，作为房地产重要融资渠道的信托，相比保险、基金等融资方式，具有直接投资房地产实体、市政建设等优势，有利于企业快速筹集资金进行项目开发建设。2013 年，房地产信托达到发行高峰期，之后在“新国五条”发布后，调控收紧，房地产信托经历了短暂下降，从 2015 年起又开始企稳回升并一直延续到 2017 年初。

同时，信托产品还会衍生其他金融产品，比如信托产品投资一些私募基金，而此类私募基金也会流入房地产市场。相对传统银行信贷程序，信托融资审批较快，确保资金及时到位，保证项目开发建设的需求。根据权威数据统计，近年来房地产信托市场规模不断加大，仍有持续提升的空间。

（1）信托贷款型模式

信托贷款属于债权型融资方式，是房地产信托较为基础的融资模式。采用房地产信托合同的形式募集资金，通过信托贷款的方式贷给房地产开发商，用于房地产项目开发建设，房地产开发商定期支付利息并在信托计划期限届满时偿还本金给信托公司的一种融资模式，类似于商业银行的开发贷。

贷款类信托操作相对成熟，运行成本较低，但融资项目要满足“四三二”条件，即“四证”齐全（国有土地使用证、建设用地规划许可证、建设工程规划许可证、建筑工程施工许可证）、自有资本金投入达到 30%、开发商或其控股股东具有二级及以上房地产开发资质。

（2）股权投资型信托模式

信托公司面向社会公众发起房地产信托投资计划，公开募集资金，投资人购买信托计划并委托信托公司进行管理。信托公司把所募集的资金以参股的方式直接投入到地产企业或者某个具体项目，直接或间接地参与经营、管理，对信托资金的使用和其他重要事项具有一定决策权，确保资金的合理运用。信托公司根据所持有的股权比例获得股权收益，作为其信托受益，并支付投资人的本金和收益。

地产企业通过转让企业或自有项目股权形式进行融资，保证现在的项目顺利开发，从而解决了现有资金短缺问题。但是，通过股权转让有可能会让企业失去部分或者全部控制权，信托公司成为地产企业的股东，参与企业经营、决策及股权收益分配，某种程度上也体现了收益与风险共存的融资特征。

股权融资

股权融资主要包括直接上市（IPO）、国内买壳上市、增发、配股、私募、项目合作、地产企业兼并、股权众筹等方式。在 2010 年之前，股权融资（IPO 和再融资）是地产企业融资的主要渠道。在“国十一条”出台后，境内地产企业 IPO 基本停滞；在 2014 年后，增发在一段时期内又快速增长；但进入 2017 年后又开始收紧。目前，我国境内外上市的房地产开发企业已达到 200 多家。

（1）直接上市融资

国内直接上市包括在 A 股和 B 股直接上市融资两种方式。首次在国内主板 A 股或 B 股上市融资，具有筹资量大、融资能力强、资金使用时间长、分散风险、提高公司估值等优势，但对地产企业规模和经营都有较高要求，且融资成本相对较高、上市手续繁多、准备时间较长等。

因国内上市要求高、程序复杂等不利环境，一些企业会通过境外 IPO 的形式谋求企业上市，目前已有多家内地地产企业登陆海外上市平台。内地企业在国外登陆上市平台一般分为三种方式：内地企业在境外直接上市（IPO）、涉及境内权益的境外公司在境外直接上市、国内 A 股上市公司的境外分拆上市。境外 IPO 具有上市程序简单、融资灵活、难度低等优势，兼具上市成本高、要求高等劣势。

这些顺利登陆境外资本市场的企业，除了拥有庞大的规模之外，还在于其业务或运营模式具备独特的竞争优势。例如，作为国内第一家在美国纽交所上市的地产企业——鑫苑集团，推崇快周转“零库存”商业模式，摒弃大规模土地储备策略，把土地作为原材料，买下后随即进入快速开发、快速销售、快速资金回笼的快周转状态，凭借较高的资产周转率，于2007年成功登陆美国纽交所。

（2）国内买壳上市

由于直接上市门槛高、审批时间长，地产企业上市申请受到宏观调控影响大，导致直接上市的企业数量有限。这样，可以通过买壳上市来实现间接上市。所谓买壳上市，就是指非上市公司通过资本市场购买一家上市公司一定比例的股权来取得上市地位，然后通过“反向收购”的方式注入自己的有关业务及资产，实现间接上市的目的。房地产开发企业可以通过收购一家在国内上市的公司，利用其壳资源发行新股融资。目前，我国已经有很多地产企业成功买壳融资的案例，如金融街、中远发展、奥园集团等。

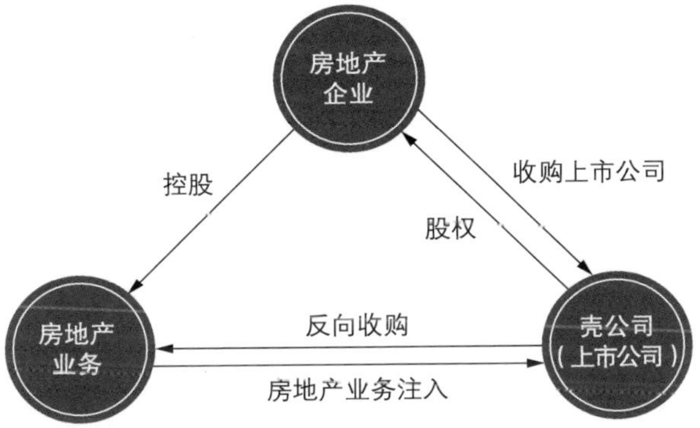

图13－11 地产企业借壳上市

【案例】金融街收购重庆华亚现代纸业

北京金融街集团（以下简称“金融街集团”）是北京市西城区国资委全资的以资本运营和资产管理为主业的全民所有制企业。金融街主营业务为房地产开发，在当时政策环境下，地产企业上市有诸多困难。金融街集团决定另辟蹊径，通过买壳实现上市。

经过多轮筛选，重庆华亚现代纸业股份有限公司（000402，以下简称“重庆华亚”）最终成为金融街集团目标“壳资源”。其主业为纸包装制品、聚乙烯制品、包装材料等的生产和销售，其控股股东为华西包装集团。

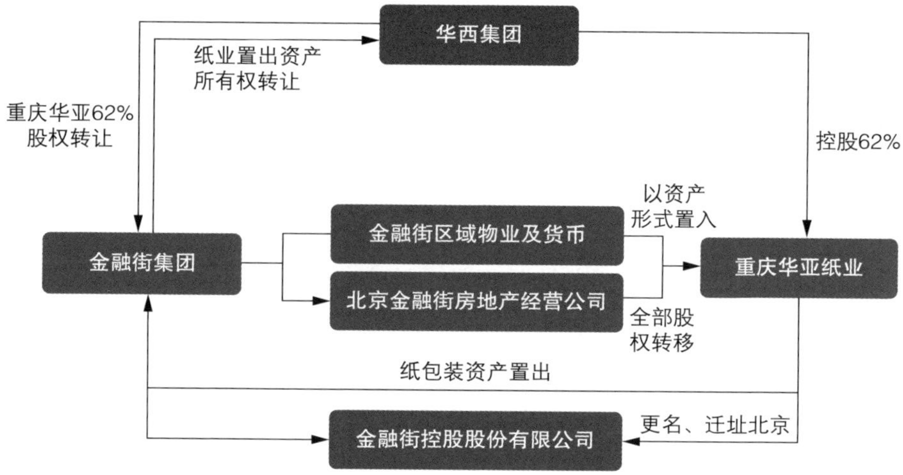

图 13－12　金融街借壳上市案例示意

2000 年 5 月 23 日，金融街与重庆华亚达成了通过资产置换使金融街借壳上市的协议。按照协议，金融街、重庆华亚、华西集团先进行资产置换再执行股权转让。金融街集团将其所拥有的北京金融街区域的物业资产及货币注入重庆华亚纸业，将其全资附属企业“北京金融街房地产经营公司”的全部股权转移至华亚纸业。置换完成后华亚纸业全面退出包装行业，主要从事房地产开发业务。同时，华亚纸业将其纸包装资产全部置出到金融街集团，由其将所获得的置出资产部分的所有权转让给华西集团，用以抵作因受让华西集团所持公司全部国有法人股份而应支付的股权转让款的部分价款。

2001 年 3 月 30 日，原重庆华亚股份公司正式迁址北京，并更名为“金融街”，使“000402”有了一个全新的历史，金融街进入到一个全新的发展阶段。金融街在成功借壳上市后的 3 年中，业绩节节攀升，堪称借壳上市的经典之作。

买壳上市可以回避繁杂的上市手续、规避上市的限制，缩短上市时间，首次上市一般需要三年的准备时间和上市辅导期。在利好环境下，买壳上市也有其特殊风险，企业进入上市壳公司后，要承担原有的债务、纠纷等，如果壳资源不理想，再融资难度也会很大，时间也很长。

如果说中小企业普遍融资困难，那么中小地产企业融资就是难上加难。一方面，银行偏爱实力雄厚的大地产企业，中小地产企业因风险过大而难以获得贷款；另一方面，房地产行业经常成为国家政策调控的对象，不论是贷款融资还是上市，常常受到严格限制。而房地产行业偏偏对资金要求很高。这样，买壳上市就成了中小企业融资，尤其是股权融资的重要途径。通过选择合适的“壳资源”，实现上市，再增发融资，金融街无疑是一个成功的典范。

（3）出让项目股权融资

随着房地产调控的深入，市场成交降温，企业资金回笼放缓。加之外部融资政策收紧，使得地产企业持续发展的资金来源受到显著影响。其中，中小地产企业受政策调控及市场冲击影响较大。面对调控下的市场，大部分主流地产企业开始主动降低负债率，以股权出让形式获取企业持续发展的开发资金。部分小型地产企业通过出让项目股权形式引入资金及开发实力较强的房地产合作方，在获得资金注入的同时还可弥补自身开发能力的不足，实现收益共赢。甚至有些企业出让项目大部分股权，割舍项目操盘权，仅以财务投资角色关注项目最后收益情况。

2016 年 9 月，联想集团旗下地产业务融科智地以 138 亿元向融创中国转让联想控股的 41 家目标公司的相关股权及债权，涉及联想控股旗下包括北京、天津、重庆、杭州等 16 个城市 42 个物业项目权益，总占地面积约 693.72 万平方米，总建筑面积约 1802.22 万平方米，未售面积为 730.05 万平方米。

2017 年 7 月 10 日，万达商业将北京万达嘉华等 77 个酒店以 199.06 亿元的价格转让给富力地产，将西双版纳万达文旅项目、南昌万达文旅项目等 13 个文旅项目 91% 的股权以 438.44 亿元的价格转让给融创中国，并由交割后项目承担现有全部贷款约 454 亿元，两项交易总金额为 637.5 亿元。

2017 年 11 月 1 日，华侨城集团将北京“新著东方”项目公司剩余 51% 的股权在北交所挂出。这一豪宅项目的前身是华侨城于 2015 年 11 月获取的丰台高价地，代价为 83 亿元。8 月，华侨城已经将该项目 49% 的股权售予泰禾集团。

通过出让项目股权获取融资是企业融资渠道多样化的一种体现。股权融资的特点决定了其用途的广泛性，既可以充实企业的营运资金，也可以用于企业的投资活动，尤其是对资金需求较大、债券关系简单的中小地产企业。股权融资不存在到期还本付息的压力，是企业可持续经营的重要基础。随着政府调控政策逐步发酵及长效机制建立，中小地产企业融资难度不断增加，房地产行业项目股权出让融资将成为行业发展的主流趋势。

（4）项目合作融资

房地产行业将逐渐进入一个精细化管理的时代，行业集中度越来越高，而利润率也逐渐跌破红线水平。对于不具备精细化管理能力的中小型开发商随时面临淘汰出局的风险，只有抱团取暖，通过资源共享、优势互补才能在市场中占有一席之地。合作的联合体拿地模式成为房地产开发商首选，地产企业联合拿地的方式可以减少竞争，也可以平抑地价、控制成本。

2017 年 4 月 11 日，北京市规土委拍卖厅拍卖丰台区王佐镇青龙湖地区地块、平谷区夏各庄新城地块。这两个地块资源条件诱人，吸引了众多的地产企业开发商，比如招商龙湖中海首开保利联合体、华润远洋首创联合体、国开东方万科联合体、中粮天恒旭辉联合体等 10 家企业参与竞拍。最终，青龙湖地块由国开东方万科联合体以 58.5 亿元的价格拿下。

2017 年，北京成交的 15 宗自持地块共涉及 18 家地产企业，联合体拿地现象较为突出。15 宗自持地块中，地产企业联合体拿地占比为 73.33%，较 2016 年北京市经营用地联合体拿地占比 44.07% 来说高出 29.26%。由此可见，2017 年北京市招拍挂市场中，地产企业联合体在竞报自持比例获得土地方面更占据优势。

通过项目合作开发可以有效地减轻资金压力，从某种角度来说，这种方式也是企业变相融资的一种方式。对中小企业来说，在融资困难的情况下，与实力雄厚的大型地产企业合作开发项目是其切实可行的选择。采用联合体模式拿地也要注意不同企业间管理风格和管理方式的融合、沟通协调，放大各自的资源优势，提升项目的成功率。

房地产基金

2011 年以来，我国房地产调控政策的持续打压以及国内外经济环境低迷境况下，常规融资方式已经无法支撑房地产行业可持续发展，而私募房地产基金则顺势而起，其市场规模逐渐增长、优势逐渐凸显。

根据募集方式可以将基金分为公募基金和私募基金。目前，国内房地产投资基金多指房地产私募基金，通过非公开方式，面向少数个人或机构投资者募集资金而设立，以房地产为投资对象的投资基金，基金以人民币计价，主要投资于中国地产企业的股份和物业，发起人不保证收益，其风险由所有参与方共同承担。房地产私募投资基金通过募集投资者的基金，委托给专业人员专门从事房地产或房地产抵押贷款的投资，投资期限较长，追求稳定连续性的收益。基金投资者的收益主要是房地产投资基金拥有的投资权益的收益和服务费用。一般来说，根据房地产基金的主要投资方向可将基金分为以下几种形式：第一种是开发型基金，投资于开发公司或项目以实现高额回报；第二种是投资基金，一般不直接从事具体的项目开发，主要投资于 REITs 及已上市或即将上市的房地产开发企业，实现间接的房地产投资；第三种是资产运营型基金，以 REITs 为主，主要通过直接运作房地产资产，由此产生的经济收益作为回报。房地产投资基金的组织形式可以以任何一个合法的集合制度形式存在，如股份公司、有限合伙公司和契约型基金。

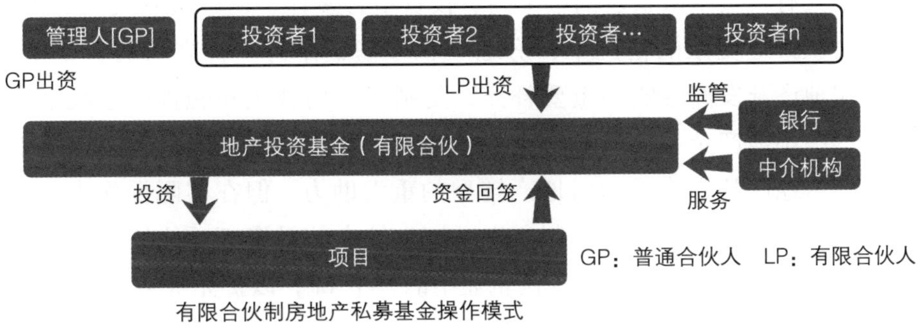

图 13－13　地产私募基金操作模式

2011 年 5 月 13 日，上海复地集团正式从香港证券市场退出进行私有化，复地退市的动因正是融资。由于负债率过高使复地集团近年来的海外融资能力十分有限，证券市场的作用对复地已经不大，而复地背后的母公司复星集团虽然有为其注入资本的能力，但受限于香港《上市规则》关于上市公司与其控股股东关联交易的规定，复星集团的资本并不能顺利进入复地集团，缓解其融资压力。

复地退市后一方面可以由复星集团直接注资，另一方面还可以通过旗下的私募基金进行融资。根据复地的计划，到 2019 年复地投资板块的利润贡献率将达到 40%。

表 13-4 地产基金类别及特征

基金类型	有限合伙型	信托基金型	公司制
发起方	普通合伙人	信托公司	原始股东
投资方	有限合伙人，不参与基金运作与投资决策	委托人，不参与信托运作与投资决策	股东，对重大决策行使股东权利
其他参与方	无	商业银行为托管方	无
法律依据	《合伙企业法》	《信托法》	《公司法》
法人资格	无	无	具有法人资格
发行凭证	基金单位	信托单位	股份
经营期限	一定的经营期限	一定的经营期限（一般1-3年）	永续经营（除非破产、清算）
管理人	普通合伙人，认购基金总额的一定比例	信托公司，一般不认购信托单位	董事会任命的管理层，或是公司聘任的管理团队

房地产基金作为房地产融资的重要角色，聚焦于房地产产业链中的企业或项目，具有投资期限长、回报率高、投资组合多样、退出机制灵活等优势。在银行贷款渠道受限的情况下，房地产私募基金作为一种高效的资金来源，正成为房地产开发商融资的重要补充。受制于市场分化和融资渠道收窄等不利环境的中小地产企业，其生长空间越来越小，很多企业通过转型谋求生存和发展，房地产基金将成为房地产转型的重大助力。但在实际操作中，由于有限合伙企业对合伙人数的限制，为了产生较大的融资额，往往会配合一个信托计划或信托产品作为有限合伙企业中的一个 LP，以扩充资金容量。

REITs——房地产信托投资基金

房地产信托投资基金是一种证券化的产业投资基金，它融合了信托、基金的基本属性；也是一种股权融资方式，通过发行股票（基金单位），集合公众投资者资金，由专门机构经营管理，通过多元化的投资，选择不同地区、不同类型的房地产项目进行投资组合。REITs 同时兼具债权和股权的投资特点，如前者表现为稳定的收入流，后者表现为投资者通常需承担与相关房地产有关的所有风险和回报。

REITs 最早产生于美国 20 世纪 60 年代初，由美国国会创立，意在使中小投资者能以较低门槛参与不动产市场，获得不动产市场交易、租金与增值所带来的收益。经过几十年的发展，REITs 已经在全球 20 多个国家和地区得到运用，市场规模不断壮大，在美国和澳大利亚等发达国家已经高度成熟，亚洲市场正在快速成长，目前发展速度较快，长期回报优于股票和债券。

私募型 REITs 以非公开方式向特定投资者募集资金，募集对象是特定的，且不允许公开宣传，一般不上市交易。私募型基金的投资者对于投资决策的影响力较大，私募型基金受到法律以及规范的限制相对较少。

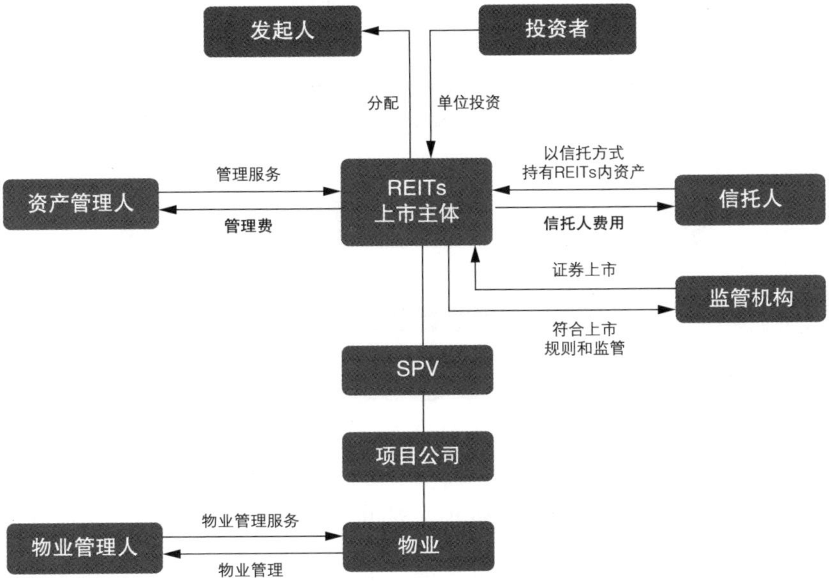

图 13－14　契约型 REITs 典型架构

REITs 既可以投资权益型资产，也可以投资抵押型资产，权益型 REITs 直接投资并拥有房地产，其投资组合视经营战略的差异有很大不同，但通常主要持有购物中心、公寓、办公楼、仓库等收益型房地产，依靠房地产租赁收入和增值收益作为投资回报。抵押型 REITs 主要以金融中介的角色将所募集资金用于发放各种抵押贷款，依靠抵押贷款收取的手续费和贷款利息作为投资收益。

2005 年 12 月 7 日，“越秀投资”通过 GCCD BVI 将四家 BVI 公司的股权转让给“越秀 REITs”。2005 年 12 月 21 日，越秀房地产投资信托基金（405·HK，简称“越秀 REITs”）在香港联交所正式挂牌上市。香港公开发售及国际配售分别获得 496 倍及 74 倍认购；发售价以上限定价，每基金单位为 3.075 港元，融资 33 亿港元（含物业抵押贷款 13 亿元）。

REITs 不仅资金来源广泛，而且是通过专业的房地产基金管理公司发起并进行管理。依据其专业判断及分析能力合理选择投资的项目，并对其进行投资运营管理，在降低投资风险方面具有一定优势。同时，由于 REITs 通过投资房地产获得相对稳定的租金收入及资产增值收益，保障投资者相对稳定和乐观的投资回报。对于地产企业而言，与债务融资相比，REITs 是以股权形式

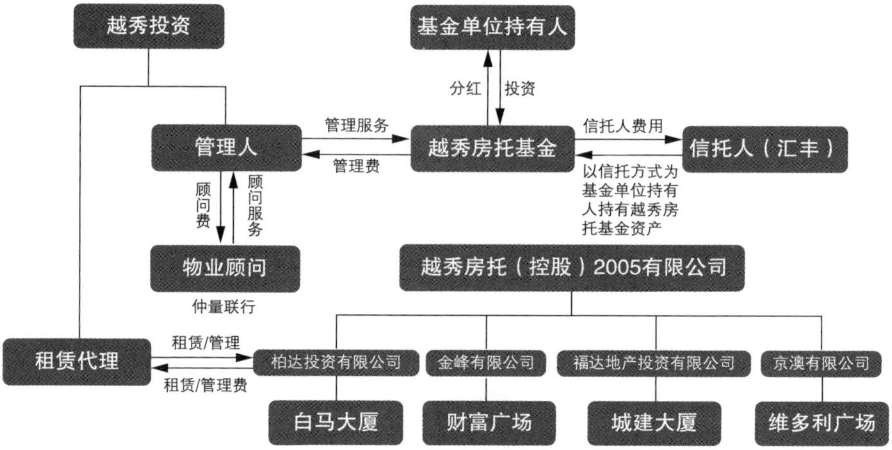

图 13－15　越秀 REITs 结构示意

进行投资，不会增加企业的债务负担。如果从银行贷款，地产企业要按借款合同的约定还款，财务压力大，而且地产企业也难以就那些短期内回报低的项目向银行申请贷款。

房地产众筹

随着“众筹”概念大热，开发商也纷纷试水。2015 年 5 月，平安好房、万科、碧桂园、绿地、绿城、世贸、旭辉、当代置业等数十家开发公司共同发起中国房地产众筹联盟，房地产众筹迎来发展黄金时机。我国房地产从价值链前端到后端众筹模式主要包括融资型众筹、营销型众筹、宣传型众筹、社区金融等模式。借助各类众筹模式和平台，不仅仅为项目开发建设环节筹集资金，还可以为项目销售、服务环节提供支持，促进项目去化，并为投资者提供更为丰富的投资产品。

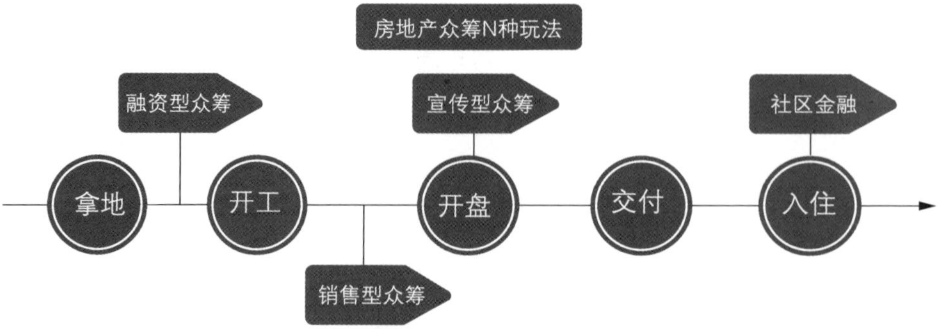

图 13－16　房地产众筹的几种类型

（1）融资型众筹

该类众筹是开发商以获得开发建设资金为目的的众筹模式。对于融资型众筹，企业通常会将项目包装成金融产品，并在第三方金融平台上发行，投资者购买后可获得高于银行存款利息的投资收益，并由保险公司担保本息收益情况。房地产开发商在获得资金后，一方面可投到自有项目开发建设，另一方面还可作为中小地产企业的融资平台对外开放，获取平台收益，典型代表包括绿地地产宝产品。

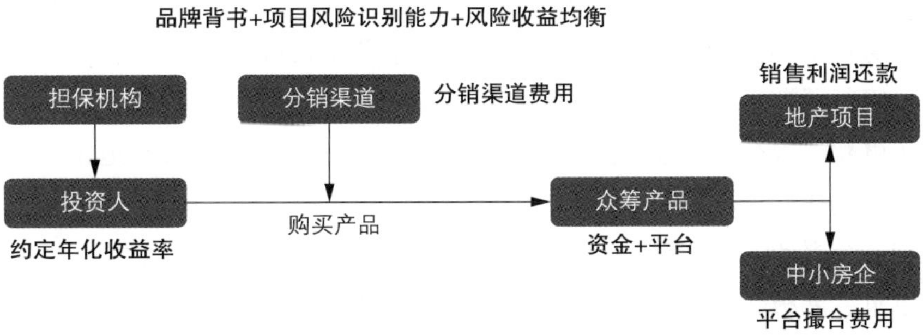

图 13－17 某众筹产品交易结构示意

定向类融资型众筹通常是在内部立项或拿地之前进行，一般以较大的房价折扣作为投资者的收益保障，但要求投资者在拿地前预付全部购房款，开发商在这一过程中仅获得管理收益。定向众筹的优势在于，在拿地前便完成认筹且众筹资金额度大，大幅降低了开发商在开发建设过程中自有资金的投入量。但限于政策、合作单位选择、未取得“五证”情况下集资建房等风险，该种模式未在行业内得到广泛推广。

（2）建设前营销型众筹

在项目拿地后、正式开发前进行众筹，将项目包装成保险、债权等金融产品，并由第三方金融产品平台发行后，客户自由认购，规避客户与开发商直接接触所产生的集资建房法律风险。前期认筹完成后，开发商可组织客户参与前期产品设计，从客户角度提出优化建议，监督工程施工进展，对项目社区配套提出优化建议。

房地产开发商通过众筹可获得低成本资金，降低公司整体负债率，可提前锁定目标客群，有利于项目快速去化，某种程度上减少了营销蓄客的费用。同时，认筹客户以低于市场价格水平提前锁定房源、获得优先选房资格，或者委托开发商售出后转成直接收益。这种模式具有较强的营销导向，快速圈钱、快速锁定目标客户，典型代表为碧桂园牵手平安好房众筹建设上海嘉定项目，而平安好房只是承担金融产品包装平台的功能，不参与具体投资建设，通过收取平台服务费获利。

（3）建设过程营销型众筹

销售型众筹一般在项目预售前、项目建设期进行，募集资金额度通常不算太高，众筹资金主要用于项目开发建设，同时提前锁定意向客户。在建设期发起的众筹有利于项目前期宣传推广，达成项目前期蓄客的目的。从某种程度上来说，此种众筹模式营销推广意义远大于融资意义。众筹客户可优先获得选房资格和优惠购房权，最终认购的客户在获得房屋产权收益的同时还可获得银行同期现金收益；对于在认筹期结束后选择退出的投资者，根据众筹金额可获得银行同期活期存款利息，具有较为灵活的进入和退出机制。典型代表为当代北辰 COCO MOMA 项目。

（4）宣传型众筹

单页、展板、户外广告等传统宣传方式过于呆板、乏味，所产生的宣传效果也不尽人意。互联网浪潮冲击下，一些地产商在宣传手段上不断推陈出新，玩出新花样，产生了良好的宣传造势效果。典型代表如远洋地产牵手京东金融尝试互联网金融模式卖房，把线下的销售服务拓展到线上的金融平台。远洋地产推出 12 个城市、25 个项目共计近万套房源作为众筹项目，京东金融则提供线上全面宣传运作平台及线上客户资源。在京东平台上推出“5000 元筹独家折扣房”宣传噱头，只要客户注册成为京东用户并支付 5000 元后，便能获得有最大优惠力度的折扣房购房资格，起到了良好的项目宣传效果和超预期的线下成交量。

（5）社区金融

围绕“对物管理”的传统物业发展模式受限，一些物业公司积极探索和尝试新的服务模式以谋求更好的发展，由此提出智慧社区经营理念，围绕智慧社区建设推出智慧社区平台的创新模式。其中，社区金融作为平台内容的重要部分，是金融的触角伸向社区的一种体现，也是向现代服务模式迈进的过程，其核心是服务理念和服务模式的彻底变革。

物业公司依托于其服务领域多年的深耕经验和庞大的社群基础，充分发挥社区场景优势，变革传统金融的产品模式，借助社区平台向社区业主推出投资期限灵活、安全系数高、投资门槛低的在线理财产品等，有效盘活社区客户群体闲置资金，让业主足不出户即可坐拥资产升值。同时，物业公司将募集资金借贷给融资方或业主以获取贷出利息收益。社区金融的创新服务模式，不但能够推动社区智慧发展，还能奠定社群信任基础、加强客户黏性，获取行业大数据。

	融资型众筹	销售型众筹	宣传型众筹
目的	筹集开发资金 配合销售	以销售为主 配合宣传	宣传为主 配合销售
特点	包装为理财产品 参与人数多 投资收益高 筹资总额高	参与人数适中 投入金额高 筹资总额适中 折扣优惠、优先选房资格	参与人数多 投入金额少 筹资总额少 赚取客户流量

图 13－18 不同类型众筹所呈现的特点对比

融资对于地产企业的重要性不言而喻，作为地产开发产业链的前端环节，融资一直以来都是诸多企业进行地产项目开发的瓶颈。自 2016 年“930 新政”以来，地产调控收紧，债券融资、股权融资、信托等融资渠道均受到一定程度的限制，在此融资收紧、融资成本上升的大背景下，各地产企业纷纷积极拓展融资渠道。成本、规模、条件和效率是地产企业融资渠道拓展时的核心关注点。

多元化的融资渠道有利于资本市场金融工具和金融品种的创新，各种金融创新产生了层出不穷的房地产金融工具，包括投资基金、信托证券、指数化证券等。通过多种融资渠道的开发利用，各种金融工具展开有力竞争，房地产开发商可以综合运用不同的融资渠道或金融产品组合，充分降低资金融资成本和借贷机构的风险。从趋势上看，兼并重组、轻资产转型下资产证券化融资、海外融资、产业基金及互联网金融将会成为未来地产企业拓展融资渠道的主要方式。

	自有资金	股权融资				
名称	自有资本金注入	基金	上市平台	一级	一级半合作	二级
模式	自有资金注入	1.政府引导基金 2.社会产业基金 3.自发产业基金 4.海外专项基金 5.专项扶持基金	1.国内外上市 2.IPO独立上市 3.借壳上市		土地综合开发	1.自主开发 2.联合开发
举例		各地产业专项基金		华夏、宏泰、大型施工资质的央企	A级：龙湖、绿城、中海、绿地、融创、泰禾、世茂 B级：万科、山水、恒大、富力	A级：龙湖、绿城、中海、绿地、融创、泰禾、世茂 B级：万科、山水、恒大、富力

	股权融资						投资模型		
名称	发债	传统贷款	政策性贷款	资产证券化	融资租赁	民间资本	股权投资	总分包和设备供应商代建BT	金融牌照
模式	1.公司债 2.项目收益债	1.开发贷 2.经营性贷款 3.流动资金贷款 4.保理业务		1.REITs 2.收益信托 3.资管计划 4.专项基金	1.已有设备融资 2.新购进设备融资	1.企业 2.自然人	1.企业战略性股东 2.机构投资人 3.政府出资 4.自然人股东	1.总包 2.分包 3.设备供应商	1.银行 2.保险 3.信托 4.基金 5.融资租赁 6.小额贷 7.典当 8.融资担保
举例	项目发债 产业地产发债	务类金融机构	政府基金		产业配套等设备		国开行、保险公司等机构	中建，中铁建、中交建、上海建工等	基金、银行、保险可快速尝试

图 13－19　地产企业基本资本模型

■ 产业链中游：内部闭环向产业链开放

随着信息技术的广泛应用，传统的封闭式、单一式经营模式已经无法适应各行各业、各个产业链的发展要求，向全价值链开放，实现各参与方双向甚至多元化的对话和协同，挖掘新的增长潜力已逐步成为各类型企业的重要管理思想。

在传统家电制造领域，海尔一直是行业的引领者，同时也是新管理模式探索、创新的先驱者。诸如从 1998 年市场链 SBU 模式，到 2005 年“人单合一”双赢模式，随后又启动了 1000 天的流程再造。在互联网技术的推动下，经过 10 年的探索试错，其已成功从一家传统制造企业转型成为互联网平台型企业，并形成有口皆碑的“创客”文化，直面用户，共创价值。海尔“互联网平台化”的管理创举对于所有传统行业内的企业均具有很大的借鉴意义。

2007 年，海尔正式推行以“自主经营体”为载体的“人单合一”模式，把员工与用户结合，围绕每个人的市场目标，在为用户创造价值的同时实现企业和自身价值。模式本质上：对外，用碎片化组织应对碎片化市场，捕捉用户需求，创造用户价值；对内，搭建机会公平的组织平台自主经营体，激发员工的自主创新精神。海尔基于自主经营体倒三角组织模式，将 8 万员工划分为 2000 多个自主经营体，颠覆传统组织形式下的思想观念和思维方式，以契约为纽带实现价值与资源协同。

自主经营体定义为承接企业发展战略，有明确的客户价值主张，以用户端需求倒逼企业流程再造及资源协同，创建独立核算、共赢共享的经营团队。自主经营本质上是以客户需求为驱动，以服务契约为纽带实现横向协同、价值共创。

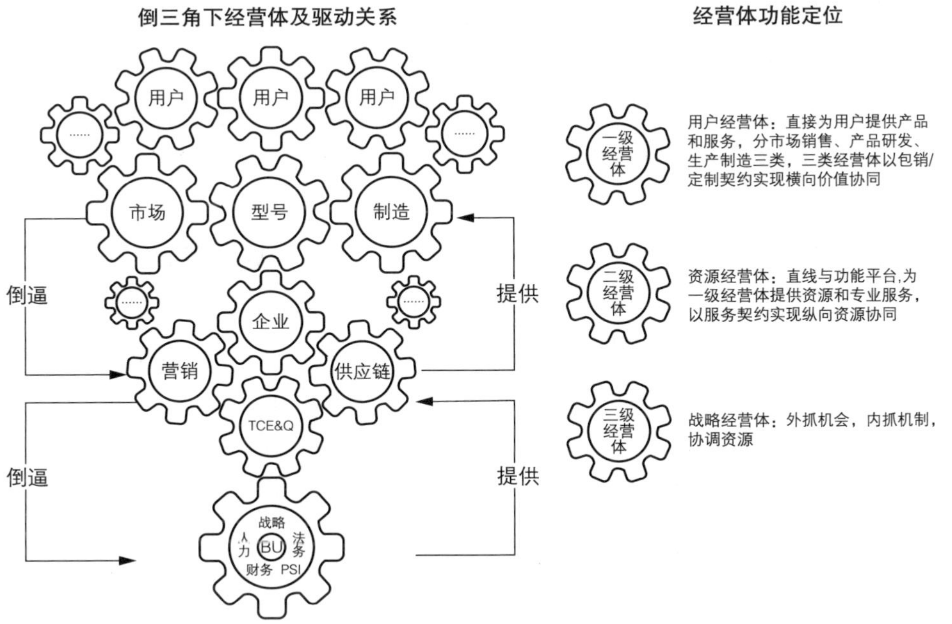

图 13－20 海尔“自主经营”示意

海尔经过一系列变革创新已由传统科层制转变为交互需求、配置资源的平台型企业。“外去中间商，内去隔热墙”，经营单元在自主经营体的基础上升级演化出小微企业和按单聚散的利共体，构成多形态的开放的生态管理系统。目前，在平台上只有以客户为中心的三类人——平台主、小微主、创客，其中：

平台主从管控者变为服务者，负责建立平台机制及整合平台资源。判别其成功与否的标准是看平台上有多少家创业公司，创业公司成功、成长与否；小微主，即由创客组成的小型创业公司带头人，他不是由企业任命的，而是创客共同选举的，判别标准在于能否自主找寻用户、市场；创客，海尔鼓励内部员工自主创业，形成人人都是创客的平台文化，与小微企业、合作方形成利共体，打造“共创共赢的生态圈”。

海尔平台化模式打造的网络型组织，打破了内部管理中传统层级边界。

去中间化，可减少多余部门及人员，一定程度上解决了点对点传递信息、各层级信息不对称、效率低下等问题。同时，在对外方面打破企业外部边界，实现平台对外开放，打通外部资源接口，整合外部资源孵化创新型小微企业，形成互利共生、对抗力强的并联生态系统。海尔模式本质上是以客户为中心，根据客户需求倒逼企业内部流程重塑及内外部资源整合、协同，将企业经营权交给员工和客户，激活企业的生产力。

随着地产开发价值链的不断重构、延伸，地产企业原有的内部管理闭环也逐步向全产业链开放，与价值链各参与方快速连接。目前，在采购、工程、营销及物业服务等领域已有广泛应用。

传统采购平台

搭建采购平台，整合供应链是地产企业在价值链开放最多的环节。“后地产”时代，地产企业利润水平不断跌破红线。在外部市场增长整体受限时，多数企业通过降低成本以谋求利润水平维持或提升，而工程类成本占房地产开发总成本比重较高，因此决定了采购职能作为地产企业利润的捍卫者在节流方面起着重大作用。

部分地产开发商如万科、绿城、鑫苑等有效整合行业供需，通过搭建采购平台，接入物流配送、售后服务、供应链金融等解决方案，打造地产采购界的“天猫平台”。这个平台不仅服务于企业内部，同时面向其他地产企业，共享行业采购资源。平台主要提供建筑材料、安装设备、装修材料、家居、家电等建筑材料的供应和采购，凭借在采购模式、品质把控、价格等方面的优势，为供应商提供大量的优质客户，为采购商和业主提供优质的产品，通过提供平台服务获利，最终实现供应商、采购商以及业主多方共赢。

供应商可通过平台进行注册，资质审查通过后由开发商组织约谈或现场考察，根据考察或约谈综合得分确定入围单位，并通过平台完成线上审批。供应商通过平台获取入围信息并下载招标文件，并在平台直接回复投标文件。平台直接推送入围单位开标通知，线下完成开标和招标答疑、询标及清标等招标事项，根据招标文件评标方法进行打分、确定最终定标单位，发布中标通知、签订合同，跟进合同履约执行情况。根据《公司供应商履约评估办法》在线上完成供方评估，并及时调整供应商的等级。

网络商城

网筑集团前身是绿城集团采购部为主体的绿城电商，于2011年成立，身兼绿城集团采供管理战略转型的使命，并于2015年脱离绿城自立门户，转而成为一家服务于建筑业上下游产业的互联网公司，原绿城电商成为其旗下的子公司。

2010年，绿城提出了将电子商务概念引入物资采购环节，到2013年绿城的物资采购管控职能全面切换至绿城电商。凭借绿城集团多年积累的工程施工经验，以及对工程材料的深刻了解，借助绿城电商打造物资采供一站式服务平台、全国性的线上线下超级建材商城，采取“网络商城+实体体验”的O2O模式，通过打造实体体验馆，数据采集并建立建材数据库，严格供应商准入条件等方式打造简化、公开、透明、高效的采购环境。

O2O商业模式：网筑商城采用“网络商城+实体体验”的典型O2O商业模式，面向全国的房地产开发商、供应商，以“资源整合者”和“专业服务商”的角色，供应丰富的产品品类，创建线上建材商城，开建线下实体体验馆，整合厂家资源、缩短采购流程、实现集中选样，打造超级建材服务商。

体验馆：体验馆是电商客户的实体选样中心。它的建立打破了原来分散式送样、选样的方式，通过全开放、全流通式集中陈列体验的展示形式，为客户提供贴心的一站式选样服务，包括引导全程选样、感受实样精装效果、体验3D虚拟样板间等。

建材数据库：全力打造中国最大的建材信息平台，同时建立一个品类齐全、效果逼真的3D建材模型库，为用户提供建材虚拟选样、建材信息查询、建材专业测评，以及建材实用案例分析等服务。3D建材模型库的建立，有利于国内房产开发用材（设备）市场的标准化建设，并成为建筑设计师、建筑设计机构和房产开发企业的首选数据库。

严格的供应商准入标准及流程：平台准入供应商具有覆盖全国范围完善的服务体系，承诺“全国同期同类工程价”、认同电商平台商业模式、国内同等同类市场占有率居前列、产品达到行业及国家相关标准。

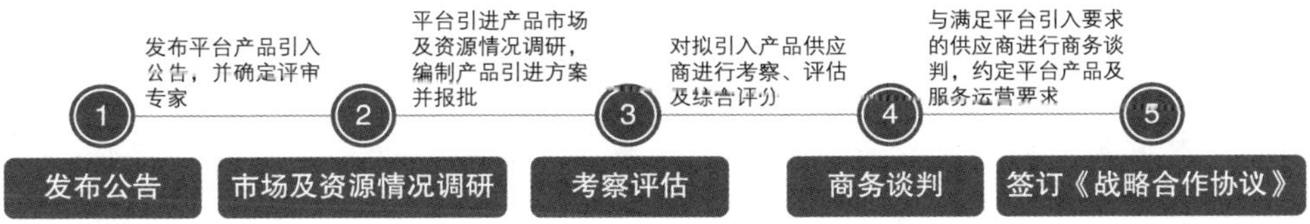

图13-21 网筑平台产品引入流程

除绿城外，海尔地产也凭借其优质的战略合作资源及海量客群，于2014年12月发布了其供应商交互平台——云莱网。

云莱网整合现有的技术资源、海尔集团资源，分阶段推行内部B2B采购、外部B2C采供、外部B2B采供三种交互共享的服务模式。平台负责制定供应商认证标准、制定规范采购规划、线下体验、线上选择并下单采购等专业建材采供服务。供应商经过平台严格的认证机制进入平台接单，海客会会员可直接登陆平台选购装修建材，并享受资源战略价，在平台上的整个交易流程透明、高效。海客会与云莱网两大交互平台将打通地产商、供应商和业主的沟通环节，进行无缝交互，资源共享。

■ 产业链下游：挖掘社区服务潜在价值

物业服务作为房地产价值链的尾端，是房地产开发的延续和完善，承担着地产“售后服务”的职能。物业服务行业属于劳动密集型企业，行业集中度低、与资本市场关联较小、盈利水平较低、专业人才匮乏。大多数房地产开发商自持的物业由于盈利模式单一、人工成本的持续走高，导致旗下物业公司一直处于微利或亏损状态。目前，主要依靠地产公司财务补贴的“输血”模式维持生存发展，自身造血能力尚不足。

不过近年来，随着物业管理行业竞争的不断加剧，物业服务企业愈来愈需要顺应瞬息万变的市场，商业模式的创新对改善物业行业生存状况产生深远影响。国人在不断地追求更加完善和高端的物业服务。面对市场前景良好的物业行业，在未来发展过程中，需侧重于物业服务模式的开发和创新。物业服务行业作为新经济的重要增长点和提高居民生活品质的重要载体，积极拥抱互联网实现物业服务的转型和创新，逐渐受到社会和资本市场的广泛关注。例如彩生活、万科睿服务等，彩生活更是作为第一家受资本市场青睐上市的物业企业，掀起了物业公司上市的浪潮。

如今物业管理行业95%亏损的情况下，包括万科、保利、龙湖等大型地产商的物管都需要开发业务来补贴，许多物业公司都要在亏损线上挣扎。那么不收物业费能够盈利吗？这就是花样年的目标，它构建了全新的商业模式，利用业主平台实现多元化收入，创造新颖的盈利模式。花样年物业通过整合开发商、业主、供应商以及物业项目的优势资源，创建了独特的彩生活经营模式，通过以人聚商的思路，利用社区用户资源及数据源，打造社区家庭生活服务平台。一方面，为业主和住户提供信息发布、信息咨询、房屋增值计划、家政服务、商务服务、突发事件处理等基础服务，实现物业保值增值，降低住户长期居住成本。另一方面，通过整合线上线下资源，联合周边商户，逐步形成并完善O2O协作体系，以满足社区住户的购物需求、理财需求、租售需求以及支付需求等。

2002年，花样年物业成立"彩生活客户服务中心"，为业主提供24小时开放式服务。客户服务中心的成立，标志着花样年物业在"物业服务"这一领域开始精耕细作。彩生活首次把管理视野延展至小区整体，把小区建筑、道路、园林和业主的物质生活、精神生活、社区文化结合起来，充分整合、挖掘社区资源，打造彩之云社区服务平台，平台主要分为物业服务、公众服务、周边生活服务、社区家电四大板块。

互联网思维的物业服务：物业费、停车费电子收缴、投诉报修等基础物业服务功能；无线社区、高清监控等智能社区管家功能；手机看家、远程医疗、远程教育等智能家居功能；房屋买卖、租赁、设计装修、托管等房屋管家功能。

公众服务：政府网站、办事指南、政府服务等电子政务功能；修锁、搬家、家政、快递、旅游等便民服务功能；水电煤缴费、社保医保查询、天气预报等公共事业功能；新鲜事、表扬信、兴趣组等社区圈子。

周边生活：整合社区周边的商圈资源，包括O2O服务；美食餐饮、生活超市、休闲娱乐等特惠商家；外卖服务；教育咨询、艺术培训等教育培训服务。

社区电商（B2F）：是以家庭为单位消费的电子商务平台，业主通过平台可了解小区周边的各种商业服务信息，并可通过智能终端下单预订商品或服务，待服务完成后才付款。主要包括出行、汽车保险及交通罚款、金融理财、养生养老等虚拟服务。家庭消费频率最高的日用品为主的商品服务、供应商与加盟商直接对接的连锁经营、平台向业主推送商业服务信息等平台广告。

"彩生活"通过严格的平台资源准入和淘汰机制，整合资源渠道积累平台用户流量两项核心举措保障平台的良性发展与盈利。

1. 制定明确的平台资源准入和淘汰机制

产品和服务的安全性和可靠性是平台持续发展的生命线，"彩生活"平台在引入产品和服务时采取充分市场化的原则，经过市场充分检验和评估，保证产品和服务质量，外部资源进入平台需要认同平台经营理念和运营规则。

平台资源整合时既放眼于全国级知名品牌合作商，也会因地制宜地整合本土合作资源，形成平台战略的协同发展和资源的优势互补，使平台资源能够全面辐射社区人群的日常生活服务。同时，为了更好地体现平台价值，要求所提供的产品和服务应比一般平台具有明显的竞争优势和服务黏性。

平台资源引入后充分注重平台商家资源运营和维护，建立商家运营效果评价机制，对产品和服务在安全性、可靠性上出现问题及重大投诉的商家，坚决予以淘汰。对产品和服务满足不了用户需求，客户综合评价较低，交易量为零或者较低的商家产品和服务，在一个周期内，应定期下架及补给更新。对一定周期内合作达不到预期效果的商家，要及时终止合作。

2. 以物业服务为入口，积累平台用户流量，增加平台获利水平

社区O2O以平台模式整合渠道资源，摒弃投入大量设备场地及人力来维持运营的传统重资产模式，通过构建硬件和软件一体化的社区服务平台，以“品牌输出”模式实现物业管理的轻资产化，营建有黏性的社区场景：

智能科技平台建设：包括监控系统监管每个小区入口的情况，智慧语音平台针对在线的各种终端，比如业主投诉报修、购买理财产品和增值服务、缴纳物业费的情况等进行集中分析，有针对性地向一线客户经理推荐客户。

移动终端打造：面向项目员工和客户的移动终端。面向内部员工是为了实时回传信息，让客户经理实时反馈所辖小区面临的问题，方便后台集中决策。

以主营业务作为平台，发现平台产生的关联业务和收入，通过向客户、供应商以及合作伙伴提供多种经过整合的增值服务，实现“收入来源的多样化”，使其具备良性发展的盈利模式。

十四、智慧应用，地产生态圈的“产业化”升级

地产智能化概念由来已久，不过受限于新技术、新设备的成熟应用，在过去很长一段时间内实际应用案例极为鲜见。从2015年起，地产领域的智能化开始加速发展，智慧城市、智慧社区等的打造成为热点并快速成长。除此之外，在施工现场管理、营销辅助等方面应用案例也越来越多。在“转型”成为地产行业目前最大的议题时，借助各类智能化应用将企业“智慧化”改造成为地产企业转型发展的一个主要方向。

1 新型智慧城市，提升地产服务价值

城市是一个复杂的生态系统，其构成因素较多，主要由六大核心功能系统构成，各系统之间以协作的方式协同运作，并且随着各类因素的变化而不断发展演化。现阶段，城市的发展基本上形成了全球化、绿色化、信息化和智能化的趋势，并且随着城市的快速发展，对核心系统功能提出更高的要求。在此情形下，借助信息化、智能应用等技术手段推动城市智慧运行的各种概念应运而生。

2009年，IBM首次提出“智慧地球”的概念，随后一些研究机构、政府及企业也纷纷提出各类“智慧城市”的概念，而这些概念中，“信息与通信技术”“环境”“能源”“效率”都是出现频率最高的词汇。总的来说，“智慧城市”的提出是为了应对城市化发展过程中人口及经济的增长，带来的环境污染、交通拥堵、能源浪费等各类“城市病”，促进城市健康持续的发展。

我国2012年首次在政府规划中提到了“智慧城市”的概念，2014年3月，首个城镇化规划《国家新型城镇化规划（2014—2020年）》正式公布，

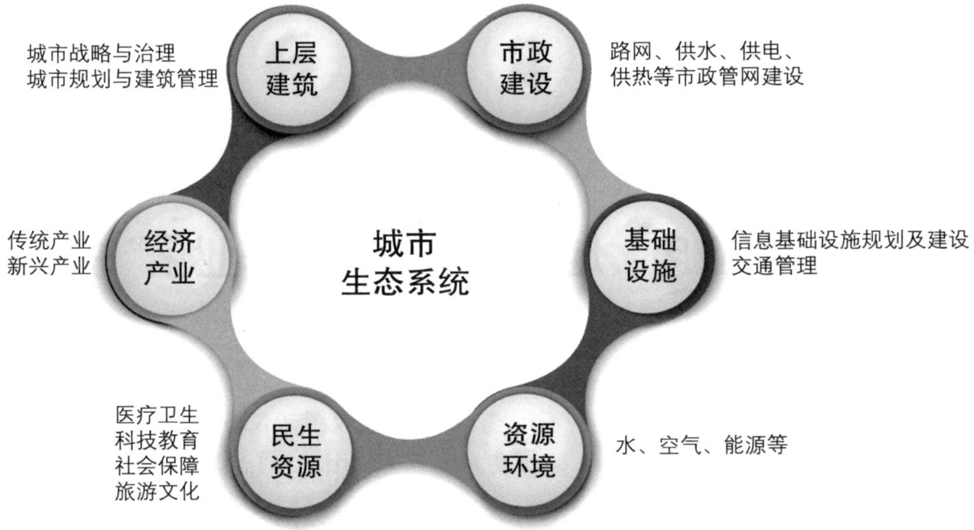

图 14-1　城市生态系统构成

随后发改委、工信部、科技部、公安部、财政部、国土部、住建部、交通部八部委联合印发了《关于促进智慧城市健康发展的指导意见》，要求确保智慧城市建设有序推进。截至目前，几乎所有的副省级以上城市，超过 80% 的地级城市都明确提出或正在建设智慧城市。

随后，在 2016 年国家发改委对智慧城市建设进行了升级，提出了“新型智慧城市”的建设目标，内容涵盖城市治理、民生服务、经济发展、网络空间、数据开放、共融共享等多个方面，智慧城市建设由传统的硬件及基础设施建设向更高层的资源共享、服务整合发展。对于地产企业而言，传统的开发模式将不再适用甚至落后于新型智慧城市建设。未来，数据中心建设、智能化监控、各类传感监测、智能管网、智慧化交通规划、消防、安防及环保监测等将融入一级开发规划；网络建设、数字化安防系统、物流服务、智能家居、智慧公共服务甚至集合医疗、教育、商业办公服务等的智慧社区建设将成为二级开发的要求。

新型智慧城市是一种新型的城市发展模式。通过信息技术、大数据及其他智能技术的广泛使用，实现信息化和城市化的高度融合，提高城市基础设施和公共服务的智能化和便捷化，促进城市智慧运行，更好地满足城市居民的各方面需要。智慧城市的建设对提高城市信息化水平、促进政府管理创新和提升城市竞争力等也都具有十分重要的意义。同时，智慧化的城市综合管理机制对城市“共享协同”和“长效管理”等能力也提出了更高的要求。

新型智慧城市建设的总体思路需从顶层设计、建设过程及后续运营管理三个方面综合设计，依托信息技术、移动互联网甚至大数据、人工智能等技术手段，围绕城市管理中的各个组成部分进行建设。

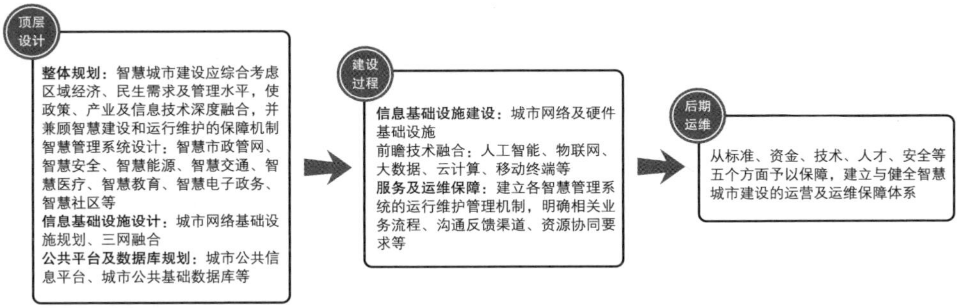

图 14－2 新型智慧城市设计思路

顶层设计：以人的需求为中心，以实现业务协同、资源共享、系统整合和统筹建设为目标，综合设计系统的整体功能、信息资源体系、技术支撑体系，形成指导系统建设总的框架。除此以外，从更高的角度关注商业的可行性，设计市场化投资、建设、运营的模式，从整体上做好建设的顶层规划，推动智慧城市科学合理有序地发展。

智慧管理系统建设：无线网络、移动终端的普及，使居民和企业越来越认可电子化的服务方式。物联网、移动互联网、电子支付新技术的应用，为创造新的有价值的服务及公共管理提供了广阔的空间。

运营维护：是智慧城市可持续发展的保障，涉及政府、企业、市民等多类主体，投资大、运营难度大。因此，在顶层设计时就需要考虑：谁投资、谁建设、谁运营、谁付费等实际问题。

智慧城市涉及内容之广、平台之多、技术之复杂是以往任何一个平台和系统都无法企及的。因此，针对整套系统运维的复杂性和难度也是非常大的，对于整个运维体系的建设、运维服务的实施都是严峻的考验，必须保障整个平台的稳定性和可靠性，才能促使整个智慧城市的正常运转。

国外的智慧城市建设起步较早，但往往是从解决城市发展所面临的单方面问题出发，围绕应用信息技术等手段解决城市问题，开展智慧城市的建设，既不求规模大，也不求覆盖广，而是追求实用和效益。比如，面向解决城市交通问题的智能交通系统研发，面向社区信息化服务的智慧社区发展，面向电网信息化管理的智能电网系统建设等。

【智慧城市建设】韩国政府在2009年启动了U－City（Ubiquitous-City）模式的智慧城市建设，围绕生态工业建设、透明化技术建设的发展战略，打造亲民政府、智慧科技园区、再生经济、社会环境和客户服务的智慧城市网络。韩国官方对于U－City的定义是在道路、桥梁、学校、医院等城市基础设施之中搭建融合信息通信技术的“泛在网”平台，利用无限传感器网络，管理人员可以随时掌握道路、停车场、地下市政管网等设施的运行状态。首尔利用红外摄像机和无线传感器网络，可以监测火灾并进行精准定位。U－City综合信息中心由传感器监测系统、集成数据分析系统、广播系统、外灯控制系统、基于位置的短信服务系统、通风控制系统等组成。信息中心集成城市基础设施公共数据并进行监控、分析，以精确指导城市交通、医疗、环境、物流等各领域智慧系统构建及服务提供。

【智慧交通】早在2007年，欧盟就提出并开始实施一系列智慧城市建设目标。欧盟对于智慧城市的评价标准包括智慧经济、智慧环境、智慧治理、智慧交通、智慧居住以及智慧人等方面。而北欧国家率先采用智能科技手段改善交通，促进节能减排、减少交通拥堵。交通拥堵改善成效显著的则当以瑞典首都斯德哥尔摩，该市在通往市中心的道路上设置18个路边监视器，利用射频识别、激光扫描和自动拍照等技术，实现了对一切车辆的自动识别。借助这些设备，该市在周一至周五6时30分至18时30分之间对进出市中心的车辆收取拥堵税，从而使交通拥堵水平降低了25%，极大地改善了市区交通情况。

目前，欧洲的智能交通在全球范围内处于领先位置，2012年欧盟提出《智能交通等领域快速发展2020实施方案》，计划在全欧范围内建立专门的交通无线数据通信网。

巴塞罗那纺织产业老工业区作为智慧城市的试点，在道路红绿灯处安装传感器，通过给盲人手中的接收器发送信号，引发接收器震动以提醒盲人所处位置。在道路上布置停车传感器，用户通过下载应用程序，即可通过传感器发来的信息获知空车位情况，引导用户快速、便捷停车。加载传感器的智能垃圾箱，能自动监测垃圾箱已装载容量，并根据数据收集安排清运车辆。同时，垃圾箱气味传感器可以检测气味是否超出标准；若超出标准，传感器会发出警报提醒，保持城市良好的生活环境。

【智慧通信、电子政府】2006年6月，新加坡启动了信息化产业十年规划“智慧国”，该计划提出了“创新、整合和国际化”三大原则。计划通过利用信息与网络科技提升娱乐、教育、金融、电子政务、生物医药、制造、旅游与零售等几大经济领域，提升跨地区和跨行业的资源整合能力。推出信息通信发展蓝图规划以来，新加坡一直致力于以信息通信技术驱动的智慧化都市，有效提升城市经济水平和公共服务领域的效率。城市内部全面的WiFi覆盖及智能化服务的普及，使得新加坡在出行、医疗、政务等各个领域的服务已经相当便捷和完善。根据埃森哲2014年的研究，新加坡在“电子政务”方面排名全球第一，在信息通信技术发展方面，新加坡的“网络就绪指数”名列前茅。

【智慧基础设施】2009年，IBM向美国政府提出了“智慧星球”的概念，同年迪比克市与IBM合作，建设了美国第一个智慧城市。美国迪比克市以建设智慧城市为目标，利用物联网技术，将城市供水、供电、供油、供气、交通、公共服务等社会基础设施数字化并连接起来，监测、分析和整合各类基础设施运营数据，进而智能化地响应城市居民需求并降低城市的能耗和成本，保证社会基础设施正常运转并满足城市居民的日常生活需要。

【智慧能源管理】美国学者里夫金在《第三次工业革命》中描述，未来社会数以百万计的人们将实现在家庭、办公区域以及工厂中自助生产绿色可再生能源。正如人们在互联网上可任意创建属于个人的信息并分享一样，任何一个能源生产者都能将所生产的能源通过一个智能电网与他人分享。

作为世界风电和可再生能源产业发展的先驱国度，丹麦利用先进信息技术整合可再生能源，实现可再生能源生产、储存和共享于一体。并已于2011年应用首个智能电网，在住宅中配备智能电表和智能电器。智能电网与天气预报系统相连，可自动调节室内温度，还可根据整个电网的负荷和能源价格自动调节冰箱、洗衣机、烘干机等所有家用电器的用电量，使智能电器自适应电网负荷情况进行运转，为用户营造智能、舒适的生活场景。

随着移动互联网、物联网、云计算、无线宽带等新一代信息技术的发展，信息网络向宽带、融合方向发展的趋势进一步显现，信息技术向智能化、集成化方面发展以及与其他产业技术的融合不断加深，这些都为实现智慧城市建设管理和各领域智能化水平提供了有效的支撑，使得智慧城市各参与方能够以更加综合、系统的方式进行总体规划的设计和实施。

一个较为完整的“智慧城市”架构是以信息与通信技术为技术基础，以节能、高效、环保为主要目标规划的未来城市形态。主要包含以下方面：以公共安全、电子政务、数字执法为主要内容的智慧政务；以智慧管网、智慧能源、智慧交通为主体的城市基础设施服务；以智慧医疗、智慧教育、智慧社区等为主要内容的智慧生活；以智慧园区、智慧商贸、智慧物流为主的智慧产业。

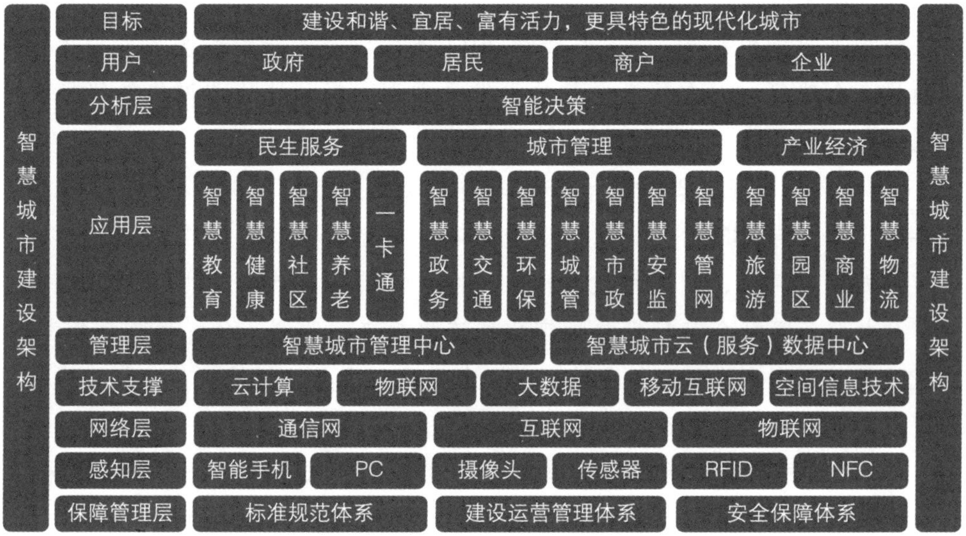

图 14－3 智慧城市建设框架

智慧基础设施

智慧城市的基础设施建设主要包括：一是城市路网、给排水管网、燃气管网、供热管网、供电管网、供气管网等市政基础设施建设，是智慧城市的支撑基础层，是智慧社区综合信息服务平台的应用和服务主体。二是城市信息基础设施建设，主要包含网络功能、感知功能和数据功能模块，是智慧社区体系中负责提供信息服务的最底层，是所有智慧应用的基础。

网络传输的网络类型包括有线宽带网、无线网、移动通信网、广播电视网、电力网络和社区应急通信设施等。智慧社区建设应考虑网络的传输速度、网络覆盖、负荷能力、可靠性和可管理性。同时，网络融合也是网络层的主要问题，包括了移动网与固网融合、三网（电信、广电、宽带）融合、多网融合和泛在网融合等方式。

感知功能是指对建筑物及基础设施的信息和状态进行采集、发送的功能，由各种传感器和信息获取方式构成，包括环境传感器、开关信号传感器、安防传感器、射频识别、条码识别、视频采集、数据采集结构、智能卡等，也包括自组网、网关接入、短距离无线传输等信息组织和发送等技术。

数据层主要负责智慧社区底层采集上来的数据的组织管理问题。智慧社区数据资源是实现智慧社区管理与服务功能的基础，包含基础数据库和专业数据库两大类。基础数据库是指智慧社区建设中所涉及的基础数据，主要包括人口数据、经济数据、地理空间数据以及行业基本数据等。专业数据库是基于智慧社区基础数据库的业务性拓展数据库，是由智慧社区相关应用系统产生的业务数据资源，主要包括社区安全库、社区服务库、社区物业库、能源设施库等。

智慧交通

围绕智慧交通建设需求，积极推进大数据、云计算、移动互联网等新一代信息技术在综合交通、公安交管、信息服务三大应用领域的智慧化工程。构建基础设施智能监控平台、交通数据集成平台、公众出行服务平台的智慧交通体系，全面整合城市交通管理和服务，实现交通信息的充分共享、公路交通状况的实时监控及动态管理。推动前沿信息技术和交通行业的深度融合，全面提升城市交通智慧化管理水平。

（1）基础设施智能监控平台

统一监测，监管公路、桥梁、铁道、港口、航道等基础设施运行状态，实现公路/铁路管理、道路运输管理、港航管理的数字化，为城市交通智慧运行提供辅助决策。

（2）统一的交通数据集成平台

汇聚城市交通运输、公安交警、道路系统、海事航务、交通建设质量监督站和交通运输企业的大量交通数据和信息，并与智慧城市云数据进行对接，实现城市交通信息资源的交换与共享，指挥城市交通智慧运转。

（3）公众出行服务平台

整合城市范围内的交通流量、路况信息、公共交通、营运车辆、铁路、民航等信息，通过手机 APP、网站、热线、广播等多种方式为社会公众提供一体化出行服务，提高公共交通的服务质量和服务效率。

电子政务

完善政府门户网站群、网上审批、信息公开等公共服务平台建设，推进“网上一站式”行政审批及其他公共行政服务，增强信息公开透明度，提高政务服务能力。目前，电子政务的建设方式主要以项目为中心推进，缺乏顶层设计和统筹规划，缺乏与政府总体工作目标在全局性、完整性方面的考虑。部分单位的职能交叉、重叠，导致部分应用系统重复建设。

智慧社区

智慧社区是指充分借助物联网、互联网、移动通信等各种信息技术，将社区家居、社区物业、社区医疗、社区服务、电子商务、网络通信等整合在一个高效的、智慧的信息系统之中，为社区居民提供安全、高效、舒适、便利的居住环境，实现生活、服务的网络化和智能化。集中的社区综合智慧化服务体系通常既包括社区智能化、安防管理、能源管理、设备管理等物业管理，又包括家政服务、洗车服务、宠物寄养、购物旅游、资产管理等生活服务，还包括社区信息资源的整合、交互、利用，并形成基于社区服务的大数据，以便不断地完善和优化服务内容，通过社区信息资源的共建、共享和共用，形成基于服务的信息化、智慧化的效用合力。

智慧健康

以社区和家庭为基本单位，以居民个人健康档案和电子病历为核心，以生命周期为主线，充分利用现代信息技术建立全市居民家庭健康管理服务体系，对各种人群的健康危险因素进行全面检测、分析、评估、预测、预防和维护的全过程。以实现医院服务网络化为重点，推进远程挂号、电子收费、数字远程医疗服务、图文体检诊断系统等智慧医疗系统建设，提升医疗和健康的服务水平。

此外，智能化在社区中的应用也越来越广泛，自动公区照明、车牌识别闸机、停车导视系统、人脸识别门禁、社区 WiFI 覆盖、全区数字监控、环境监测系统、智慧家居系统、信息发布系统、社区 O2O 平台等信息系统及智能硬件的引入成了社区智慧化元素。将这些社区信息化系统联动起来，就可以组合多种生活应用场景，从便捷、安全、品质等多方面提升生活质量，真正实现所谓的生活智慧化。如何解决系统间的信息孤岛，将各系统间数据打通，实现功能联动将是社区智慧化的关键。

智慧社区建设以互联网平台为媒介，主要包括智能硬件打造、智慧社区平台搭建及软件应用服务等内容，运用信息化技术和物联网技术，将智能硬件系统、智慧家居系统和社区的物业管理系统和服务整合在一起，使物业、住户和各种智慧系统形成各种形式的信息交互及联动，实现物业管理和服务的快速响应。

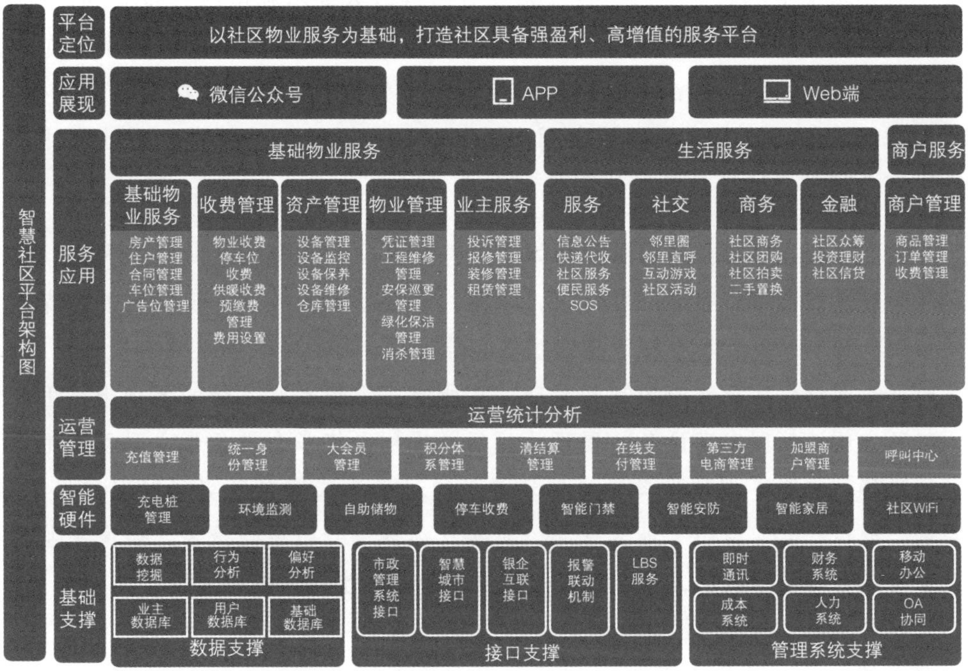

图 14－4 智慧社区平台总体架构

智能硬件打造

智慧社区智能硬件打造从室内延伸到了室外，把整个生活园区功能模块纳入到智慧社区的体系中来。从社区周界安防系统、开门系统、智慧停车到智能家居等，全面覆盖整个生活园区，实现智能化的安全和保障。

智慧社区平台及增值服务

利用移动互联网，搭建以社区为中心开展的生活服务平台，将服务深入到住户中去，主要承载服务、电商、社交等功能。智慧社区平台可以提供基础物业服务，如物业通过平台可发布或推送社区公告，为小区居民提供在线报事报修、自助缴费、投诉建议等多种基础服务。同时，物业方还可通过平台对房屋本体、公共设备设施进行维修维护，远程监控园区内的电梯、供水系统、供电系统、供热系统、消防系统等设备运行状况，报事报修接单、客户投诉及回访处理、客户信息管理等基础内容。借助智慧社区平台整合全国性、区域性及社区周边资源，为用户提供网络购物、家政服务、餐饮美食、旅游文化、教育医疗、社区金融等增值服务，使社区住户足不出户即可轻松享受各种生活便利。

真正意义上的智慧社区平台应是充分体现以人为本和可持续发展的内涵、具备智慧社区硬件与软件功能、整合各类商家平台信息、将社区和家庭作为服务背景的生态圈，以满足社区居民生活需求为核心，借助云技术、大数据、人工智能等创新技术，将智慧应用渗透到居民生活的各个领域，为社区住户提供安全高效、便捷的智慧化服务。

鑫苑集团在项目打造时围绕整体“智慧家居”的智慧社区建设，利用计算机和无线通信技术，整合个性需求，将室内安防、灯光控制、窗帘控制、煤气阀控制、智能家电、场景联运等这些与家居生活有关的各个子系统有机地结合，同时通过网络化综合智能控制和管理。在所有子系统互联互通的基础上，用户不仅可方便地管理家庭设备，更可执行场景操作，使多个设备形成联动。用户可通过移动智能终端预设各种生活场景，通过场景选择自动实现对室内灯光、空调、电视、智能窗帘、烟雾探测、有害气体探测、门窗磁报警、摄像头监控等家居产品的场景状态，真正意义上实现智能家居生活体验。

将园区内部安防报警系统、消防系统、视频监控系统、可视对讲系统、门禁系统以及各种传感器接入智慧社区平台后，各设备之间可以相互联动，全面监测园区的运行情况。通过云端服务进行智能化判断，降低误判的概率，可真正做到小区住户家中一旦发生紧急状况，自动联动相关设备，将家中的实时状态传递给用户，并及时通知物业及相关部门。

在智慧停车的场景应用，主要采用地磁和视频桩两种技术。地磁感应须设置在车位中间，利用无线传感器技术监测车辆进出，一旦感应有车辆驶入便开始计费，稳定性高、安装便捷。视频桩则是在车位的某个角度安装视频装置，通过视频自动监测车辆驶入驶出，以集成视频识别、记录车辆进出场时间和车牌号，全程无须停车管理员介入，驾驶人员能够自动施行车辆停放、自助缴费，实现无卡进出场，同时也屏蔽了停车乱收费现象，降低了物业的人力投入成本。

新的市场环境下，智慧社区已经从单纯的设备制造商、系统集成商为主导，转变为各方参与、互利共赢的局面。涉及产业链上下游的房产开发商、物业/社区运营商、业务提供商、设备提供商、系统集成商、电信运营商等各方共同参与智慧社区建设，共享智慧社区的发展成果，未来智慧社区市场潜力无限。

与早期城市信息基础设施建设和数字城市建设相比，新型智慧城市建设更加强调系统的整合与服务，从“信息孤岛”到“共享集成”，从“数据为王”、“应用为主”到“服务至上”；更加强调城市管理的统筹兼顾、协同配合、快捷高效、实时互动、智能服务。新型智慧城市建设是一个长期的过程，不可能一蹴而就。因此，新型智慧城市的建设需要按部就班，一步一个脚印地向前推进，当然，政府仍是智慧城市建设的主导力量，但在政府的主导下，需社会各界的共同努力。地产企业作为城市建设的“主力军”，未来在新型智慧城市建设中将大有可为。

2 智慧科技小镇，加速产业升级

随着新常态经济转型升级、新型智慧城市建设及新型城镇化发展的要求，为了促进大中小城市和小城镇合理布局与协调发展，实现城镇化与工业化、信息化和农业现代化的良性互动，适应和引领经济新常态，特色小镇成为地方政府推动社会结构转型和供应侧改革的重要抓手。智慧科技小镇是新型智慧城市理念在特色小镇建设中的延伸和拓展。智慧科技小镇包括了以物联网、云计算、移动互联网为代表的新一代信息技术的创新层面。其和社会经济发展下的社会创新层面两种驱动力，使得它成为融合城镇、信息化、产业化发展战略的重要载体。利用智慧科技进行城镇建设，是未来特色小镇发展的趋势和特征。

智慧科技产业作为特色小镇的重要组成部分，除了作为小镇经济的载体外，还承担了带动小镇整体产业升级的重任。智慧科技产业也受到了各级政府的高度重视，成为调整产业结构、转变增长方式的中心环节。2017 年 7 月，住建部等部委发布的《关于开展特色小镇培育工作的通知》中，就明确要求建立特色鲜明的产业形态，产业向做特、做精、做强发展。新兴产业成长快，传统产业改造升级效果明显，充分利用“互联网 +”等新兴手段，推动产业链向研发、营销延伸。

智慧科技产业概念起源于 20 世纪 90 年代末。西方发达国家在智慧经济背景下，其核心范畴和中心要素强调的是“创造性”和“创新性”，并具有高附加值性、强融合性、渗透性和可持续盈利能力。智慧产业不是单独的一个行业，它是在信息产业、知识产业发展基础上的一个更高层次，同时又与传统行业有一定的关联。与传统产业相比，智慧科技产业是人类在技术领域的革新，是经济结构转型升级的一场革命，它更注重在效率、产品质量与环境可持续之间寻求平衡，强调运用集成化的高新技术，使生产过程更加精确、高效与环保。

智慧科技产业的一个典型特征是物联网、云计算、移动互联网等新一代信息技术及人工智能、大数据应用等高新技术在产业领域的广泛应用。智慧科技产业在重大发展需求和重大技术突破的基础上具有技术和知识密集、成长潜力较大、物质资源消耗较少等特点。智慧科技产业的发展使其他产业可持续提升、发展并具有不断智慧化的功能，具有无穷无尽的延展性、衍生性和成长性。

智慧科技小镇在本质上属于融合了智慧科技产业的科技地产“升级版”，其功能载体通常包括三类：第一类是科技产业，包括智能制造、科技研发、科技创新服务、科技孵化器、加速器等；第二类是科技旅游体验综合体，包括科技博览中心、主题公园、科技文化创意中心等；第三类属于综合服务，包括智慧化社区、智能公共服务等。智慧科技小镇的开发建设属于区域综合开发，覆盖一二三级开发包含整体规划、建设开发及产城运营等环节，其中小镇运营和产业发展是整个智慧科技小镇运营的核心。除此之外，小镇的成功运营还需要在政策层面、科技创新资源、产业及公共服务、金融服务、商业模式创新等方面协同配合。

图 14－5　智慧科技小镇发展的构成要素

国内较为知名的智慧科技小镇要属杭州市的“云栖小镇”，小镇以云计算、大数据和智能硬件为产业特点，把杭州转塘科技经济园区打造成一个以云生态为主导的产业小镇。小镇大力引进高端信息产业项目，累计引进企业328 家，其中涉云企业达到 255 家，产业已经覆盖云计算、大数据、互联网金融、移动互联网等多个领域。目前，小镇已经形成四大产业生态，包括阿里云产业生态、卫星云产业生态、物联网芯片产业生态、智能硬件创新生态。

2017年，碧桂园开始积极探索科技小镇领域，计划在未来进行更大的投入，并承担起转型的重任。2017年5月，碧桂园首个科技小镇——创新小镇在惠州动工，近80家企业机构现场签约进驻。项目总投资约300亿元，借助合作伙伴在移动互联、大数据及智慧城市等方面的领先优势，形成以物联网、移动互联及大数据为核心主导产业，智能控制、智能制造及科技服务为配套产业的发展平台，其目标是成为世界级的物联网和智能控制产业基地。随后，碧桂园又陆续在惠州落地两个科技小镇项目：一个是潼湖科学城，由全球IT巨头思科联合碧桂园等合作伙伴打造；另一个是稔山科技文化生态城，拟建设科技创意研发、创新金融、生命健康、商贸物流、湿地公园、滨海文旅度假、区域性消费等产业设施，居住、教育、医疗等配套生活设施。

2018年1月，碧桂园联合富士康在广州拿下两宗地块，两块地除了住宅和企业总部外，均包括科技小镇项目。

对于地产企业而言，智慧科技小镇为其提供了更多的发展机会，但从开发商到城市运营商，再到产业运营商的角色转变需要经过较大的跨越，能不能深度参与或者操盘科技小镇的建设运营，需要地产企业在内部管理、产业链协同、金融服务，甚至更广泛的产城融合等方面具备更强的能力。

十五、大数据应用，挖掘新的利润增长点

大数据、云计算等新技术正撬动着一个又一个传统行业，经过数年沉淀，房产大数据正逐步兴起。2015 年 9 月 5 日，国务院正式印发《促进大数据发展行动纲要》。这意味着大数据发展正式成为国家战略。根据相关机构的大数据研究，将大数据、客户和市场价值有机联系起来是大多数企业目前最重视的事情。

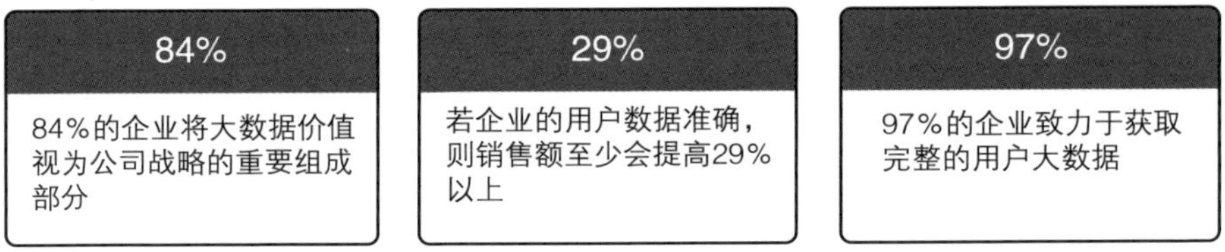

图 15 – 1　大数据受到各类企业的重视

相比最早迎来大数据应用的快消品、金融业、电信等行业，房地产因其特殊性和专业壁垒，大数据应用仍处于探索和尝试阶段，大数据的金矿远未被挖掘出来。事实上，真正能做大数据垂直应用的行业不多，像金融、汽车、房地产这样专业壁垒极高、外行人很难进入的行业，一旦渗透了大数据应用，将产生不可估量的商机。而房地产开发企业，从拿地、规划、建设、销售到物业服务的过程积累了大量的数据，通过大数据分析应用，挖掘房地产从拿地到销售、物业服务等各个环节海量数据背后蕴含的价值，大数据为房地产行业快速发展、转型带来新驱动力。

■ 企业内部数据归集及治理

房地产数据对企业运营管理具有很显著的应用价值，但目前内部数据存

在相对分散、混乱、缺失、统计口径不统一等问题，数据采集、融合难度较大。对于信息化程度不高的企业，数据大多以手工形式维护，无法实现数据的深度分析和挖掘，进而无法体现数据的价值。

房地产大数据主要分为经营数据、项目基础数据、周边配套数据、销售成交数据、采购数据、成本数据、工程数据及客户数据等。

地产大数据

经营数据	项目数据	周边配套数据	采购数据	客户数据
➤销售收入	➤土地数据	➤交通状况	➤战采/集采数据	➤客户类型
➤销售回款	➤土地挂牌/成交	➤教育状况	➤材料设备预算价	➤年龄层次
➤销售净利率	➤小区数据	➤医疗状况	➤材料设备招标价	➤职业
➤净资产收益率	➤楼栋数据	➤景观情况	➤材料设备定标价	➤家庭结构
➤总资产周转率	➤房屋数据	➤不利因素	➤材料设备结算价	➤收入水平
➤资产负债率	➤……	➤……	➤供应商信息数据	➤购房动机
➤营业收入增长率			➤……	➤生活爱好
➤……				➤消费偏好
				➤……

图 15－2　地产大数据构成

■ 大数据在地产开发业务中的深度应用

虽然大家对“大数据”“云计算”等新概念已经耳熟能详，但大部分企业对于如何开发、分析和利用大数据还不甚了解，数据分析过程中也会存在数据质量不高、缺乏跨部门整合分析等问题。因此，建立明确的数据分析及归集方法是大数据应用的基础。房地产由黄金时代迈向青铜时代，正在告别以产品为中心的制造业模式，进入以客户为中心的运营服务模式。该模式下，客户需求不断升级对企业的快速反应能力提出了更高的要求。

在这一背景下，充分利用大数据手段可提前获知客户需求，有针对性地进行产品设计、开发和销售，帮助企业赢得市场竞争优势。从 2014 年开始，万科、万达这样的地产巨头便开始尝试将大数据应用于房地产，如万科尝试利用大数据分析方法，通过区域客户特征分析、竞争楼盘优劣势、户型配比合格率、配建商业的辐射范围等方面详细考量地块的最终价值，提高拿地的精确度；将客户特征进行细分形成客户画像，用于指导产品的设计和社区配套建设，主要聚焦于产品户型、功能空间、材料选择、景观等方面，比较典型的项目为万科杭州未来城。

(1) 土地拓展应用

运用大数据寻找高性价地块，为塑造优质产品奠定基础。

表 15－1　大数据拿地应用对比传统拿地的优势

	传统拿地	大数据拿地
关注因素	主要看市场供求、地价与房价、周边竞品等因素，地块所在城市的人口结构、区域的产业发展、交通规划、潜在客户购买力等指标，以及竞争对手的报价，来综合决定是否拿地	1. 利用大数据分析拿地传统因素，如特定区域的经济、人口、交通配套、公共服务等价值 2. 建立个体行为轨迹大数据，并结合传统因素价值分析来精准确定项目的最佳地段和定位。例如，跟踪用户工作时间段活跃度（即热力图）来精准确定特定区域的居住人口密度、通勤及消费轨迹
特点对比	传统拿地方式常于宏观和中观层面的判断，但较难精准地确定最佳位置	获知最佳选址的精准位置，并根据客户的集中分布特征预先定位

上海万科与多家高校及城市数据团合作搭建专属于万科的大数据分析平台，这是万科在推动房地产行业的大数据化、引领地产行业转型潮流上踏出的重要一步。该平台以清晰易用的可视化交互方式，将复杂的大数据技术聚焦在房地产行业的实际业务当中，从动态监测、信息查询、数据分析三种不同层级，满足公司员工各业务端口的工作需求。

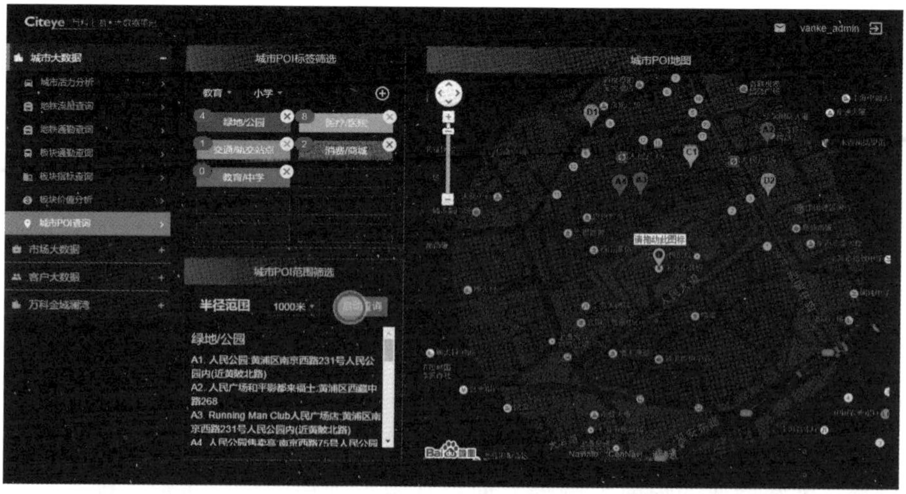

图 15－3　清晰全面地了解城市每一块土地的真实情况及价值潜能

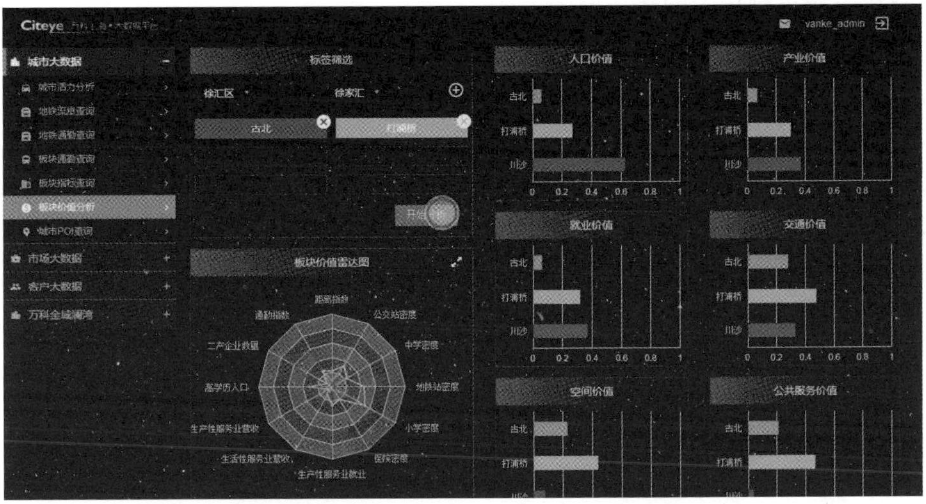

图 15－4　跟踪特定区域居住人群的分布、潜在需求及购买行为

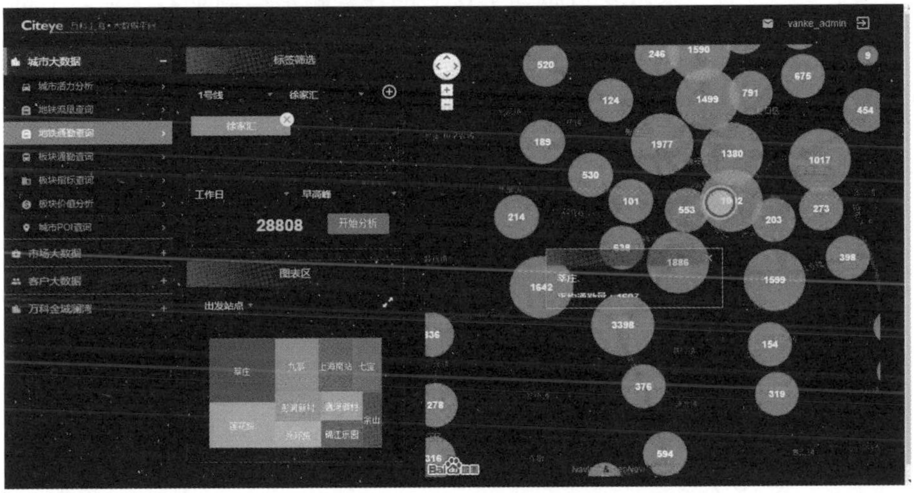

图 15－5　跟踪特定区域居住人群的通勤情况

（2）定制化应用

定制住宅在中国尚未形成成熟的发展模式，目前仅有原世茂营销副总裁蔡雪梅自主创新的 elab 新房定制平台。首个试水成功的项目坐落于重庆洋世达·南滨特区豪宅项目，产品前期预售效果相对理想，但后期规模化推广应用遭遇发展瓶颈。而在美国，定制住宅是典型的面向特殊人群与高端群体的新兴主流住宅产品，已经发展为较成熟的住宅产品定制化模式，并已拥有相当数量专做定制住宅的建造商。

美国住宅大规模定制模式，根据为客户提供设计方式的不同分为全定制式住宅、半定制式住宅、自定制式住宅三种定制类型。

表 15－2　美国住宅定制化分类

定制类别	定制形式
全定制式住宅	当预期的客户提出设计和建造请求时，相关的设计和建造人员首先要了解客户的需求，了解他们想要一个什么样的住宅。工作人员从客户的描述中判断他们所需要的住宅类型，然后为客户制定出设计方案
半定制式住宅	开发商提供经过市场打磨已相对成熟的半定制住宅模型，由客户自主选择，但也不限制客户的某些特殊选择，但这些选择是有限的，以便开发商能熟知定制的进度和时间
自定制式住宅	客户提供理想的住宅设计方案或类似图片，建造商依据客户提供的信息尽可能地满足客户自定制式住宅的需要

美国 Manhattan Property 定制公司基于“定制营销＋互联网”模式推出新房定制平台。这是一个以客户驱动为核心的住宅规模定制平台，平台上推出各种 MC 户型的粗坯产品，客户可根据自身需求提出户型设计、功能空间、硬件配置、地段、价格、周边配套等反馈意见。设计师根据客户需求反馈优化产品，通过不断与客户交互、产品迭代，直到客户最终下单为止。最后，整理、分析客户订单，利用大数据统计出需求相同、地段相近的客户群体，并打包在一个项目中输送给开发商，让开发商按需开发和建设。

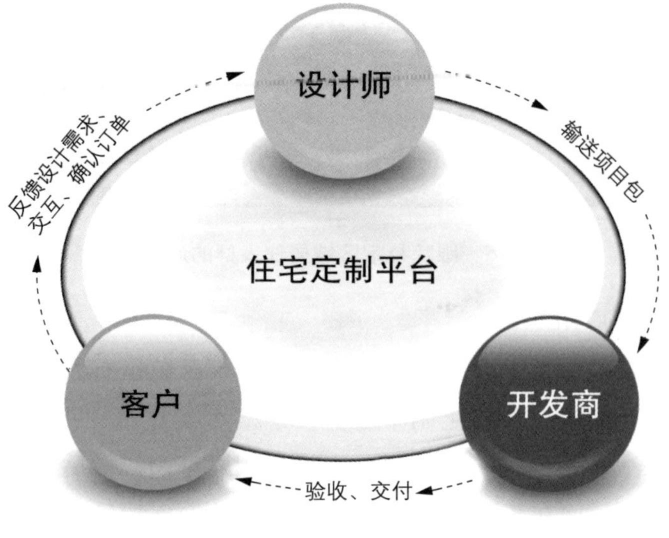

图 15－6　Manhattan Property 住宅定制平台运营模式

推行大规模定制产品的关键和前提是产品可由模块组装，模块可以预制和大规模工厂化生产，而定制式住宅产品恰好具有这样的特点。住宅装配式建筑构件、设备等具有标准化程度高、可大规模工业化生产等特点，并依托成熟的建造技术，满足客户定制设计要求并保证现场快速施工。因此，定制式住宅产品适合采用 MC 的方式进行生产。

MC 的基本思路是基于建筑构配件和产品结构的相似性、通用性，利用标准化模块降低产品的内部多样性，增加客户可感知的外部多样性，通过产品和结构重组，将产品定制生产转化成部分转化为构配件的工业化量产，从而为客户提供低成本、高质量的定制产品。住宅 MC 以客户需求为导向，依托标准化模块定制产品和服务，借助现代信息技术，实现规模化定制生产。

（3）精准营销

大数据颠覆了传统的营销模式，可以帮助地产企业准确找到目标客群分布、购房偏好及市场趋向等信息，通过客户精准定位实现精准营销，在节约成本的同时大大提高了意向客户的转化率。

①精准营销第一步：为用户画像

何谓为用户画像？即用户信息标签化，就是企业通过收集与分析客户社会属性、生活习惯、消费行为等主要信息的数据之后，完美地抽象出一个用户的商业信息全貌，可以看作是企业应用大数据技术的基本方式。用户画像为企业提供了足够的信息基础，能够帮助企业快速找到精准用户群体以及用户需求等更为广泛的反馈信息。那么，如何准确勾勒用户画像？

首先，收集第三方大用户平台（如腾讯、阿里、百度等）历史累积数据，并将用户数据按照自然特征、社会特征、兴趣特征及消费特征等属性进行划分，其中前两类属于相对静态的信息数据，包括年龄、性别、职业、家庭情况等基本信息；后两类属于相对动态的信息数据，指用户不停变化的行为信息，如生活偏好、消费行为等。

其次，通过对用户数据进行深度挖掘、分析，解析用户的消费习惯、购买能力、生活偏好、年龄层次等用户行为及特征，并整理出详细的客户标签，用建模体系形成用户画像模型，作为实现精准营销的客户基础。

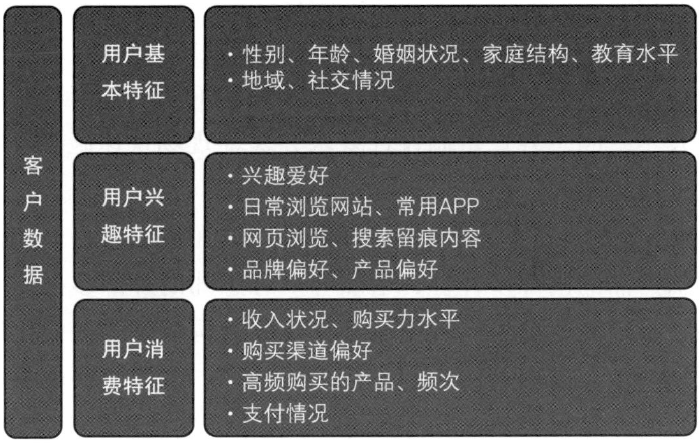

图 15－7　用户画像步骤

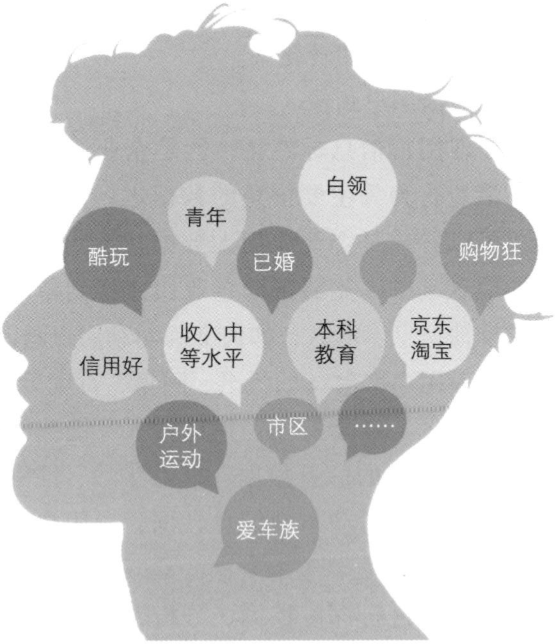

图 15－8　用户画像示意

②精准营销第二步：利用用户画像锁定目标客户

根据客户初步画像及项目定位确定潜在目标客户，针对目标客户定向开展营销活动，向目标客户常用信息获取渠道推送项目信息，并跟踪剖析用户反馈行为数据，减少传统泛式广告投放的资金、人员费用支出等，实现精准营销，提升项目营销的效率，促进销售目标的达成。同时，将客群需求回归于设计产品要求之中，倒逼产品及服务水平提升。

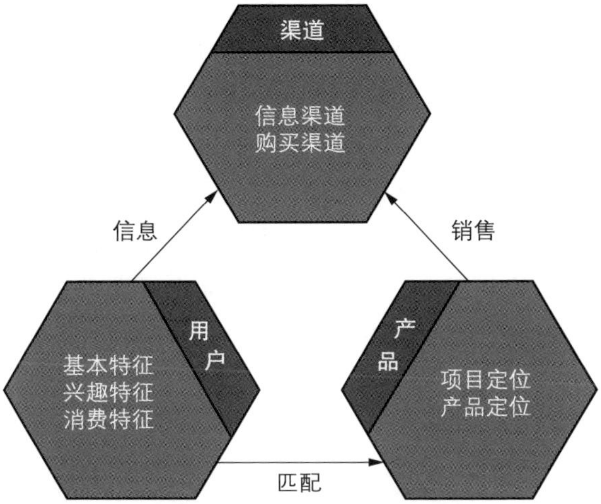

图 15－9　精准营销示意

不论是对开发商提供前期的开发咨询，还是为后期的楼盘销售提供基于大数据的精准营销体系，数据的使用最终还是服务于终端客户，为客户提供满足需求的产品和服务，节省交易成本。

（4）采购应用

现代的供应链已经变得越来越复杂，产品的多样性越来越高，市场的波动性越来越大，外部因素对供应链的扰动也越来越强。这使得企业很难有效地将有限的资源在供应链中合理分配。使用大数据方法能使采购部门发挥更大的战略功能，以优化企业资源在各个环节中的分配。

通过建立涵盖全国各个城市建筑行业各类人工、材料、机械等价格信息的海量采购数据库，并采用先进的数据分析模型和预测方法对冲市场风险，通过材料设备价格走势跟踪、判断市场价格的波动情况。其中对企业最有价值的是实时采购价格，能够有效指导企业合理确定招标定价、开展过程谈判、降低采购成本。同时，通过供应商资质、供货能力及服务水平、供货价格及造价、履约评价等数据，强化对供应商的管理能力。

（5）工程质量应用

工程管理涉及总包、多专业分包、监理以及各种材料设备供应商共同参与，工程管理系统相对复杂，而工程管理效率低下、质量问题频出、总分包扯皮现象等是房地产行业工程管理普遍存在的问题。通过质量系统、移动交付系统可统计分析土建工程、结构工程、材料设备安装工程、防水工程、装修工程等不同专业的工程质量问题；通过工程数据分析提前预控典型及共性工程质量问题，提升工程管理效率及质量，降低工程投入成本及管理风险。大数据挖掘分析为项目工程智慧管理创造了新的发展契机。

对于地产企业来讲，面对变化多端的政策环境、市场环境，为了生存、发展，必须做出快速应对，从外部策略和内部管理上做出相应的调整、变革。房地产这个被外界看起来有些步履沉重的传统行业，正在迫不及待地选择拥抱互联网与大数据以谋求新生。地产大数据时代，大数据治理和应用已经成为企业核心的生产要素，也正在成为很多地产企业重点关注的领域。

十六、没有传统行业，只有传统思维，未来发展空间没有天花板

“后地产”时代的市场重心从增量向存量转移，加上土地供给规则的改变、外部市场环境竞争加剧、内部管理复杂度增加，在这种“内忧外患”的局势下，倒逼地产企业必须跳出传统的开发思维，向服务、运营甚至更广泛的“多元化”思维转变，积极拥抱新兴科技、新商业模式，改变传统经营模式，围绕市场及客户的需求不断探索和创新服务内涵，打破行业天花板限制，实现新增长点的无限可能。

采用新思维来改造传统企业的方式很多，如前面谈及的“互联网+”思维、云开盘或移动支付等场景思维、互联网家装或建材招采等平台思维、Uber、滴滴、Airbnb、We Work等共享经济、支付宝等“生态圈”模式等。各类新的商业模式下都已有一定的成功案例，虽然这些案例并不限于地产行业甚至是传统行业，但也为地产企业提供了新的发展思路。在采用新思维进行变革或转型时需要寻找传统价值链上的痛点，进而找到企业变革或转型的突破口和切入点，并结合自身优势及资源整合能力充分挖掘产品或服务爆点，迎来企业的新生。

房地产这一传统行业具有价值链过长、内外部协同端口多、开发周期长、容错试错成本高等特点。以往行业过于强调标准化、专业化，淡化个性化需求，而借助创新的互联网或平台思维模式转型重构地产价值链，实现去中心化、去边界化，让客户、供方、合作方等直接对接，打破边界促使信息自由流转，降低沟通成本。另外，也可借助平台或互联网思维模式改变传统企业的生存规则，通过跨界整合、生态圈打造、全产业链等多方合作，带来商业模式的丰富性和多样性，挖掘传统企业的增长点。

思维模式是引领企业变革、战略发展的内核；组织架构、业务流程是战略落地的保障机制；人才是企业变革的关键所在；而优秀的战略合作方是现阶段企业在复杂竞争环境下掌握先机的重要助力。

思维，决定着企业未来的发展。

结束语

“后地产”时代，地产行业机遇与挑战并存，增量市场空间越来越小，行业增长放缓，存量市场、产业链下游服务领域、跨界融合等市场机会被释放。此外，移动互联网、云计算、大数据、人工智能等新兴科技为传统行业提供了更大的想象空间。

空间运营、内容服务、产业孵化以及借助新兴科技进行创新、创业在存量领域已屡见不鲜。越来越多的地产企业还在通过加大纵向整合力度，加速转型试点地产创新领域，通过涉足城市更新、特色小镇、商业代建以及智慧家装等地产延伸业务掘金存量市场，在金融、医疗健康、文娱体育、物流仓储等领域进行跨界融合，以谋求企业业务转型和升级。未来，这些将构成地产企业以及资本的新的投资领域。同时，随着行业细分化、模式复杂化，也为具备一定市场广度、专业深度和产业链整合能力的地产企业和产业资本提供了更大的价值和发展空间。

面对各类已显现和潜在的机遇，如何快速、准确地识别并充分把握，成为地产企业管理者未来思考的重要命题。在“后地产”时代，整合、协同将成为新一轮房地产行业发展浪潮中地产企业亟待快速塑造的核心能力；产业链整合、跨组织经营、跨界融合、生态圈共荣等一系列发展举措将成为引领房地产行业良性发展的新趋势、新机制；智慧经营将是地产企业实现共创、共赢的关键手段。

智慧经营是一种战略思考，是企业身处巨大变革时代的转型思考。它是全局性和系统性的，而不是具体、单一的项目计划。

智慧经营是一种发展方向，方向代表着引领，指明方向往往比解决问题本身更为重要。

智慧经营是一种体系创新，综合了管理创新、技术创新以及管理和技术融合而带来的模式创新。

智慧经营是一种机制变革，改变过去信息化、数字化、智能化建设去适应机制、适应流程、适应机构、适应岗位的模式，是机制、流程、机构、岗位随着信息化、数字化、智能化的推进而变革。

智慧经营是一种最佳实践，是“传统”企业拥抱互联网，融入国家“互联网 +”战略、落实创新发展理念和双创要求的最佳实践。

企业智慧经营是一个关乎企业健康持续发展的重要途径。企业如何做到智慧经营需要很长的一段路要走，在试错中前行，在纠正中成长，但这条路是必经之路。如何助力企业快速步入智慧经营大道，是巨洲云科技的使命所在。主导和参与过企业战略的制定，组织管理的变革，公司业务的再造，信息技术的实践，新型技术研究，如何将这多维更好地组合成一维是我多年来的愿望所在。企业智慧经营的核心是跨组织整合及协同，而整合后新型组织如何通过信息技术实现有效协同，是智慧经营的根本所在。当然，这种协同包括战略层面、组织层面、运营层面等企业各种管理要素的全方位协同。

本书分析了不少地产行业内正在发生的变革，描绘了“后地产”时代智慧经营的蓝图，也列举了在科技助力下地产企业的创新发展方向、商业模式，希望能够为阅读完本书的你开阔思路，引发更深刻的思考。

参考文献

［1］张立洲，苏海云．$\sqrt[3]{3}$的极端——特色小镇的科技开发使命［M］．国家行政学院出版社，2017.

［2］Salim Ismail，Michael S Malone，Yuri van Geest. Exponential Organizations［M］．Diversion Books，2014.

［3］IBM 商业价值研究院．认知计算与人工智能［R］．东方出版社，2016.

［4］Jack Welch，Suzy Welch. The Real – Life MBA［M］．Harper Business，2015.

［5］Eric Schmidt，Jonathan Rosenberg. How Google Works［M］．Grand Central Publishing，2014.

［6］张向阳，钟新波．我国 SaaS 云服务模式的架构、问题与对策研究［J］．科技管理研究，2013.

［7］姜常松．面向 OA 的企业办公协同管理系统设计与实现［D］．厦门大学，2013.

［8］王庄林，约翰·K·史密斯．美国住宅大规模定制发展趋势［J］．住宅与房地产，2016，Z2：130 – 133.

［9］黄婷．国内外智慧城市建设模式比较研究［D］．西北大学，2015

［10］Hans – Heurik Jorgensen，Oliver Bruehl，Neele Franke. IBM 组织变革管理［J］．

［11］IBM. 智慧城市白皮书［Z］．2009.

［12］武琪．国内外智慧城市对比［J］．财经界，2013. 7.

［13］杰克·韦尔奇，苏茜·韦尔奇．商业的本质［M］．北京：中信出版社，2016.

[14] Peter Thiel, Blake Masters. Zero to One Notes on Startups, or How to Build the Future [M]. Crown Publishing Group, 2014.

[15] 中国电子信息产业发展研究 . 云计算：DT 中国发展之基——云计算及阿里云生态系统的社会经济影响 [Z]. 2016.

[16] 卫宝龙，史新杰 . 浙江特色小镇建设的若干思考与建议 [J]. 浙江社会科学，2016.

[17] 单志广 . 大数据治理：形势、对策与实践 [M]. 科学出版社，2016

[18] 单志广 . 智慧城市发展的策略与顶层设计初探 . 中国信息化周报，2013